W9-BHR-571

Nueva gramática BÁSICA de la lengua española

REAL ACADEMIA ESPAÑOLA

Nueva gramática BÁSICA de la lengua española

ASOCIACIÓN DE ACADEMIAS DE LA LENGUA ESPAÑOLA

Obra editada en colaboración con Espasa Libros, S. L. U. – España

© 2011, Real Academia Española
© 2011, Asociación de Academias de la Lengua Española
© 2011, Espasa Libros, S. L. U.

Diseño de portada: Joaquín Gallego

© 2011, Editorial Planeta Mexicana, S.A. de C.V.
Bajo el sello editorial ESPASA M.R.
Avenida Presidente Masarik núm. 111, 2o. piso
Colonia Chapultepec Morales
C.P. 11570 México, D.F.
www.editorialplaneta.com.mx

Primera edición impresa en España: septiembre de 2011
ISBN: 978-84-670-3471-4

Primera edición impresa en México: octubre de 2011
ISBN: 978-607-07-0916-6

No se permite la reproducción total o parcial de este libro ni su incorporación a un sistema informático, ni su transmisión en cualquier forma o por cualquier medio, sea éste electrónico, mecánico, por fotocopia, por grabación u otros métodos, sin el permiso previo y por escrito de los titulares del *copyright*. La infracción de los derechos mencionados puede ser constitutiva de delito contra la propiedad intelectual (Arts. 229 y siguientes de la Ley Federal de Derechos de Autor y Arts. 424 y siguientes del Código Penal).

Impreso en los talleres de Litográfica Ingramex, S.A. de C.V.
Centeno núm. 162, colonia Granjas Esmeralda, México, D.F.
Impreso en México – *Printed in Mexico*

Académico ponente de la *Nueva gramática de la lengua española*

Ignacio Bosque
Real Academia Española

Académico responsable de la *Nueva gramática básica de la lengua española*

Salvador Gutiérrez Ordóñez
Real Academia Española

Asociación de Academias de la Lengua Española

Presidente

Víctor García de la Concha (2010)
José Manuel Blecua (2011)
Director de la Real Academia Española

Secretario general

Humberto López Morales
Academia Puertorriqueña de la Lengua Española

ÁREAS LINGÜÍSTICAS

Chile

Alfredo Matus Olivier, director
José Luis Samaniego, coordinador
Academia Chilena de la Lengua

Río de la Plata

Pedro Luis Barcia, presidente
Alicia María Zorrilla, coordinadora
Academia Argentina de Letras

Wilfredo Penco, presidente
Carolina Escudero
Marisa Malcuori; Serrana Caviglia; Carmen Lepre; Marcelo Taibo
Academia Nacional de Letras de Uruguay

José Antonio Moreno Ruffinelli, presidente
Juan E. Aguiar
Academia Paraguaya de la Lengua Española

Área andina

Marco Martos Carrera, presidente
Rodolfo Cerrón-Palomino, coordinador
Jorge Iván Pérez Silva; Carlos Garatea Grau
Academia Peruana de la Lengua

Raúl Rivadeneira (2010); Mario Frías (2011), director
Carlos Coello Vila
Academia Boliviana de la Lengua

Jorge Salvador Lara, director	Susana Cordero de Espinosa

Academia Ecuatoriana de la Lengua

Caribe continental

Jaime Posada, director	Juan Carlos Vergara Silva, coordinador

Academia Colombiana de la Lengua

Blas Bruni Celli (2010); Francisco Javier Pérez (2011), presidente	Lucía Esther Fraca de Barrera Luis Barrera Linares; Edgar Colmenares del Valle; Alexis Márquez Rodríguez; Yraida Sánchez de Ramírez; Horacio Biord Castillo; Francisco Freites Barros; César Villegas Santana

Academia Venezolana de la Lengua

México y Centroamérica

José G. Moreno de Alba (2010); Jaime Labastida (2011), director	José G. Moreno de Alba, coordinador

Academia Mexicana de la Lengua

Estrella Cartín de Guier, presidenta	Miguel Ángel Quesada Pacheco; Adolfo Constenla Umaña Cristian Fallas Alvarado

Academia Costarricense de la Lengua

Mario Antonio Sandoval Samayoa, director	Francisco Albizúrez Palma Marta Raquel Montenegro Muñoz

Academia Guatemalteca de la Lengua

Óscar Acosta (2010); Hernán Cárcamo Tercero (2011), director	María Elba Nieto Segovia

Academia Hondureña de la Lengua

Jorge Eduardo Arellano, director	Róger Matus Lazo

Academia Nicaragüense de la Lengua

Berna Pérez Ayala de Burrell, directora	Margarita J. Vásquez Quirós

Academia Panameña de la Lengua

David Escobar Galindo (2010); René Fortín Magaña (2011), director	Matías Romero Coto; Carlos Alberto Saz; Márgara de Simán; Ana María Nafría Ramos

Academia Salvadoreña de la Lengua

Antillas

José Luis Vega, director	Amparo Morales, coordinadora

Academia Puertorriqueña de la Lengua Española

Roberto Fernández Retamar, director	Marlen Aurora Domínguez Hernández; Sergio Valdés Bernal; Maritza Isabel Carrillo Guibert; Ana María González Mafud

Academia Cubana de la Lengua

Bruno Rosario Candelier, director	Ramón Emilio Reyes

Academia Dominicana de la Lengua

Estados Unidos y Filipinas

Gerardo Piña-Rosales, director

Gerardo Piña-Rosales, coordinador
Emilio Bernal Labrada; Jorge Ignacio Covarrubias; Roberto Galván; Mariela Gutiérrez; Leticia Molinero; Frank Gómez; Joaquín Segura; Joaquín Badajoz; Pedro Guerrero; Antonio Pamies

Academia Norteamericana de la Lengua Española

Alejandro Roces (†), director;
Rosalinda Orosa, directora

Salvador B. Malig; José Rodríguez Rodríguez

Academia Filipina de la Lengua Española

España

Víctor García de la Concha (2010);
José Manuel Blecua (2011), director

Salvador Gutiérrez Ordóñez, coordinador
Gregorio Salvador; Emilio Lledó; Ignacio Bosque; Guillermo Rojo; José Antonio Pascual; Darío Villanueva

EQUIPO DE REDACCIÓN Y EDICIÓN

Irene Gil Laforga
Eugenio Cascón Martín
Manuel Pérez Fernández

EQUIPO DE REVISIÓN

Julio Borrego
Miembro correspondiente de la Real Academia Española

Ángela Di Tullio
Miembro correspondiente de la Academia Argentina de Letras

EQUIPO DE CORRECCIÓN Y ARMONIZACIÓN

Elena Hernández Gómez ▪ Marta Cormenzana Díez ▪ Juan Pedro Gabino García ▪ Almudena Jimeno Sanjuán ▪ Encarna Raigal Pérez

SECRETARÍA DE GESTIÓN INTERACADÉMICA

Pilar Llull Martínez de Bedoya
Jefe del gabinete de la dirección de la Real Academia Española y de la presidencia de la Asociación de Academias de la Lengua Española

COLABORADORES

Edita Gutiérrez Rodríguez ■ Ana Bravo Martín ■ Antonio Fábregas Alfaro ■ Silvia Páramo García

Con la participación de Paula Aguilar Peña, Teresa Esmeralda Ayala, Fulvia de Castillo, Águeda Chávez, Soledad Chávez Fajardo, Miriam Antonia Dávila López, Yanira Lizeth Durán Paz, Claudio Garrido Sepúlveda, María del Carmen La Torre Cuadros, Ximena Lavín Orellana, Verónica Mancilla Monterroso, Agustín Panizo Jansana, Eder Peña Valenzuela, Marisela del Carmen Pérez Rodríguez, Ana María Pozo, Luis Enrique Rodríguez Suárez, Elizabeth Rosero, Roberto Suárez, Tarahy Tinoco, María Teresa Vargas Gutiérrez e Isabel Wong Fupuy

Tábula gratulatoria

PATROCINIO

FUNDACIÓN MAPFRE

COLABORACIONES

En distintas fases del proceso de elaboración de la *Nueva gramática*, de su *Manual* y de la *Nueva gramática básica* han prestado su apoyo numerosas instituciones y entidades, además de la **Fundación pro Real Academia Española**, entre las que deben destacarse:

Gobierno de España
Gobierno de México

Agencia Española de Cooperación Internacional para el Desarrollo (AECID)

Comunidad Autónoma de Madrid (España)
Junta de Castilla y León (España)

Fundación Instituto Castellano y Leonés de la Lengua

Universidad Complutense de Madrid
Universidad de León
Universidad de Salamanca
Universidad del Comahue (Neuquén, Argentina)

Feria Internacional del Libro de Guadalajara (México)
Fundación Carolina

La Real Academia Española y la Asociación de Academias de la Lengua Española quieren expresar su más sincera gratitud a todas las personas e instituciones que, con su ayuda material, han hecho posible la *Nueva gramática básica de la lengua española*.

Índice

APÉNDICES

Presentación

La publicación de la *Nueva gramática de la lengua española* (2009) representó la culminación de un largo proceso que duró casi ocho décadas. Esta obra es el resultado de un extraordinario esfuerzo conjunto de la Real Academia Española y las veintiuna Academias de América y Filipinas.

a) Se trata de una gramática que conjuga las aportaciones tradicionales y las modernas sin perder rigor científico ni exhaustividad.

b) Es una gramática del español común y también del español diferencial, ya que muestra una especial sensibilidad hacia las variedades que se registran en el dominio hispánico.

c) Sus aportaciones normativas están formuladas desde la consciencia de que la norma del español no tiene un eje único, sino que posee un carácter policéntrico.

d) A pesar de su extensión y exhaustividad, es de fácil lectura y comprensión.

Siguiendo la tradición académica, en la primavera de 2010 se publicó el *Manual* de la *Nueva gramática de la lengua española,* obra que conserva la estructura y la coherencia de su modelo, a la vez que presenta los contenidos de forma abreviada.

Ahora sale a la luz la *Nueva gramática básica de la lengua española*. Esta versión se dirige expresamente al amplio espectro de hispanohablantes que, habiendo recibido una primera instrucción en sus estudios de primaria y de secundaria, deseen acercarse a comprender mejor el funcionamiento de su lengua.

En la conformación de la *Gramática básica* se ha decidido, por un lado, conservar un aire de familia que evidencie su vinculación con sus dos hermanas mayores. Se mantiene así la esencia doctrinal y terminológica de la *Nueva gramática* y del *Manual*, y se conservan asimismo su rigor conceptual, su coherencia explicativa y su vocación normativa. No obstante, al hallarse abierta hacia un conjunto mucho más amplio de destinatarios, combina esos valores con una brevedad descriptiva y con una organización didáctica que la harán más próxima a quienes la consulten:

- Adopta una secuenciación de contenidos ordenada, jerarquizada y gradual.
- Explica los términos técnicos con definiciones claras.
- Opta por incluir ejemplos sencillos, no extraídos de textos, con el fin de que lector comprenda mejor las características fundamentales de cada construcción.
- Centra la atención en los aspectos esenciales de cada análisis.
- Adjunta un índice terminológico que señala dónde está definido cada término y en qué lugares aparece de forma relevante.
- Destaca en trama especial las informaciones normativas que surgen al hilo de las descripciones gramaticales.

Al igual que las otras dos versiones, la *Nueva gramática básica de la lengua española* conjuga la dimensión descriptiva con la normativa; pero, a diferencia de ellas, se centra principalmente en el español estándar y elige en cada caso las opciones cultas mayoritarias entre los hispanohablantes. Aspira, en definitiva, a convertirse en la gramática de todo el mundo.

Abreviaturas y signos

Abreviaturas

A; adj. adjetivo
Adv; adv. adverbio
art. artículo
Át. átono
CAg complemento agente
cap. capítulo
CC complemento circunstancial
CD complemento directo
CI complemento indirecto
compl. complemento
conj. conjugación
CR complemento de régimen
cuant. cuantificador
dat. dativo
defect. defectivo
det. determinante
disc. discurso
fem. femenino
irreg. irregular
lat. latín
masc. masculino
N nombre
Num numeral
pág. página
part. participio
pers. persona
pl. plural
PN persona y número
prep. preposición
Pret. pretérito
pron. pronombre
reg. regular
sing. singular
sust. sustantivo
T. C. tabla conjugación
TM tiempo y modo
V verbo
VT vocal temática

Signos

/	Separa las variantes de los morfemas y de otras unidades gramaticales, así como los miembros de las oposiciones léxicas.
/ /	Se usa en las transcripciones fonológicas.
~	Señala opciones alternantes, variantes y oposiciones. En el índice terminológico sustituye al término de la entrada bajo la cual aparece.
*	Es marca de agramaticalidad.
<, >	Indican la dirección de un proceso, normalmente derivación o procedencia. También se emplean para marcar relaciones de jerarquía sintáctica.
+	Indica combinaciones o concatenaciones.
→	Señala las remisiones a otras páginas o capítulos. También las sustituciones en construcciones equivalentes.
Ø	Elemento gramatical tácito o nulo.
{ }	Encierran opciones alternantes dentro de los ejemplos.
[ ]	Encierran texto que añade aclaraciones o precisiones. También se usan para las segmentaciones morfológicas y sintácticas.
‘ ’	Se emplean para indicar significados y paráfrasis.
“ ”	Además de resaltar palabras o expresiones, enmarcan los nombres de las funciones semánticas.
« »	Encierran esquemas o pautas de construcción gramatical.
=	Señala equivalencias.
≠	Indica falta de igualdad o de equivalencia

I

Introducción

1. La gramática

1

La gramática

La gramática y sus partes

DEFINICIÓN DE GRAMÁTICA. PARTES EN QUE SE DIVIDE

La GRAMÁTICA estudia la estructura de las palabras, las formas en que estas se enlazan y los significados a los que tales combinaciones dan lugar. Comprende la MORFOLOGÍA, que se ocupa de la estructura de las palabras, su constitución interna y sus variaciones, y la SINTAXIS, a la que corresponde el análisis de la manera en que las palabras se combinan y se disponen linealmente, así como el de los grupos que forman.

La gramática mantiene estrechas relaciones con la SEMÁNTICA LÉXICA O LEXICOLOGÍA, que estudia el significado de las palabras. La llamada SEMÁNTICA ORACIONAL (o, en general, COMPOSICIONAL) se integra en buena medida en la gramática, puesto que estudia el significado de las construcciones sintácticas. La gramática se relaciona asimismo estrechamente con la PRAGMÁTICA, que analiza el sentido no codificado de los mensajes lingüísticos en relación con el hablante, el oyente y diversos factores relativos al contexto y la situación.

En una acepción más amplia, que no se seguirá en esta obra, la gramática comprende, además, el análisis de los sonidos del habla, que corresponde a la FONÉTICA, y el de su organización lingüística, que compete a la FONOLOGÍA.

TIPOS DE GRAMÁTICA

Se distinguen varios tipos de gramática, que responden a los diferentes enfoques y objetivos con los que se aborda su estudio. La GRAMÁTICA DESCRIPTIVA presenta las propiedades de las unidades gramaticales y sus relaciones en cada uno de los niveles de análisis, fundamentalmente la morfología y la sintaxis; la GRAMÁTICA NORMATIVA establece los usos que se consideran ejemplares en la lengua culta de una comunidad.

La morfología

La MORFOLOGÍA es la parte de la gramática que estudia la estructura interna de las palabras, las variantes que estas presentan, los segmentos que las componen y la forma en que estos se combinan.

UNIDADES DE LA MORFOLOGÍA

El morfema. Si bien la noción de MORFEMA se ha usado en varios sentidos, en el que se adoptará aquí equivale a SEGMENTO MORFOLÓGICO. Desde este punto de vista, se define como la unidad mínima aislable en el análisis morfológico. Así, en la palabra *habilidades* identificamos los siguientes morfemas: la raíz *habil-*, que aporta el significado léxico (presente en *habilitar, rehabilitar, habilidoso,* etc.), el sufijo derivativo *-idad* (identificable en *claridad, cordialidad, felicidad,* etc.) y el sufijo flexivo *-es* (que se encuentra en *carteles, mujeres, felices,* etc.).

Los morfemas reciben distintos nombres en función del papel que desempeñan en la estructura y en el proceso de formación de palabras.

Base léxica y raíz. BASE LÉXICA es la voz de la que se parte en un proceso morfológico. La base proporciona la RAÍZ tras la cancelación del segmento vocálico átono final. Así, *deporte* es la base de *deport-ista,* que se forma sobre la raíz *deport-*. Cuando la base léxica termina en consonante (*mar*) o en vocal tónica (*café*), ambos constituyentes son idénticos, como ocurre en *mar-ino* o en *cafe-ína.*

Afijos. AFIJO es el nombre que recibe el MORFEMA LIGADO que debe aparecer unido a la raíz o a otro morfema. Según sea su posición con respecto a la raíz, se distinguen tres clases de afijos:

a) SUFIJO. Afijo pospuesto, generalmente léxico, propio de la derivación. El sufijo flexivo se suele denominar DESINENCIA, aunque en ocasiones este término se reserva para el conjunto de los morfemas flexivos del verbo.

b) PREFIJO. Afijo antepuesto: *im-posible.*

c) INTERFIJO. Afijo que se sitúa en una posición intermedia entre la raíz y un sufijo: *polv-ar-eda, mujer-c-ita.*

MORFOLOGÍA FLEXIVA Y MORFOLOGÍA LÉXICA O DERIVATIVA

La morfología se suele dividir en dos grandes ramas:

a) La MORFOLOGÍA FLEXIVA estudia las variaciones de las palabras que implican cambios de naturaleza gramatical y que tienen consecuencias para las relaciones sintácticas, como en la concordancia (*Ellos trabajan*) o en el régimen preposicional (*para ti* ~ **para tú*). El conjunto de estas variantes constituye la flexión de una palabra, su PARADIGMA FLEXIVO.

b) La MORFOLOGÍA LÉXICA, también llamada FORMACIÓN DE PALABRAS, estudia la estructura de las palabras y las pautas que permiten construirlas o derivarlas de otras, como *dormitorio* de *dormir*. Esta subdisciplina se ha denominado asimismo MORFOLOGÍA DERIVATIVA, entendiendo el concepto de derivación en un sentido amplio que incluye también la composición y la parasíntesis. De acuerdo con él, se denomina PARADIGMA DERIVATIVO O FAMILIA DE PALABRAS al conjunto de voces derivadas de una misma base léxica (*alto* > *altura, alteza, altivo, altivez, altitud, altamente, enaltecer, altiplano, altímetro*...). En otro sentido, más restrictivo, el concepto de derivación se refiere a los procedimientos de formación de palabras por medio de afijos (ya sean sufijos, prefijos o interfijos).

Flexión. Las variaciones flexivas pueden aportar información relativa al GÉNERO, al NÚMERO, a la PERSONA, al TIEMPO, al ASPECTO, al MODO y, más raramente en español, al CASO:

a) El género de los sustantivos y pronombres puede aportar información significativa, asociada al sexo de la entidad designada (*actriz, ella*), pero en muchos otros casos no es informativo (*mesa, cuál*). Tampoco lo es en determinantes y adjetivos.

b) El número en los sustantivos (*idea/ideas*) y pronombres (*aquel/aquellos*) es informativo, en el sentido de que se asocia a las nociones de unidad o pluralidad en las entidades que se designan, pero en los determinantes (*mi/mis*), en los adjetivos (*antigua/antiguas*) y en los verbos (*bebo/bebemos*) solo está presente por exigencias de la concordancia.

c) La persona es una propiedad gramatical de los pronombres personales y de los posesivos. En el verbo, también se muestra en la concordancia.

d) La flexión de caso, a través de la cual se expresan diversas funciones sintácticas, es característica en español de algunos pronombres personales, como en *yo* (caso recto o nominativo) o *me* (caso acusativo o dativo). El pronombre tónico *mí* es término de preposición tanto en los complementos de régimen (*Hablan de mí*) como en las construcciones en las que duplica al pronombre *me* (*Me vio a mí; Me lo dio a mí*).

e) En español, la flexión de tiempo, aspecto y modo es exclusiva del verbo y, aunque los análisis difieren, puede entenderse que aparece codificada en un mismo morfema. Así, el constituyente mínimo *-ba-* de *cantábamos* aporta la información relativa al tiempo (pretérito), aspecto (imperfecto) y modo (indicativo).

Se denomina CONCORDANCIA a la congruencia o repetición de marcas flexivas que se establece entre dos o más elementos que se hallan relacionados sintácticamente. Existe concordancia de género y de número entre el sustantivo y los determinantes, adjetivos y participios con los que establece relación sintáctica (*Nuestras primeras nietas eran muy lindas*). Existe concordancia en número y persona entre el sujeto y el verbo con el que forma oración: *Ellas tenían un don especial; Nosotros ya lo sabíamos*.

Formación de palabras. Se distinguen dos procesos fundamentales para construir palabras en español: la derivación y la composición. Las PALABRAS DERIVADAS (o DERIVADOS) se forman a partir de la adición de uno o más afijos a una base léxica. En función de la posición del afijo, se distinguen tres procesos derivativos:

a) SUFIJACIÓN: Proceso mediante el cual se adjunta un sufijo a una base léxica. La unidad léxica resultante pertenece muy frecuentemente a una clase de palabras distinta a la de la base: *descubrir* (V) > *descubrimiento* (N), *raro* (A) > *rareza* (N), *motor* (N) > *motorizar* (V).

b) PREFIJACIÓN: Procedimiento por el cual se añade un prefijo a una base léxica. Este proceso conserva normalmente la categoría de la base: *cargar* (V) > *descargar* (V).

c) PARASÍNTESIS: Designa tradicionalmente la aplicación simultánea de derivación y composición (*quinceañero*). También da nombre al proceso de formación de verbos y, en menor medida, de adjetivos que tiene lugar a partir de esquemas constituidos por prefijo y sufijo combinados con una base, generalmente adjetiva (*aclarar, entristecer*) o sustantiva (*acartonar, anaranjado, encarcelar*).

Las PALABRAS COMPUESTAS (o simplemente COMPUESTOS) se forman a partir de la combinación de dos o más bases léxicas, que pueden ser palabras simples (*salvavidas, boquiabierto, hispano-alemán, mesa camilla*) o bases compositivas cultas (*filología, hipódromo*).

La sintaxis

La SINTAXIS es la parte de la gramática que estudia las formas en que se combinan las palabras y los grupos de palabras, así como las oraciones que estas unidades crean. Se trata, pues, de una disciplina de naturaleza combinatoria o sintagmática. Compete asimismo a la sintaxis el estudio de las diversas relaciones que se dan en el interior de todos los grupos sintácticos, incluyendo las oraciones. Entre esos vínculos están las varias clases de funciones que se reconocen, pero también otras relaciones de dependencia. El significado de todas las unidades así constituidas es igualmente objeto de estudio de la sintaxis.

PALABRAS Y CLASES DE PALABRAS

La palabra. La PALABRA es la unidad significativa básica en la tradición lingüística. Su definición en gramática presenta problemas, ya que su rasgo más característico y constante es de orden gráfico (unidad que se representa entre dos blancos en la escritura). Morfológicamente, las palabras pueden estar constituidas por elementos significativos menores (los morfemas). Desde el punto de vista sintáctico, las palabras y sus combinaciones forman GRUPOS que, a su vez, se unen en ORACIONES. La palabra es la unidad superior de la morfología y la unidad mínima de la sintaxis.

Las locuciones y sus clases. Las LOCUCIONES son grupos de palabras que forman una sola PIEZA LÉXICA, es decir, que se comportan como si fueran una sola palabra. Su significado no es el resultado de la combinación de sus partes: la locución nominal *ojo de buey* designa cierta claraboya, y la locución verbal *tomar el pelo,* la acción de burlarse de alguien. Las locuciones constituyen, en efecto, piezas del léxico de una lengua, y, como tales, se incluyen en el diccionario. Ejercen las mismas funciones sintácticas que las categorías en las que se inscriben. Suelen reconocerse los siguientes tipos de locuciones: nominales (*cabeza de turco, media naranja*), adjetivas (*corriente y moliente, de cuidado*), verbales (*meter la pata, poner el grito en el cielo*), adverbiales (*a la fuerza, a medias*), preposicionales (*con vistas a, frente a, gracias a*), conjuntivas (*si bien, ya que*) e interjectivas (*¡A ver!; ¡Ahí va!*).

Categorías gramaticales o clases de palabras. Son los paradigmas o los conjuntos en los que se agrupan las palabras de acuerdo con sus propiedades morfológicas, sintácticas y semánticas. En la actualidad se reconocen las siguientes: el SUSTANTIVO (*piedra, bondad*), el ADJETIVO (*fértil, digital*), el DETERMINANTE (*el, un, mi, algún*), el PRONOMBRE (*tú, alguien*), el VERBO (*vivir,* *estar*), el ADVERBIO (*antes, bien*), la PREPOSICIÓN (*con, desde*), la CONJUNCIÓN (*pero, pues*) y la INTERJECCIÓN (*caramba, oh*).

Atendiendo a su capacidad flexiva, las palabras se dividen en VARIABLES (las que admiten algún tipo de flexión) e INVARIABLES. Son variables los determinantes, los adjetivos, los pronombres, los sustantivos y los verbos. Son invariables los adverbios, las preposiciones, las conjunciones y las interjecciones.

Las particularidades morfológicas de algunas palabras dan lugar a subclases formales, por ejemplo, las que se forman oponiendo rasgos como masculino/femenino o singular/plural. Las particularidades semánticas de las palabras generan subclases semánticas. Así, en los nombres se diferencian, entre otras, las clases constituidas en función de las oposiciones 'contable' / 'no contable' e 'individual'/'colectivo'. Algunas clases de palabras, de carácter gramatical, pueden pertenecer a varias categorías, por lo que reciben el nombre de CLASES TRANSVERSALES. Así ocurre con los posesivos (que pueden ser determinantes y adjetivos), los demostrativos (que se realizan como determinantes, como pronombres y como adverbios) y los cuantificadores, relativos e interrogativos (donde encontramos determinantes, adjetivos, pronombres y adverbios).

Las clases de palabras pueden subdividirse en LÉXICAS y GRAMATICALES. Las unidades léxicas aportan un contenido que representa entidades, propiedades, sucesos, etc. Pertenecen a conjuntos amplios, abiertos a nuevas incorporaciones. Las unidades gramaticales se inscriben en paradigmas limitados y cerrados. Aportan nociones abstractas como 'determinación', 'tiempo', 'negación', 'adversatividad', etc. Son clases léxicas, por ejemplo, el sustantivo, el adjetivo y el verbo. Son gramaticales, entre otras, los determinantes, los pronombres, ciertas preposiciones y algunas conjunciones.

LOS GRUPOS SINTÁCTICOS. SUS CLASES

A partir de las unidades simples, la lengua puede articular unidades con valor sintáctico, llamadas GRUPOS, FRASES o SINTAGMAS. Estas unidades sintácticas tienen como NÚCLEO un miembro de una categoría que puede recibir modificadores y complementos. Los grupos sintácticos o sintagmas pueden constar de un solo elemento (*mamá, cerca, nieva*) o de varios (*la mamá de Luis, cerca de casa, Nieva en la montaña*).

Los GRUPOS NOMINALES se forman en torno a un sustantivo (*esa carta que me enviaron*); los GRUPOS ADJETIVALES expanden un adjetivo (*demasiado cansado de esperar*); los GRUPOS VERBALES se construyen a partir de un verbo (*Vieron un caimán en el río*); los GRUPOS ADVERBIALES están constituidos en torno a un adverbio (*muy lejos de ti*); el GRUPO INTERJECTIVO es el segmento que forman una interjección y sus posibles complementos (*¡Ay de los vencidos!*). Se usará aquí el término GRUPO PREPOSICIONAL para designar la construcción formada por una preposición y su término, como *hacia el cielo* o *desde que te conozco*.

Los grupos sintácticos están capacitados para formar parte de otros distintos de los que les dan nombre; por ejemplo, los grupos nominales se insertan en grupos verbales (*Analizó las propiedades del ozono*) y los grupos adjetivales se insertan con normalidad en los nominales (*un cielo totalmente lleno de estrellas*).

LAS FUNCIONES

Definición. Las FUNCIONES son papeles o roles que desempeñan los grupos sintácticos en las relaciones que contraen en los enunciados.

La interpretación de los mensajes no solo depende del significado de los grupos que los integran, sino también de las funciones que dichos grupos contraen. Así, la oración *Llegará el lunes* admite más de una interpretación, dependiendo de la función que desempeñe *el lunes*. Si *el lunes* es sujeto de *llegará*, designa la entidad que se dice que va a llegar, mientras que, si funciona como complemento circunstancial, la oración informa de que algo o alguien ha de llegar ese día.

Tipos de funciones. Suelen distinguirse tres clases de funciones, que se corresponden con tres niveles de análisis: sintáctico, semántico e informativo.

Las FUNCIONES SINTÁCTICAS se establecen a través de marcas formales como la concordancia o el orden de palabras. Así, la marca de la función sintáctica de sujeto es la concordancia con el verbo (*Las nubes se levantan*). Son funciones sintácticas las de SUJETO, COMPLEMENTO DIRECTO, COMPLEMENTO INDIRECTO, COMPLEMENTO DE RÉGIMEN, COMPLEMENTO CIRCUNSTANCIAL y ATRIBUTO, entre otras.

Las FUNCIONES SEMÁNTICAS especifican el tipo de interpretación semántica que debe darse a determinados grupos en función del predicado del que dependen. Así, el "agente" denota el elemento que realiza la acción; el "destinatario" designa al ser afectado por el proceso del predicado, etc. Son funciones semánticas, entre otras, las de "agente", "paciente", "instrumento", "destinatario", "lugar" o "tiempo".

Existe relación entre las funciones sintácticas y las semánticas (por ejemplo, un sujeto puede ser agente o paciente), pero la manera específica en la que se establecen tales correspondencias es una cuestión sumamente controvertida.

Las FUNCIONES INFORMATIVAS son valores discursivos que asumen las unidades sintácticas para adecuar el mensaje a las necesidades informativas del oyente. Las oraciones *Inés escribió ese libro en 1980; Ese libro lo escribió en 1980 Inés; En 1980 Inés escribió ese libro* están formadas por los mismos grupos, que desempeñan las mismas funciones sintácticas y semánticas. Pero, aunque representan un mismo acontecimiento, no informan de lo mismo.

Desde el punto de vista informativo, es posible dividir los enunciados en dos segmentos: la información que se presenta como conocida (INFORMACIÓN TEMÁTICA O TEMA) y la información que se presenta como novedosa (INFORMACIÓN REMÁTICA O REMA). Así, la oración *En 1945 terminó la Segunda Guerra Mundial* describe el mismo contenido que *La Segunda Guerra Mundial terminó en 1945*. Sin embargo, el orden de las palabras sugiere, en principio, que *en 1945* es parte de la información conocida en el primer enunciado, pero de la información nueva en el segundo. El rema tiende a situarse, en efecto, en posición final, aunque no de manera exclusiva.

El TÓPICO es un elemento del mensaje, aislado normalmente mediante pausas, que acota el marco o ámbito, el punto de vista o algún otro rasgo necesario para interpretar adecuadamente el enunciado. Son tópicos los elementos subrayados de los siguientes ejemplos: *Esos estudiantes, ¿de dónde vienen?; Científicamente, es un objetivo utópico; Con nosotros, trabaja; Lesionado, no pudo jugar*. Como puede verse, tienden a ocupar la posición inicial de la secuencia y quedan fuera de las interrogaciones y exclamaciones. Aun así, muchos tópicos pueden aparecer también en posición medial, como en *El negocio, económicamente, era desastroso*. El proceso de extraer un argumento o un adjunto y aislarlo de la oración, colocándolo entre pausas, con el fin de convertirlo en tópico se denomina TOPICALIZACIÓN: *Admira mucho a Borges* > *A BORGES, lo admira mucho*.

El FOCO es un segmento sintáctico del enunciado al que se otorga mayor relieve informativo. Se trata de información nueva, por tanto, de carácter remático. El proceso de realzar un segmento sintáctico con fines informativos se denomina FOCALIZACIÓN y el procedimiento más común para llevarlo a cabo es una forma de anteposición que, a diferencia de la topicalización, se realiza sin pausa separadora: *Eso* [foco] *dijo mi jefe* / *Eso* [tópico], *lo dijo mi jefe*.

Coadyuvan a este proceso otros recursos:

a) FÓNICOS, como el acento enfático que a menudo recae en lo que se desea realzar (*MARÍA llamó ayer a mamá* / *María llamó AYER a mamá* / *María llamó ayer A MAMÁ*).

b) Gramaticales, como la posposición del sujeto cuando se quiere focalizar un complemento (*Eso pensaba hacer yo*) o las construcciones enfáticas de relativo (*A María es a quien llamó mamá*).

c) Léxicos, como los adverbios de foco, que pueden ser, entre otros tipos, de exclusión (*solo, solamente, únicamente, exclusivamente: Solo un niño lo sabía*), de inclusión (*aun, incluso, hasta, también, tampoco, ni siquiera: Esquían incluso en verano*), de precisión (*exactamente, justamente, precisamente: Eran exactamente tres; Llegaron justo en ese momento*), de particularización (*particularmente, especialmente, sobre todo: Viene sobre todo los jueves*) o de aproximación (*apenas, prácticamente, casi: prácticamente idéntico, casi enfrente*).

Predicados. El concepto de predicado se usa con dos sentidos:

a) En el primero, el predicado designa la expresión gramatical cuyo contenido se atribuye al referente del sujeto. Así, el grupo verbal que se subraya en *El maestro explicaba la lección a los alumnos* es el predicado que se aplica a lo denotado por el sujeto (*el maestro*).

b) En el segundo, los predicados son funciones que designan estados, acciones, propiedades o procesos en los que intervienen uno o varios participantes. Así, el predicado de la oración mencionada es el verbo *explicaba*. Este verbo denota, por su significado, una acción que requiere la concurrencia de tres participantes: un agente, que lleva a cabo la acción (*el maestro*); una información que se expone (*la lección*), y un destinatario, al que esa acción se dirige (*los alumnos*). Estos participantes que intervienen en la noción predicativa se denominan argumentos o actantes. Se llama estructura argumental o valencia de un predicado al conjunto (ordenado o no) de sus argumentos. En este segundo sentido, los predicados no son solo verbales, puesto que también los sustantivos, los adjetivos, los adverbios y las preposiciones pueden tener argumentos, es decir, constituyentes exigidos por su significado léxico.

A estos dos sentidos del término *predicado* corresponden dos sentidos del término sujeto. En el primero de ellos, *la novelista* es el sujeto en *La novelista mostró su libro a los asistentes* y se opone al predicado subrayado, con el que forma la oración. En el segundo sentido, *la novelista* es sujeto tan solo de *mostró*, y se opone al complemento directo (*su libro*) y al indirecto (*a los asistentes*).

Predicación no verbal o secundaria. Pueden ser también elementos predicativos los adjetivos, adverbios y sustantivos que se atribuyen al referente de un grupo nominal al que no pertenecen. Con frecuencia esta atribución se efectúa a través de otro verbo, es decir, de otro predicado, por lo que se denomina PREDICACIÓN SECUNDARIA. En *Los pasajeros llegaron exhaustos,* el sujeto *los pasajeros* es la base de dos predicaciones: una, verbal (la que tiene como núcleo *llegaron*) y otra, adjetiva (la que efectúa el adjetivo *exhaustos,* que se denomina tradicionalmente *complemento predicativo*). En ocasiones, esta predicación se efectúa sin la intermediación de un verbo. Ocurre así en las CONSTRUCCIONES ABSOLUTAS y en algunos enunciados sin verbo: *Terminada la clase, se fueron; El Independiente, campeón.*

Complementos argumentales y adjuntos. LOS COMPLEMENTOS ARGUMENTALES introducen información exigida o pedida por el significado de los predicados, mientras que los ADJUNTOS son modificadores no reclamados o no seleccionados. Los adjuntos de los verbos se denominan tradicionalmente COMPLEMENTOS CIRCUNSTANCIALES, pues especifican las circunstancias (tiempo, lugar, compañía, instrumento, cantidad, modo, finalidad y causa) que acompañan a las acciones o a los procesos: *trabajar por las tardes, construir una casa en la playa, estudiar con alguien, escribir con pluma estilográfica, esforzarse enormemente, bailar con gracia, ahorrar para las vacaciones, viajar por necesidad.* Son adjuntos del nombre los adjetivos calificativos, las oraciones de relativo y muchos modificadores preposicionales (como *la prensa de hoy*), que también pueden serlo del adjetivo (*feliz por su matrimonio*).

ENUNCIADOS Y ORACIONES

El enunciado. Es el mensaje mínimo, la unidad de comunicación. Los ENUNCIADOS presentan las siguientes características:

a) Poseen VALOR COMUNICATIVO. Constituyen por sí mismos mensajes.

b) Tienen AUTONOMÍA SINTÁCTICA. Aparecen aislados, es decir, no están conectados con ningún otro por procedimientos sintácticos.

c) Poseen entonación propia, que se extiende entre dos pausas marcadas que lo delimitan y le otorgan autonomía.

d) En el habla, se asocian a actos verbales (→ pág. 229).

e) Los enunciados constan de dos componentes que configuran su sentido y los ordenan como una unidad: el *DICTUM* o SECUENCIA y el *MODUS* o MODALIDAD. El *dictum* expresa el contenido de los mensajes, que se manifiesta en la secuencia sintáctica. Según las características internas de la secuencia, los enunciados pueden ser oracionales (*La música serena el espíritu*), nominales (*¡Un momento!*), adjetivales (*¡Magnífico!*), adverbiales (*¡Aquí!*) o interjectivos (*¡Ay de mí!; ¡Enhorabuena!*), entre otras posibilidades.

Se llama MODALIDAD a la expresión de la actitud del hablante (*modus*) en relación con el contenido del *dictum* de los mensajes. El emisor es quien enuncia, quien interroga, quien exclama, quien formula su deseo o sus dudas. La modalidad se expresa a través de recursos sintácticos y fonológicos. Destacan entre los segundos la curva de entonación, en especial su inflexión final. Junto a la estructura formal de la oración, la curva melódica es uno de los criterios fundamentales para distinguir entre oraciones DECLARATIVAS (*Está lloviendo*), INTERROGATIVAS (*¿Qué hora es?*), EXCLAMATIVAS (*¡Qué coche te has comprado!*), IMPERATIVAS O EXHORTATIVAS (*No te muevas de donde estás*), DESIDERATIVAS (*¡Que tengas un feliz día!*) y DUBITATIVAS (*Tal vez tengas razón*).

Las oraciones y sus clases. Las ORACIONES son unidades de predicación, segmentos que normalmente ponen en relación un sujeto con un predicado verbal. En español, sin embargo, son posibles oraciones sin sujeto expreso, tanto si este es tácito (*Canto; Ya vendrán*), como si no existe propiamente (*Nieva; Amanece temprano*). Por ello, la oración y el grupo verbal muestran en ocasiones un aspecto similar: *Viven en la capital; Se habla de todo.*

Las oraciones se pueden clasificar de acuerdo con varios criterios, entre ellos, la naturaleza del predicado y su carácter simple o compuesto.

Por la naturaleza del predicado (es decir, atendiendo a ciertas propiedades del verbo con el que se construyen), las oraciones se dividen en COPULATIVAS (*El día está fresco*), TRANSITIVAS (*Los pájaros sobrevuelan los campos*) o INTRANSITIVAS (*Su segundo hijo nació ayer*). Las primeras se forman con verbos copulativos (→ pág. 213); las segundas, con transitivos, que son los verbos que seleccionan un complemento directo como argumento, y las terceras, con verbos intransitivos.

Según su complejidad, se distingue entre ORACIONES SIMPLES y ORACIONES COMPUESTAS. Las oraciones simples constan de un solo predicado, mientras que las compuestas constan de varios. Las oraciones compuestas se dividen en compuestas por SUBORDINACIÓN y compuestas por COORDINACIÓN (se incluyen en este grupo las oraciones yuxtapuestas). Las oraciones que se unen en coordinación no presentan dependencia sintáctica entre sí. En las compuestas que se unen por subordinación se distinguen una oración principal y una oración subordinada. En algunas, la subordinada se halla inserta o incrustada en la principal, forma parte de ella y desempeña en su interior alguna función sintáctica. Así ocurre, por ejemplo, con las sustantivas y las adjetivas. En la secuencia *Ella dijo [que no estaba de acuerdo]*, la oración principal abarca toda su extensión, mientras que la subordinada es la que aparece entre corchetes. Sin embargo, existen subordinadas que no están incluidas en la principal. Así sucede en los siguientes ejemplos: *Como ya era tarde, dejaron de esperar; Pienso, luego existo; Si hubiera tenido un hijo, hubiera sido feliz; Aunque había un principio de acuerdo, la resolución no se aprobó.* Se explicará esta circunstancia en los capítulos correspondientes (→ caps. 25-29).

La coordinación. Los segmentos coordinados pueden pertenecer a casi todos los grupos sintácticos. Se diferencian tradicionalmente los siguientes tipos de coordinación:

a) La COORDINACIÓN COPULATIVA. Da origen a conjuntos cuyos elementos se suman (*Compra y vende*). Sus conjunciones son esencialmente *y* (o su variante *e*) y *ni* (*ni... ni...*).

b) La COORDINACIÓN DISYUNTIVA. Denota la existencia de dos o más opciones. La conjunción más característica es *o*, que puede aparecer como enlace simple (*¿Viene o va?*) o discontinuo (*O viene o va*).

c) La COORDINACIÓN ADVERSATIVA. Expresa contraposición u oposición de ideas. Son adversativas las conjunciones *pero, mas* y *sino*. Las dos primeras se usan en oraciones afirmativas y negativas; la tercera, solo en negativas (*No veranea en el mar, sino en la montaña*).

Si no hay restricciones semánticas que lo impidan, pueden coordinarse entre sí grupos u oraciones, siempre que desempeñen las mismas funciones sintácticas. Cuando se unen segmentos de la misma categoría gramatical, la coordinación se denomina HOMOCATEGORIAL (*una cadena y un reloj*); si pertenecen a categorías distintas, recibe el nombre de HETEROCATEGORIAL (*un cuadro antiguo y de gran valor*).

La yuxtaposición. Es la unión de dos o más elementos lingüísticos contiguos sin partículas intermedias que los relacionen: *Llegué, vi, vencí.* Si los elementos yuxtapuestos presentan equivalencia funcional, se considera una coordinación sin nexos, que puede tener los valores propios de las copulativas (*Era alto, fuerte, sereno*) o de las adversativas (*Él lo sabía; yo no*). Sin embargo, estas interpretaciones no están codificadas por la lengua, sino que se obtienen por medio de inferencias pragmáticas o contextuales. También son oraciones coordinadas las yuxtapuestas que se interpretan con sentido causal (*Me retiro: estoy muy cansada*), consecutivo (*Hace frío; tenemos que abrigarnos*), etc. Estos sentidos tampoco están codificados, sino que se obtienen mediante inferencias similares.

La subordinación. Las oraciones subordinadas se dividen tradicionalmente en tres grupos: SUSTANTIVAS (*Mencionó que llegaría hoy; Prometo estudiar la lección; Dime cómo te va*); ADJETIVAS O DE RELATIVO (*el color que te gusta, las personas a las que me refiero, nada que decir*) y ADVERBIALES O

CIRCUNSTANCIALES (*Lo sé porque lo he visto; Viene a que le reparen el auto; Lo harán aunque pierdan*), que serán analizadas en los capítulos correspondientes (→ caps. 25-29).

El tercer grupo de oraciones subordinadas, las adverbiales o circunstanciales, es el más polémico. El paralelismo con los adverbios en los que se basa esa denominación es inexacto, ya que no existen adverbios que puedan sustituir a las oraciones finales, concesivas, causales, etc. El problema no se resuelve sustituyendo el término *adverbial* por *circunstancial*, ya que las prótasis condicionales o concesivas no son complementos circunstanciales, sino que participan en estructuras bimembres (denominadas tradicionalmente PERÍODOS). En esta obra se empleará el término *subordinación adverbial* cuando se desee recordar su contenido tradicional o abarcar conjuntamente el grupo que corresponde a estas oraciones en la tradición gramatical hispánica.

II

Las palabras

IIa Morfología

2. El género
3. El número
4. La flexión verbal
5. La derivación y la composición

IIb Categorías y clases

6. El sustantivo
7. El adjetivo
8. Determinantes y pronombres
9. El artículo
10. El pronombre personal
11. Demostrativos y posesivos
12. Cuantificadores y numerales
13. Relativos, interrogativos y exclamativos
14. El adverbio
15. El verbo
16. La preposición. La conjunción. La interjección

2

El género

Definición de género

El género es una propiedad gramatical, de carácter inherente, de los sustantivos y ciertos pronombres que se manifiesta de forma especial en su combinación con determinantes, cuantificadores, adjetivos y participios. Según su género, los nombres son MASCULINOS o FEMENINOS. En español no existen sustantivos NEUTROS, a diferencia de lo que ocurre con algunos determinantes, cuantificadores y pronombres (*lo, algo, esto*).

Sustantivos como *caballo, chacal, farol* y *tiburón* son masculinos, por lo que provocan concordancia con formas de este género: *nuestro caballo, este chacal, un farol nuevo, aquel tiburón.*

Los nombres *cebra, loba, mano, mesa, ventaja* y *víctima* son femeninos y, como consecuencia, exigen concordancia en dicho género: *una cebra, loba parda, esta mano, aquella mesa, mucha ventaja, la víctima.*

Los sustantivos *pianista, portavoz* y *testigo* pueden ser masculinos o femeninos, a pesar de que presentan una sola terminación, por lo que seleccionan formas de uno y otro género: *el/la pianista, este/esta portavoz, nuevo/nueva testigo.*

Género, concordancia, flexión y sexo

La propiedad esencial del género es marcar la CONCORDANCIA entre el nombre y otras clases de palabras con las que se combina (determinantes, cuantificadores, adjetivos y participios): *la ducha, nuestro profesor, aquellos años, algunos problemas, libros nuevos, obras conocidas.*

El género de los nombres no se manifiesta necesariamente por medio de marcas formales: todos los sustantivos son masculinos o femeninos, pero pocos reflejan esta oposición en sus terminaciones.

Género y sexo son dos nociones que se relacionan, pero que no se identifican, puesto que el primero es de carácter gramatical, mientras que el segundo constituye un rasgo biológico. Todos los nombres poseen género, con independencia de que se refieran a seres sexuados o no. Muchos de los términos que designan seres sexuados son invariables en cuanto al género (*abeja, avestruz, calamar, gaviota, golondrina, gusano*). Y, en otro sentido, en algunos sustantivos la diferencia de terminaciones no establece una oposición de sexo (*cesto ~ cesta, huerto ~ huerta, manzano ~ manzana*), sino que aportan valores semánticos diferentes.

El género en sustantivos que designan seres sexuados

EXPRESIÓN DE GÉNERO Y SEXO. CLASES DE SUSTANTIVOS

En los sustantivos que designan seres sexuados (personas, animales y algunas plantas) la gramática diferencia varias clases, según las formas de expresión de género y sexo: HETERÓNIMOS, SUSTANTIVOS DE TERMINACIÓN VARIABLE, NOMBRES COMUNES EN CUANTO AL GÉNERO y EPICENOS.

LOS SUSTANTIVOS HETERÓNIMOS

Expresan la diferencia gramatical masculino/femenino y, simultáneamente, la oposición de sexo 'varón'/'mujer' (personas) o 'macho'/'hembra' (animales) a través de términos con diferente raíz: *padre/madre, hombre/mujer, padrino/madrina, caballo/yegua, toro/vaca*. El género se manifiesta en sus combinaciones con determinantes, cuantificadores, adjetivos y participios: *nuestro querido padre ~ nuestra querida madre*.

LOS SUSTANTIVOS DE TERMINACIÓN VARIABLE

Manifiestan las diferencias de género y de sexo por medio de morfemas en palabras de la misma raíz: *niño/niña, gato/gata, actor/actriz, barón/baronesa, zar/zarina*. En estos nombres, el género se refleja asimismo en las combinaciones con determinantes, cuantificadores, adjetivos y participios: *algunos niños americanos, varias niñas españolas*. La desinencia más común del femenino es la *-a* (*muchacho/muchacha, lobo/loba, león/leona*), pero existen otros morfemas que marcan el género, generalmente en los nombres de persona:

-ESA: *alcalde / alcaldesa, duque / duquesa, príncipe / princesa;*
-ISA: *papa / papisa, profeta / profetisa, sacerdote / sacerdotisa;*
-TRIZ: *actor / actriz, emperador / emperatriz;*
-INA: *héroe / heroína, zar / zarina.*

LOS SUSTANTIVOS COMUNES EN CUANTO AL GÉNERO

Pueden ser masculinos o femeninos sin que su forma se vea modificada. Su género (y, por consiguiente, el sexo del referente) puede manifestarse a través de la concordancia con adjetivos y determinantes: *el cónyuge / la cónyuge, este testigo / esta testigo, estudiante aplicado / estudiante aplicada.*

Pronombres. Se comportan como sustantivos comunes en cuanto al género numerosos pronombres: *Yo soy {alto ~ alta}.*

Grupos de nombres comunes en cuanto al género. Según la terminación, se clasifican en varios grupos:

a) Acabados en *-a.* Son, en buena parte, de origen griego y denotan profesiones, actividades o atributos de las personas: *astronauta, burócrata, centinela, guardia.* Son numerosos los que se forman con el sufijo *-ista: artista, dentista, pianista.* Algunos, de carácter popular y restringidos geográficamente, poseen connotaciones negativas: *hortera, maula, pasota, pelma, raspa.*

> El sustantivo *autodidacta* puede usarse como común, pero también es posible la alternancia *autodidacto / autodidacta.* Lo mismo ocurre con *políglota,* que admite la variación *polígloto / políglota.* Se ha extendido la forma *modisto,* surgida del común *modista.* *n*

b) Terminados en *-e: conserje, detective, hereje, intérprete.* Destacan por su número los que acaban en *-nte,* que suelen proceder de participios de presente latinos: *amante, cantante, delincuente, estudiante, manifestante, presidente.*

> Pueden ser comunes *jefe, cacique* y *sastre,* aunque también existen, y son correctos, los femeninos *jefa, cacica* y *sastra,* los dos últimos menos usados. Varios de los acabados en *-nte* poseen variantes en *-nta* sujetas a distribución geográfica, como *la clienta* (poco común en algunos países americanos), *la intendenta, la presidenta* (ya de uso casi general), etc. *n*

c) Acabados en *-i* (tónica o átona) y en *-y*: *maniquí, marroquí, pelotari, yóquey* (*yoqueta* en el área rioplatense), y algunos en *-o*: *sabelotodo, testigo*.

d) Casi todos los no agudos acabados en *-r, -s, -t*: *mártir, prócer, papanatas, pívot*. Los agudos terminados en *-ar* o *-er*: *auxiliar, titular, canciller, mercader*. Los procedentes de adjetivos que terminan en *-l*: *comensal, corresponsal, profesional*. Algunos de estos últimos forman femenino en *-a*: *colegial/colegiala, español/española*, al igual que los agudos terminados en *-or*: *director/directora, doctor/doctora*; en *-n*: *anfitrión/anfitriona, patrón/patrona*, y en *-s*: *francés/francesa, marqués/marquesa* (con la excepción de *mandamás*). Los acabados en *-z* tienden a ser comunes (*el portavoz / la portavoz, el aprendiz / la aprendiz, el capataz / la capataz*), si bien algunos poseen forma femenina, como *andaluza* y, más ocasionalmente, *aprendiza* y *capataza*.

Cambios de clase. Originariamente, la marca de género de muchos sustantivos que nombran profesiones desempeñadas en otro tiempo por hombres designaba solo el masculino, mientras que la forma femenina se aplicaba a la esposa: *la coronela* ('la esposa del coronel'), *la gobernadora* ('la mujer del gobernador'). Este uso se ha perdido hoy casi totalmente, ya que las mujeres han pasado a desempeñar tales actividades de forma habitual. En la actualidad se emplean como sustantivos comunes en cuanto al género (*el sargento / la sargento*) o como nombres de terminación variable (*el gobernador / la gobernadora*).

a) Son numerosos los masculinos terminados en *-o* que designan cargos, títulos o profesiones que presentan el femenino en *-a*: *abogada, bióloga, catedrática, diputada, ingeniera*, incluso los que coinciden con nombres de ciencias o artes, como *física, informática, música, política, química, técnica*. No obstante, algunos de ellos siguen empleándose en muchos países también como comunes en cuanto al género: *el/la médico, el/la músico*.

Empiezan a extenderse algunos sustantivos femeninos correspondientes a masculinos no acabados en *-o*, como *bedela, concejala, fiscala* o *jueza*, entre otros. Sin embargo, su aceptación es desigual en los distintos países hispanohablantes.

n

b) Tras la incorporación de la mujer al Ejército, se consideran comunes en cuanto al género los sustantivos que designan grados de la escala militar: *el/la capitán, el/la coronel, el/la sargento, el/la soldado, el/la teniente*, etc. No obstante, en algunos países americanos, se registran usos como *la capitana, la coronela, la sargenta* o *la tenienta* para designar a las mujeres que poseen tales grados.

LOS SUSTANTIVOS EPICENOS

Son de un solo género sin que este haga referencia al sexo, aun cuando designan seres sexuados. El género masculino o femenino de estos sustantivos solo se manifiesta en la concordancia. Son muy frecuentes entre los nombres de animales (*el avestruz, la cobra, la jineta*...) y plantas (*el acebo, el espárrago, la palmera, el plátano, el sauce*...). También los hay que hacen referencia a seres humanos (*la autoridad, el emisor, la persona*...). Para especificar el sexo de los referentes de los nombres de animales y de plantas se utilizan los sustantivos *macho* y *hembra*. Estos modificadores no alteran el género del sustantivo: *el hipopótamo macho / el hipopótamo hembra, el ombú macho / el ombú hembra*. Para especificar el sexo de los individuos designados por los sustantivos epicenos de persona, se agregan *masculino / femenino* o *varón / mujer*: *los personajes femeninos, las víctimas masculinas, los parientes varones*. La concordancia está condicionada por el género, no por el sexo: *El tiburón hembra es muy {peligroso ~ *peligrosa}*.

Algunos sustantivos pueden comportarse como epicenos o como comunes. Así, *miembro* ('persona integrada en una comunidad') y *rehén* son habitualmente epicenos, pero se emplean a veces como comunes: *Ella es el miembro más notable del equipo* [epiceno] ~ *Ella es la miembro más notable del equipo* [común]; *Ella era el único rehén* ~ *Ella era la única rehén*. Lo mismo puede decirse de otros, como *pariente* y *familiar*. *Bebé* es común en buena parte de América (*Es una bebé preciosa* ~ *Es un bebé precioso*), pero epiceno en España: *Esta niña es un bebé precioso*. En varios países americanos, este sustantivo ha desarrollado una forma femenina, a la par que una pronunciación llana: *bebe / beba*.

> No se considera correcto el femenino *miembra*. *n*

EMPLEO GENÉRICO DEL MASCULINO

El masculino es en español el GÉNERO NO MARCADO, y el femenino, el MARCADO. El miembro no marcado de una oposición puede abarcar el conjunto designado por los dos miembros (como *día* en la oposición *día / noche*). En referencia a seres animados, el masculino en USO GENÉRICO puede emplearse para designar toda la especie, por tanto con inclusión de individuos de ambos sexos: *Un estudiante universitario tiene que esforzarse mucho; Los hombres prehistóricos se vestían con pieles de animales*. Son ejemplos patentes los plurales *padres* ('padre y madre'), *reyes* ('rey y reina'), *príncipes* ('príncipe y princesa'), etc.

Existen medios para deshacer posibles ambigüedades. Están entre ellos los factores extralingüísticos y contextuales, como los que llevan a interpretar que se trata solo de varones en *Pocos jóvenes son ordenados sacerdotes actualmente.* Si, por el contrario, no queda claro que la expresión comprende individuos de uno y otro sexo, la lengua posee recursos para especificarlo, como los desdoblamientos (*Los españoles y las españolas pueden servir en el Ejército*) o la adición de otros elementos (*empleados de ambos sexos*; *empleados, tanto hombres como mujeres*). La doble mención se ha interpretado siempre como señal de cortesía en ciertos usos vocativos: *señoras y señores, amigas y amigos,* etc.

> Resultan innecesarias las series coordinadas de sustantivos de ambos géneros propias del lenguaje político y administrativo actual: *los alumnos y las alumnas, a todos los chilenos y a todas las chilenas, un derecho de todos los ciudadanos y de todas las ciudadanas.* El uso no marcado del masculino permite abarcar individuos de los dos sexos. *n*

El género en sustantivos que designan seres no sexuados

Los sustantivos que designan seres inanimados son masculinos o femeninos, pero su género no está relacionado con la oposición de desinencias ni con diferencias de sexo. Se manifiesta esencialmente en la concordancia con determinantes, cuantificadores, adjetivos y participios (*aquel camino, nuestra mano derecha, un edificio destruido*).

GÉNERO Y TERMINACIÓN

Aunque no existen principios gramaticales firmes para determinar el género de los sustantivos que designan seres no sexuados, se observa que ciertas terminaciones se asocian con mayor frecuencia al masculino o al femenino, tanto en los sustantivos que designan seres sexuados como en los que no lo hacen.

Como regla general, son masculinos los nombres acabados en *-o* (*cuaderno, fuego, odio, puerto*) y femeninos los acabados en *-a* (*alegría, amapola, casa, silla*). No obstante, existen sustantivos masculinos acabados en *-a:*

a) Palabras de origen griego en *-ma: clima, cisma, dogma, esquema.*

b) Nombres de colores: *(el) fucsia, (el) grana, (el) lila, (el) naranja.*

Son femeninos los nombres acabados en *-o* que proceden de acortamientos de palabras femeninas: *moto(cicleta), foto(grafía), quimio(terapia), crono(metrada).* Lo son también *libido, mano, nao* y *seo.* Los acabados en consonante o en otras vocales pueden ser masculinos (*amor, regaliz, diente, rubí*) o femeninos (*verdad, flor, perdiz, nave, tribu*).

Existe cierta relación entre algunas terminaciones (a veces coincidentes con sufijos) y el género de sustantivos que designan seres no animados, como se puede observar en el siguiente cuadro:

Género	Terminación	Ejemplos
MASCULINO	-aje	*abordaje, garaje, paraje, peaje*
	-án, -én, -ín, -ón, -ún	*chaflán, andén, espadín, camión, atún*
	-ar, -er, -or	*colmenar, taller, corredor*
	-ate, -ete, -ote	*arrate, cachete, cogote*
	-és	*arnés, ciprés, envés*
	-miento	*cumplimiento, sufrimiento*
FEMENINO	-ción, -sión, -zón	*ración, presión, razón*
	-dad	*brevedad, santidad*
	-ed	*pared, red, sed*
	-ez,-eza	*vez, niñez, pereza, torpeza, tristeza*
	-ia, ie (átona)	*gloria, historia, barbarie, efigie*
	-ncia	*prestancia, provincia, prudencia*
	-tud	*acritud, pulcritud, quietud, virtud*

GÉNERO Y SIGNIFICADO

El género de los nombres que designan seres no sexuados se asocia con cierta frecuencia al de su HIPERÓNIMO.

Género y significado en los nombres propios. El género de los nombres propios suele depender del género que posee el término que designa el campo semántico en el que se incluyen. Así, se dice *un Mercedes* o *un Seat* porque se trata de coches, pero *una Vespa* o *una Yamaha* porque se habla de motocicletas. Como *isla* es femenino, se dice *las Canarias* o *las Malvinas,* mientras que, por ser *monte* masculino, se prefieren *el Aconcagua, los Alpes* o *los Pirineos.* Los nombres de ríos, lagos, mares y océanos son masculinos: *el Amazonas, el Titicaca, el Cantábrico, el Pacífico.* Los de ciudades y países tienden a usarse como femeninos cuando terminan en *-a* átona: *la Córdoba jesuítica, esa Colombia desconocida;* cuando acaban en *-á* tónica, los nombres de países son masculinos (*Canadá, Panamá*), pero los de ciudades suelen ser femeninos (*la Bogotá actual*); los acabados en otra vocal o en consonante suelen concordar en masculino: *el Toledo de mis tiempos, mi Buenos Aires querido,* aunque ambos géneros son a menudo posibles: *Todo Madrid lo sabía; Madrid está preciosa en primavera.* En las siglas el género se toma normalmente del sustantivo considerado núcleo, que suele ser el correspondiente a la primera letra, como en *el PRI* (donde *P* es *partido*), *la FIFA* (con *F* de *federación*), *la ONU* (con *O* de *organización*).

VARIACIÓN DE GÉNERO Y SIGNIFICADO EN NOMBRES QUE DESIGNAN SERES NO SEXUADOS

Variación de género. En los sustantivos no animados, las terminaciones de género *-o/-a* pueden marcar diferencias de significado no ligadas al sexo entre palabras de la misma raíz. Así ocurre entre el árbol y su fruto o su flor (*almendro ~ almendra; cerezo ~ cereza; ciruelo ~ ciruela; manzano ~ manzana; tilo ~ tila*). Pueden establecer otras distinciones, como las relativas al tamaño o a la forma de las cosas: *barco ~ barca; bolso ~ bolsa; cesto ~ cesta; huerto ~ huerta; madero ~ madera; río ~ ría.*

Homonimia, polisemia y diferencias de género. Varios términos HOMONÍMICOS o POLISÉMICOS se diferencian en su significado y también en su género: *el/la capital, el/la cólera, el/la coma, el/la cometa, el/la corte, el/la cura, el/la editorial, el/la final, el/la frente, el/la mañana, el/la orden, el/la parte.*

Sustantivos ambiguos en cuanto al género. Son nombres de terminación invariable que pueden usarse como masculinos o femeninos, pero sin experimentar cambios de significado. Esta ambigüedad de género se da sobre todo en singular y, a menudo, es propia de algunas variedades geográficas, así como de ciertos registros y niveles de lengua, como muestra la preferencia por *la mar* (frente a *el mar*) entre los marineros. A este grupo pertenecen, entre otros, los sustantivos siguientes: *el/la mar* (plural, *los mares*), *el/la maratón, el/la dote* (plural, *las dotes*), *el/la linde, el/la calor, el/la interrogante.*

3

El número

Concepto de número

El número es una propiedad gramatical de los sustantivos, los pronombres, los adjetivos, los determinantes y los verbos que opone dos valores: el SINGULAR y el PLURAL. En el sustantivo y el pronombre el número posee dos características:

a) Es signo de unidad/pluralidad. Las marcas de número en el nombre y en el pronombre están asociadas a los contenidos 'unidad' y 'pluralidad' o 'multiplicidad'. Prototípicamente, el singular significa 'uno' (*árbol, dedo, país*) y el plural, 'más de uno' (*árboles, dedos, países*). Con la excepción de los numerales, en las demás categorías el número no posee valor informativo, sino que constituye una manifestación de la concordancia (→ pág. 5).

b) Es rasgo inherente. Sustantivos y pronombres imponen sus marcas de número a determinantes, cuantificadores, adjetivos y verbos cuando forman con ellos construcciones concordadas: *Ya llega el cortejo; los amigos, un nuevo día.* Así pues, expresan morfológicamente plural todas las palabras del grupo nominal *todos los lápices amarillos,* pero solo denota propiamente pluralidad el sustantivo *lápices*.

Relaciones entre forma y significado

Aunque la asociación de las formas del singular y del plural con los contenidos 'unidad' y 'pluralidad' es bastante regular, existen casos en los que no se establece tal correspondencia.

SUSTANTIVOS NO CONTABLES

Los sustantivos no contables o continuos (*agua, aire, arena, tierra*), por razones de significado, suelen construirse en singular. Cuando aparecen en plural, pueden pasar a ser sustantivos contables (*el café* ~ *tres cafés*). Si se mantienen como no contables, suelen aportar una variante estilística que a menudo no constituye una auténtica pluralización: *el agua* ~ *las aguas; {la arena* ~ *las arenas} del desierto; la tierra castellana* ~ *las tierras castellanas; la nieve* ~ *las nieves; tomar sopa* ~ *tomar sopas; en el cielo* ~ *en los cielos.*

SUSTANTIVOS CONTABLES CON PLURAL INDIFERENTE AL NÚMERO

En algunos nombres contables, en los que el singular implica unidad (*boda, espalda, funeral*), el plural puede usarse con valor de unidad (*la boda de Camacho* y *las bodas de Camacho, el funeral* y *los funerales, espalda* y *espaldas*) o de pluralidad (*las bodas de mis dos hermanas*). Esta neutralización se da también en algunas fórmulas de cortesía: *feliz Navidad* y *felices Navidades, buen día* y *buenos días.*

SUSTANTIVOS CON DIFERENTE SIGNIFICADO LÉXICO

En otros casos, el cambio de número implica modificación en el significado léxico: *celo* y *celos, haber* y *haberes, historia* e *historias, imaginación* e *imaginaciones, interés* e *intereses, relación* y *relaciones.*

SUSTANTIVOS DE OBJETOS DOBLES

Con los nombres que designan realidades compuestas de dos partes simétricas que forman unidad, suelen alternar el uso del singular y del plural en la referencia a cada conjunto: *alicate* ~ *alicates; calzón* ~ *calzones; gafa* ~ *gafas; nariz* ~ *narices; pantalón* ~ *pantalones; tenaza* ~ *tenazas; tijera* ~ *tijeras.* El plural de estos nombres admite dos interpretaciones, ya que puede designar un objeto o más de uno, como ocurre con *los pantalones que están sobre la cama* (es aplicable a uno o a varios). El contexto suele deshacer la ambigüedad.

SUSTANTIVOS DUALES

Son nombres que en plural designan normalmente objetos pares, pero formados por piezas independientes: *amígdalas, guantes, medias, orejas, pendientes, piernas, zapatos,* etc. En ellos el plural nunca es equivalente del singular, ya que expresan sentidos distintos: *una media* refleja siempre singularidad, mientras que *unas medias* indica pluralidad, sea de un par o de varios pares.

SUSTANTIVOS CON SINGULAR INHERENTE O *SINGULARIA TANTUM*

Son nombres que suelen usarse solo en singular, debido a que designan una entidad única: *canícula, caos, cariz, cenit, grima, oeste, salud, sed, tez, zodíaco,* etc.

SUSTANTIVOS CON PLURAL INHERENTE O *PLURALIA TANTUM*

Son sustantivos que se emplean solo en plural. A diferencia de los *singularia tantum,* que denotan entidades únicas, la marca de número no implica en este caso pluralidad en el referente. Pertenecen a ámbitos conceptuales muy diversos: alimentos (*comestibles, ñoquis, provisiones, tallarines, víveres*); objetos inespecíficos (*bártulos, cachivaches, enseres*); cantidades de dinero (*emolumentos, finanzas, honorarios*); lugares imprecisos (*afueras, aledaños, alrededores*); fragmentos, restos o cosas menudas (*añicos, escombros, trizas*), o ciertas partes de algún organismo (*entrañas, fauces, tragaderas*).

Los PLURALES INHERENTES aparecen con mucha frecuencia formando parte de locuciones, sean nominales (*artes marciales*); adverbiales y adjetivas (*a gatas, a medias*); preposicionales (*con miras a*), o verbales (*hacer las paces, ir de compras*).

Reglas para la formación del plural

REGLAS GENERALES

Mientras que el singular no presenta marca específica, el plural aparece marcado generalmente por las terminaciones *-s* o *-es.* Con todo, muchas palabras se pluralizan sin marca, por lo que solo se percibe su número a través de la concordancia. En los apartados que siguen se darán las reglas generales de formación del plural en español, que dependen, fundamentalmente, de las propiedades fonológicas del constituyente final: si es vocálico o consonántico, si es tónico o átono, etc.

Voces terminadas en vocal

a) Las palabras que acaban en vocal átona y en *-á, -é, -ó* tónicas hacen el plural en *-s: casas, calles, yanquis, libros, tribus, sofás, cafés, platós.* También añaden *-s* las voces agudas terminadas en diptongo: *bonsáis.*

b) Las terminadas en *-í, -ú* tónicas tienden a admitir las dos variantes, *-es* y *-s: colibríes* o *colibrís, bisturíes* o *bisturís, esquíes* o *esquís, bambúes* o *bambús, gurúes* o *gurús, tabúes* o *tabús*. Suelen preferirse en la lengua culta las variantes en *-es*, sobre todo en los gentilicios y nombres de etnias: *ceutíes, guaraníes, israelíes, hindúes*. Algunos términos, en su mayoría coloquiales o procedentes de otras lenguas, solo forman su plural en *-s: cañís, gachís, gilís, pirulís, popurrís*.

c) En el plural de los monosílabos existe cierta variación. Los acabados en vocal suelen tener plural en *-s: fes, pies, pros, tés*. Para los nombres de las vocales, se recomiendan los plurales *aes, es, íes, oes, úes*. El de *cu* (nombre de la consonante *q*) es *cus*; el de *i griega* (*y*, cuya denominación preferida es *ye*), *íes griegas*.

Aunque se documentan las formas *yos, nos* y *sís* como plurales de *yo, no* y *sí*, los recomendados son *yoes, noes* y *síes*. Se aconseja evitar los plurales de carácter popular *cacahueses* o *cacahués* (por *cacahuates* o *cacahuetes*), *cafeses* (por *cafés*), *manises* (por *manís* o *maníes*) y *pieses* (por *pies*), entre otros. *n*

d) Los sustantivos terminados en *-y* toman *-es* para el plural: *ayes, bueyes, convoyes, leyes, reyes*, con la excepción de algunos no totalmente castellanizados: *jerséis* (o *yerseis*).

Voces terminadas en consonante

a) Los nombres acabados en *-l, -n, -r, -d, -z, -j* hacen el plural en *-es: cónsules, leones, caracteres* (con cambio de acento), *paredes, peces, relojes*. Los esdrújulos desplazan el acento (*especímenes, regímenes*) o bien permanecen invariables (*los asíndeton, los polisíndeton*). Se exceptúa *hipérbaton*, cuyo plural preferido es *hipérbatos*.

b) Las voces agudas y las monosílabas terminadas en *-s, -x* hacen también el plural en *-es: autobuses, compases, reveses, toses, boxes, faxes*; las demás permanecen invariables: *las dosis, las tesis, los lunes, los bíceps, los clímax, los tórax*.

c) Las acabados en otras consonantes añaden *-s: cenit* o *zenit* / *cenits* o *zenits; mamut* / *mamuts; tic* / *tics; tictac* / *tictacs; zigurat* / *zigurats*.

EL PLURAL DE LOS COMPUESTOS

Compuestos léxicos. Como regla general, todos los COMPUESTOS LÉXICOS O UNIVERBALES (pág. → 58) marcan el plural en el segundo constituyente y siguen las pautas regulares, como si se tratase de palabras simples: *aguafuertes, bocacalles, caraduras, cubalibres, purasangres, sacacorchos, político-económicos*. Los que poseen una estructura sintáctica aparente también tienden a tener un plural regular: *correveidiles, quehaceres, tentempiés.* Se exceptúan los acabados en *-todo*, que permanecen invariables: *los curalotodo, los metomentodo, los sabelotodo.* Son internos los plurales de *cualquiera* (*cualesquiera*) y *quienquiera* (*quienesquiera*).

Compuestos sintagmáticos. Las marcas de plural de los COMPUESTOS SINTAGMÁTICOS (pág. → 58) varían en función de sus constituyentes:

a) Compuestos formados por dos sustantivos. Cuando ambos miembros se escriben separados, pero constituyen una unidad significativa, solo se marca el plural en el primero: *años luz, buques escuela, ciudades dormitorio, globos sonda, hombres rana, niños prodigio.* Si el segundo sustantivo se usa con valor adjetival, caben las dos opciones: *aviones espía ~ aviones espías; discos pirata ~ discos piratas; momentos clave ~ momentos claves; países satélite ~ países satélites.*

b) Compuestos formados por sustantivo y adjetivo. Si van separados, suelen pluralizar sus dos segmentos: *boinas verdes, pieles rojas.*

EL PLURAL DE LOS NOMBRES PROPIOS

Regla general. Los nombres propios, como tales, no tienen plural, pues designan entidades únicas entre las de su clase. Sin embargo, cuando varios individuos comparten nombre, este se asimila a los sustantivos comunes y, por tanto, forma el plural de manera regular: *Aquí viven varias Cármenes; Conozco a tres Antonios.* También forman un plural regular los procedentes de nombres propios que designan arquetipos: *un donjuán* > *unos donjuanes; un quijote* > *unos quijotes.*

Formas de tratamiento. *Santo, santa* y *doña* suelen recibir plural. No varían, en cambio, *san, don, fray, sor: Santas Martas, los don Josés.*

Apellidos. Los apellidos suelen alternar la forma invariable (obligada cuando acaban en *-s* o *-z*) y la adición de *-s.* Esta última es más frecuente si hace referencia a dinastías: *los Fierro, los Oriol, los Urquijo, los Austrias, los Borbones, los Capetos.*

Premios y marcas. Los nombres de los premios no varían cuando expresan su denominación oficial: *los Premios Goya, la ceremonia de los Óscar,* pero sí cuando designan un objeto material, o bien a la persona premiada: *los goyas del museo, los nobeles de literatura.* Los de marcas, cuando se refieren a los objetos que designan, se asimilan a los nombres comunes: si terminan en vocal, tienden a hacer el plural en *-s* (*las Yamahas, los Toyotas*); si acaban en consonante, lo habitual es que no varíen (*Los Seat estaban alineados*).

Topónimos en plural. Se emplean solo en plural los nombres propios de ciertas cordilleras (*los Alpes, los Andes, los Pirineos*), archipiélagos (*las Antillas, las Baleares, las Canarias, las Filipinas, las Galápagos*) y países (*Emiratos Árabes Unidos, Estados Unidos, Países Bajos*), así como los de algunas ciudades (*Aguascalientes, Buenos Aires, Ciempozuelos*).

EL PLURAL DE LOS LATINISMOS

No varían en plural los latinismos que acaban en *-s* (*los campus, los corpus, los lapsus*), en *-x* (*los códex*) o en *-r* (*los imprimátur, los paternóster*). No obstante, la adaptación progresiva hace que algunos de los acabados en *-r* formen ya su plural en *-es: magísteres, nomenclátores*. Los terminados en *-m* y en *-t* añaden *-s: réquiems, ultimátums, vademécums, accésits, déficits, hábitats, superávits*. Muchos de los terminados en *-us* y en *-um* se han castellanizado en *-o*, con el consiguiente plural en *-os: auditorios, eucaliptos, máximos, mínimos*. No varían las locuciones latinas incorporadas al español: *los alter ego, los curriculum vitae, los lapsus linguae*.

- Algunos latinismos admiten una doble, e incluso triple, solución: *los páter* y *los páteres; los ítem, los ítemes* y *los ítems* (se prefiere la última opción); *los júniors* y *los júniores* (se aconseja la segunda, lo mismo que en *séniores*); *los accésit* y *los accésits* (se prefiere la segunda).
- Se desaconseja el uso de ciertos plurales latinos en *-a*, introducidos en español por influjo del inglés, como *córpora, currícula, media, memoranda, referenda*. Se prefieren en su lugar las formas invariables (*los corpus*) o las adaptadas (*los currículos, los medios, los memorandos, los referendos*).

EL PLURAL DE LOS PRÉSTAMOS DE OTRAS LENGUAS

Regla general. Como regla general, las voces procedentes de otras lenguas deben acomodarse a la fonética y grafía del español y, en consecuencia, también a las reglas de formación de su plural. No obstante, algunas formas originales han acabado por triunfar sobre las adaptadas. Así, *bistec/bistecs, boicot/boicots, coñac/coñacs* y *debut/debuts* se han impuesto en el uso a *bisté/bistés, boicó/boicós, coñá/coñás* y *debú/debús*.

Voces acabadas en vocal. Añaden *-s: atrezos, bafles, bidés, capós, interviús, pedigrís, yanquis*. Muchas de las acabadas en *-y* precedida de consonante la han cambiado por *-i*, con el consiguiente plural en *-is: dandi/dandis; panti/pantis*. Las que llevan *-y* como segundo elemento de un diptongo la sustituyen por *-i* en plural: *espray/espráis*. Las hay que admiten dos formas en singular, unas con plural único: *samurái* o *samuray* (plural *samuráis*), y otras con los dos plurales correspondientes: *póney/poneis* o *poni/ponis*.

Voces acabadas en consonante. Muchos de los sustantivos terminados en *-n, -l, -r, -d, -j, -z* forman ya su plural en *-es: bluyines, búnkeres, chándales, córneres, cruasanes, pósteres,* etc. Los acabados en *-s* o *-x* no agudos permanecen invariables (*los toples, dos réflex, varios télex*), mientras que los agudos y monosílabos se pluralizan en *-es: boxes, estreses, faxes, fuagrases.* Añaden *-s* los acabados en otras consonantes: *airbags, argots, blocs, chefs, esnobs, tuaregs, vivacs, webs,* etc. Los esdrújulos no varían: *los cárdigan, los mánager, los trávelin.*

- Se registran aún numerosas vacilaciones: junto a *chándales, córneres, escáneres, fanes, másteres, pines* o *pósteres,* se usan también —y a veces con más frecuencia— las formas *chándals, córners, escáners, fans, másters, pins* o *pósters.* Se prefieren las primeras. Se recomienda asimismo *güisqui/güisquis* frente a los originales —y en algunas partes más usados— *whisky/whiskys* y *whiskey/whiskeys.*

- El plural de *lord* es *lores,* y el de *sándwich, sándwiches.* Son correctos *clubs* y *clubes* como plurales de *club,* así como *tests* y el plural invariable en el caso de *test.* n

- Tienen plural regular en español algunos nombres que proceden de voces plurales en su lengua de origen. Así, se consideran correctas expresiones como *los espaguetis, los muyahidines, los talibanes,* no *los espagueti, los muyahidín, los talibán.*

4

La flexión verbal

Informaciones morfológicas de las formas verbales

El verbo en español tiene flexión de número y persona, y de tiempo, modo y aspecto. A través de los rasgos de persona y número establece la CONCORDANCIA con el sujeto gramatical. La flexión de tiempo, modo y aspecto, que es exclusiva del verbo, expresa nociones relacionadas con el evento. Así, en la forma *mirabas* los morfemas flexivos indican que la persona que realiza la acción es el destinatario del mensaje (2.ª persona), y también que se trata de un único individuo (singular). Los rasgos de tiempo y aspecto (→ cap. 15) ponen de manifiesto que la acción de *mirar* se realiza en el pasado (pretérito) y que se percibe como proceso en curso (imperfecto); y los de modo expresan que esa acción se enuncia como real (indicativo), en lugar de presentarse subordinada a un entorno modal, irreal o virtual. Las formas verbales contienen los siguientes constituyentes:

a) La RAÍZ (o RADICAL), que aporta el significado léxico.

b) La VOCAL TEMÁTICA (VT), que es el constituyente flexivo que distingue las conjugaciones y forma, junto con la raíz, el TEMA verbal.

c) El segmento TM, que contiene la información flexiva de tiempo, modo y aspecto.

d) El segmento PN, que reproduce en el verbo los rasgos de persona y número del sujeto.

El conjunto de segmentos flexivos que el verbo manifiesta se llama DESINENCIA. En algunas formas del paradigma cada uno de los segmentos que la constituyen posee realización fonológica (*cant-a-ba-n*); pero en otras, algunos carecen de expresión fónica (por ejemplo, *cantan, canta, canto* y *cantemos*):

Raíz	Desinencia		
	VT	TM	PN
cant-	-a-	-ba-	-n
cant-	-a-	-Ø-	-n
cant-	-a-	-Ø-	-Ø
cant-	-Ø-	-o-	-Ø
cant-	-Ø-	-e-	-mos

El infinitivo, el gerundio y el participio no admiten los segmentos TM y PN (de ahí el nombre tradicional de *formas no personales* del verbo). Con la raíz y la vocal temática característica de cada conjugación (*-a-, -e-, -i-*) se construye el tema de infinitivo (*ama-, teme-, parti-*), al que se agrega el morfema *-r*. La VT no se altera en la formación de gerundios y participios de la primera conjugación (*am-a-ndo, am-a-do*), pero toma la forma del diptongo *-ie-* en los gerundios de la segunda y la tercera (*tem-ie-ndo, part-ie-ndo*). Los participios de la segunda se asimilan a los de la tercera en la vocal temática *-i-* (*tem-i-do, part-i-do*).

Desde el punto de vista de su estructura léxica, las formas verbales pueden ser simples o compuestas. Las FORMAS COMPUESTAS se construyen con el verbo auxiliar *haber* y el participio del verbo correspondiente. El auxiliar *haber* aporta el valor retrospectivo, además de la información gramatical de TM y PN en todas las formas personales del verbo. La base léxica del participio determina la VALENCIA O ESTRUCTURA ARGUMENTAL del verbo.

Las formas verbales se organizan en una serie de paradigmas cerrados, denominados TIEMPOS VERBALES, que se agrupan bajo los MODOS. Se utiliza aquí la nomenclatura académica; pero en las tablas de conjugación (→ apéndice 1) aparecerán también las denominaciones propuestas por Andrés Bello:

Modo indicativo

Tiempos simples		Tiempos compuestos	
PRESENTE	canto	PRET. PERFECTO COMPUESTO	he cantado
PRETÉRITO IMPERFECTO	cantaba	PRET. PLUSCUAMPERFECTO	había cantado
PRET. PERFECTO SIMPLE	canté	PRETÉRITO ANTERIOR	hube cantado
FUTURO SIMPLE	cantaré	FUTURO COMPUESTO	habré cantado
CONDICIONAL SIMPLE	cantaría	CONDICIONAL COMPUESTO	habría cantado

Modo subjuntivo

Tiempos simples		Tiempos compuestos	
PRESENTE	cante	PRET. PERFECTO COMPUESTO	haya cantado
PRET. IMPERFECTO	cantara/-se	PRET. PLUSCUAMPERFECTO	hubiera/-se cantado
FUTURO SIMPLE	cantare	FUTURO COMPUESTO	hubiere cantado

Modo imperativo

canta

Distribución de los segmentos flexivos

LA VOCAL TEMÁTICA (VT)

La vocal temática encabeza la desinencia y no aporta significado. El constituyente que forma con la raíz, el tema, sufre variaciones (diptongación, cambios de acento o de timbre) según la conjugación a la que pertenece el verbo, y también en función de los valores de los segmentos TM y PN. Estas variaciones permiten distinguir tres temas:

a) El TEMA de PRESENTE: A él pertenecen el presente de indicativo, el presente de subjuntivo y el imperativo.

b) El TEMA de PRETÉRITO: Está formado por el pretérito perfecto simple, los imperfectos, el futuro de subjuntivo, el participio y el gerundio.

c) El TEMA de FUTURO: En él se agrupan el futuro de indicativo, el condicional y el infinitivo.

Variaciones de la vocal temática			
TEMAS	***-ar***	***-er***	***-ir***
PRESENTE	am-{-Ø-/-*a*-}	tém- / párt- {-Ø-/*e*-}	
	am-*á*-	tem-*é*-	part-*í*-
PRETÉRITO	am-{-Ø-/-*á*-}	tem- / part- {-Ø-/-*í*-/-*ié*-}	
FUTURO	am-{-*a*-/-*á*-}	tem-{-*e*-/-*é*-}	part-{-*i*-/-*í*-}

PERSONA Y NÚMERO (PN)

a) El segmento PN es regular en la primera y en la tercera personas del plural: *-mos* (*ama-mos, amába-mos*) y *-n* (*ama-n, amaría-n*), respectivamente.

b) En la primera y en la tercera personas del singular es nulo (*amo-Ø, amará-Ø*), lo que hace que ambas personas presenten la misma forma en algunos tiempos: imperfecto de indicativo (*yo amaba ~ él amaba*), condicional (*yo partiría ~ él partiría*), presente de subjuntivo (*yo tema ~ ella tema*), etc.

c) El segmento PN correspondiente a la segunda persona forma un paradigma flexivo más complejo, ya que varía en función del tratamiento (tuteo, voseo o de *usted*) y de los tiempos verbales.

Se considera incorrecto el empleo de la desinencia *-s* para la 2.ª persona del singular del pretérito perfecto simple (*cantastes, temistes*). *n*

Segunda persona del singular		
con tuteo	Ø	pretérito perfecto simple, imperativo
	-s	resto de tiempos
con voseo	Ø	imperativo
	-s	resto de tiempos
con *usted*	Ø	todos los tiempos
Segunda persona del plural		
con *ustedes*	*-n*	todos los tiempos
con *vosotros*	*-d*	imperativo
	-is	resto de tiempos

TIEMPO Y MODO (TM)

Tema de presente. El segmento TM es nulo en el presente de indicativo (salvo en la 1.ª pers. sing., en la que es *-o*) y en el imperativo (salvo en las formas de *usted/ustedes*). Es *-e-* o *-é-* en el presente de subjuntivo de la 1.ª conjugación y *-a-* o *-á-* en las otras dos conjugaciones.

En las tablas, la columna PERS. hace referencia a la persona gramatical, y no a la del discurso, por tanto, las formas correspondientes a los pronombres *usted* y *ustedes* se ubican en la 3.ª persona, excepto en el imperativo, donde se representan junto con las formas de segunda persona.

Presente de indicativo

Pers.	1.ª Conjugación			2.ª Conjugación			3.ª Conjugación		
	TEMA	TM	PN	TEMA	TM	PN	TEMA	TM	PN
1.ª sing.	am-Ø-	-o-	-Ø	tem-Ø-	-o-	-Ø	part-Ø-	-o-	-Ø
2.ª sing.	am-a-/-á-	-Ø-	-s	tem-e-/-é-	-Ø-	-s	part-e-/-í-	-Ø-	-s
3.ª sing.	am-a-	-Ø-	-Ø	tem-e-	-Ø-	-Ø	part-e-	-Ø-	-Ø
1.ª pl.	am-a-	-Ø-	-mos	tem-e-	-Ø-	-mos	part-i-	-Ø-	-mos
2.ª pl.	am-á-	-Ø-	-is	tem-é-	-Ø-	-is	part-í-	-Ø-	-is
3.ª pl.	am-a-	-Ø-	-n	tem-e-	-Ø-	-n	part-e-	-Ø-	-n

Presente de subjuntivo

Pers.	1.ª Conjugación			2.ª Conjugación			3.ª Conjugación		
	TEMA	TM	PN	TEMA	TM	PN	TEMA	TM	PN
1.ª sing.	am-Ø-	-e-	-Ø	tem-Ø-	-a-	-Ø	part-Ø-	-a-	-Ø
2.ª sing.	am-Ø-	-e-	-s	tem-Ø-	-a-	-s	part-Ø-	-a-	-s
3.ª sing.	am-Ø-	-e-	-Ø	tem-Ø-	-a-	-Ø	part-Ø-	-a-	-Ø
1.ª pl.	am-Ø-	-e-	-mos	tem-Ø-	-a-	-mos	part-Ø-	-a-	-mos
2.ª pl.	am-Ø-	-é-	-is	tem-Ø-	-á-	-is	part-Ø-	-á-	-is
3.ª pl.	am-Ø-	-e-	-n	tem-Ø-	-a-	-n	part-Ø-	-a-	-n

Imperativo

Pers.	1.ª Conjugación			2.ª Conjugación			3.ª Conjugación		
	TEMA	TM	PN	TEMA	TM	PN	TEMA	TM	PN
2.ª sing.	am-a-/-á- am-Ø-	-Ø- -e-	-Ø -Ø	tem-e-/-é- tem-Ø-	-Ø- -a-	-Ø -Ø	part-e-/-í- part-Ø-	-Ø- -a-	-Ø -Ø
2.ª pl.	am-Ø- am-a-	-e- -Ø-	-n -d	tem-Ø- tem-e-	-a- -Ø-	-n -d	part-Ø- part-i-	-a- -Ø-	-n -d

Tema de pretérito. El segmento TM es *-ba-* en el imperfecto de indicativo de la 1.ª conjugación y *-a-* en las otras dos. El pretérito perfecto simple presenta variación en las desinencias de TM. En el imperfecto (*-ra-* y *-se-*) y en el futuro (*-re-*) de subjuntivo no hay diferencia entre las conjugaciones.

Como se verá en los cuadros, los paradigmas que corresponden a VT, TM y PN son considerablemente regulares en el tema de pretérito.

Pretérito imperfecto

Pers.	1.ª Conjugación			2.ª Conjugación			3.ª Conjugación		
	TEMA	TM	PN	TEMA	TM	PN	TEMA	TM	PN
1.ª sing.	am-a-	-ba-	-Ø	tem-í-	-a-	-Ø	part-í-	-a-	-Ø
2.ª sing.	am-a-	-ba-	-s	tem-í-	-a-	-s	part-í-	-a-	-s
3.ª sing.	am-a-	-ba-	-Ø	tem-í-	-a-	-Ø	part-í-	-a-	-Ø
1.ª pl.	am-á-	-ba-	-mos	tem-í	-a-	-mos	part-í-	-a-	-mos
2.ª pl.	am-a-	-ba-	-is	tem-í	-a-	-is	part-í-	-a-	-is
3.ª pl.	am-a-	-ba-	-n	tem-í-	-a-	-n	part-í-	-a-	-n

Pretérito perfecto simple

Pers.	1.ª Conjugación			2.ª Conjugación			3.ª Conjugación		
	TEMA	TM	PN	TEMA	TM	PN	TEMA	TM	PN
1.ª sing.	am-Ø-	-é-	-Ø	tem-Ø-	-í-	-Ø	part-Ø-	-í-	-Ø
2.ª sing.	am-a-	-ste-	-Ø	tem-i-	-ste-	-Ø	part-i-	-ste-	-Ø
3.ª sing.	am-Ø-	-ó-	-Ø	tem-Ø-	-ió-	-Ø	part-Ø-	-ió-	-Ø
1.ª pl.	am-a-	-Ø-	-mos	tem-i-	-Ø-	-mos	part-i-	-Ø-	-mos
2.ª pl.	am-a-	-ste-	-is	tem-i-	-ste-	-is	part-i-	-ste-	-is
3.ª pl.	am-a-	-ro-	-n	tem-ie-	-ro-	-n	part-ie-	-ro-	-n

Pretérito imperfecto de subjuntivo

Pers.	1.ª Conjugación			2.ª Conjugación			3.ª Conjugación		
	TEMA	TM	PN	TEMA	TM	PN	TEMA	TM	PN
1.ª sing.	am-a-	-ra-/-se-	-Ø	tem-ie-	-ra-/-se-	-Ø	part-ie-	-ra-/-se-	-Ø
2.ª sing.	am-a-	-ra-/-se-	-s	tem-ie-	-ra-/-se-	-s	part-ie-	-ra-/-se-	-s
3.ª sing.	am-a-	-ra-/-se-	-Ø	tem-ie-	-ra-/-se-	-Ø	part-ie-	-ra-/-se-	-Ø
1.ª pl.	am-á-	-ra-/-se-	-mos	tem-ié-	-ra-/-se-	-mos	part-ié-	-ra-/-se-	-mos
2.ª pl.	am-a-	-ra-/-se-	-is	tem-ie-	-ra-/-se-	-is	part-ie-	-ra-/-se-	-is
3.ª pl.	am-a-	-ra-/-se-	-n	tem-ie	-ra-/-se-	-n	part-ie-	-ra-/-se-	-n

Tema de futuro. Los exponentes de TM son *-re-* y *-ra-* (tónicos) para el futuro de indicativo y *-ría-* para el condicional en las tres conjugaciones.

Futuro

Pers.	1.ª Conjugación			2.ª Conjugación			3.ª Conjugación		
	TEMA	TM	PN	TEMA	TM	PN	TEMA	TM	PN
1.ª sing.	am-a-	-ré-	-Ø	tem-e-	-ré-	-Ø	part-i-	-ré-	-Ø
2.ª sing.	am-a-	-rá-	-s	tem-e-	-rá-	-s	part-i-	-rá-	-s
3.ª sing.	am-a-	-rá-	-Ø	tem-e-	-rá-	-Ø	part-i-	-rá-	-Ø
1.ª pl.	am-a-	-re-	-mos	tem-e-	-re-	-mos	part-i-	-re-	-mos
2.ª pl.	am-a-	-ré-	-is	tem-e-	-ré-	-is	part-i-	-ré-	-is
3.ª pl.	am-a-	-rá-	-n	tem-e-	-rá-	-n	part-i-	-rá-	-n

Condicional

Pers.	1.ª Conjugación			2.ª Conjugación			3.ª Conjugación		
	TEMA	TM	PN	TEMA	TM	PN	TEMA	TM	PN
1.ª sing.	am-a-	-ría-	-Ø	tem-e-	-ría-	-Ø	part-i-	-ría-	-Ø
2.ª sing.	am-a-	-ría-	-s	tem-e-	-ría-	-s	part-i-	-ría-	-s
3.ª sing.	am-a-	-ría-	-Ø	tem-e-	-ría-	-Ø	part-i-	-ría-	-Ø
1.ª pl.	am-a-	-ría-	-mos	tem-e-	-ría-	-mos	part-i-	-ría-	-mos
2.ª pl.	am-a-	-ría-	-is	tem-e-	-ría-	-is	part-i-	-ría-	-is
3.ª pl.	am-a-	-ría-	-n	tem-e-	-ría-	-n	part-i-	-ría-	-n

La conjugación regular

La conjugación regular está formada por una serie de paradigmas de formas flexivas para los distintos tiempos y modos que se adjuntan a los temas de presente, pretérito y futuro del verbo.

En español se distinguen tres modelos (1.ª, 2.ª y 3.ª conjugación) que se identifican tradicionalmente por el timbre de la vocal temática del infinitivo: en *-ar* (VT = *-a-*, *amar*), en *-er* (VT = *-e-*, *temer*) y en *-ir* (VT = *-i-*, *partir*). Los paradigmas flexivos de la 2.ª y la 3.ª son prácticamente idénticos en lo relativo al segmento TM. De esta manera, las diferencias fundamentales se reducen a la VT en la 1.ª y la 2.ª personas del plural del presente de indicativo (*tememos/partimos; teméis/partís*) y en el plural del imperativo correspondiente a *vosotros* (*temed/partid*), así como en las formas del tema de futuro: infinitivo (*temer/partir*), futuro (*temeré/partiré*) y condicional (*temería/partiría*). Los paradigmas regulares de las tres conjugaciones se presentan en (→ T. C. 1, 2 y 3).

EL VOSEO

Definición. Es el uso del pronombre *vos* como forma de tratamiento dirigida a un solo interlocutor (VOSEO PRONOMINAL) (→ págs. 106-107), así como el empleo de las desinencias que reflejan los rasgos gramaticales de este pronombre en la flexión verbal (VOSEO FLEXIVO). Estas variantes flexivas proceden históricamente de las correspondientes a la 2.ª persona del plural. El voseo constituye una característica singular del español hablado en amplias regiones de América.

El voseo flexivo. Se caracteriza por formas verbales específicas en el presente de indicativo y en el de subjuntivo, en el pretérito perfecto simple y en el imperativo. Algunos países cuentan con formas de voseo para el futuro de indicativo (*amarés, amarís*). En el presente de indicativo se usan las formas *amás, temés, partís,* sobre todo en las regiones rioplatense y centroamericana, aunque también se registra en algunas zonas de Colombia y del Ecuador. En el área chilena existen desinencias específicas para el voseo flexivo en todos los tiempos, salvo en el imperativo. Así, para el presente de indicativo se emplean las formas *amáis, temís* y *partís,* con aspiración o pérdida de la *-s* final. En algunas áreas, sobre todo en la caribeña y la andina, se utiliza para este tiempo la variante que coincide con la forma correspondiente a *vosotros* (en ocasiones acompañada de aspiración de *-s*): *amáis, teméis, partís.* El uso del voseo en las formas de subjuntivo no está tan extendido como el correspondiente a las de indicativo, salvo en la sierra andina y en algunas regiones meridionales de Centroamérica, donde se emplea la forma diptongada sin *-s* (*améi, temái, partái*). En otras zonas, como en Costa Rica, se utilizan las formas monoptongadas con *-s: amés, temás, partás.*

Los verbos irregulares

Son irregulares los verbos cuya conjugación no se ajusta a los paradigmas de *amar, temer* y *partir.* Las irregularidades en la flexión verbal se suelen agrupar en tres clases:

a) VOCÁLICAS: Dan lugar a alternancias entre vocales (*pedir ~ pido*), o bien entre vocales y diptongos (*entender ~ entiendo; contar ~ cuento*).

b) CONSONÁNTICAS: Conllevan la adición de algún segmento consonántico (*padecer* > *padezco*) o la sustitución de una consonante por otra, como en *hacer* > *haga.*

c) Mixtas: Afectan tanto a una sustitución vocálica como a una consonántica (*decir* > *digo*).

A estas tres clases básicas se añaden las irregularidades que son resultado de la existencia de raíces supletivas, es decir, de la presencia de dos o más raíces en formas distintas de un mismo verbo, como en *ir* > *iré* ~ *voy; ser* > *somos* ~ *fuimos*. Se consideran también irregulares los verbos defectivos, cuya irregularidad consiste en la ausencia de algunas formas del paradigma de su conjugación.

VERBOS VOCÁLICOS

Se denominan verbos vocálicos los que poseen raíces terminadas en vocal, como *actu-ar, aire-ar, anunci-ar, averigu-ar, ca-er, desvi-ar, inco-ar, le-er, o-ír* y *sonre-ír*. Estos verbos pueden contener diptongos en todas las formas del paradigma, como *anunciar* (*anuncio, anuncié, anunciaré*, etc.) o *averiguar*, o solo en algunas, como *enviar* (*en.via.ré*, pero *en.ví.o*) o *actuar*. Los primeros se denominan verbos vocálicos de diptongo fijo o sistemático, y los segundos, verbos vocálicos de diptongo variable o de alternancia «diptongo-hiato».

Son verbos de diptongo fijo:

a) algunos verbos que terminan en *-iar*: *acariciar, agobiar, anunciar* (→ T. C. 11), *cambiar, copiar, limpiar, odiar, pronunciar, renunciar;*

b) unos pocos verbos en *-uar*: *aguar, averiguar* (→ T. C. 15), *menguar*.

Son verbos vocálicos de alternancia «diptongo-hiato»:

a) algunos verbos acabados en *-iar*: *ampliar, confiar, desviar, enfriar, enviar* (→ T. C. 32), *guiar, vaciar;*

b) algunos verbos en *-uar*: *actuar* (→ T. C. 5), *continuar, efectuar, evaluar, situar;*

c) los verbos en *-uir*: *construir* (→ T. C. 24), *incluir*. Estos verbos presentan además otras irregularidades.

Se asimilan a los verbos vocálicos aquellos que contienen un diptongo en una posición no final de su raíz, ya que también pueden clasificarse como de diptongo fijo (*bailar, causar*) o variable (*aislar, aunar*). Mientras que en los verbos de diptongo creciente (*ia, ie, io, ua, ue, uo*) —*viajar, inquietar, aguantar, frecuentar*— este suele ser sistemático en todas las formas, los verbos con diptongo decreciente (*ai, ei, oi, au, eu, ou*) pueden pertenecer a los dos paradigmas. Así, son de diptongo fijo:

a) algunos verbos que contienen *-au-*: *aplaudir, causar (causan)*;

b) ciertos verbos con *-ei-*: *peinar (peinan), reinar*;

c) algunos verbos que contienen *-ai-*: *bailar (bailan)*.

Al grupo de diptongo variable pertenecen:

a) algunos verbos con *-au-*: *aullar, aunar (aúnan, aunamos)*;

b) algunos verbos con *-ei-*: *descafeinar (descafeínan, descafeinamos)*;

c) ciertos verbos que contienen *-ai-*: *aislar (aíslan, aislamos)*;

d) otros verbos con diptongo decreciente: *prohibir, rehusar, reunir (reúnen, reunimos)*.

Los diptongos *-iu-* y *-ui-* no son crecientes ni decrecientes y los verbos que los contienen, como *cuidar* o *triunfar*, son de diptongo sistemático.

VERBOS CON ALTERNANCIA VOCÁLICA

Algunos verbos presentan irregularidades vocálicas por diptongación. Así, la forma diptongada de los pares siguientes se elige en las raíces tónicas del tema de presente y la otra variante en los demás casos (se subrayan en las voces las vocales y los diptongos que participan en estas alternancias y se marca el acento de las sílabas tónicas, corresponda o no a una tilde):

Átona	Tónica	Ejemplos
/e/	/ié/	*acertámos ~ aciérto; entenderémos ~ entiéndo*
/i/	/ié/	*adquirímos ~ adquiéro*
/o/	/ué/	*contában ~ cuénto; movémos ~ muévo*
/u/	/ué/	*jugámos ~ juégo*

También se producen irregularidades vocálicas por cierre de vocal, como la alternancia /e/ ~ /i/ que se registra en el verbo *pedir (pedimos ~ pido)*.

VERBOS CON IRREGULARIDADES CONSONÁNTICAS

Las alteraciones consonánticas que se describen a continuación se relacionan con la adición (EPÉNTESIS) o supresión (SÍNCOPA) de algún sonido intermedio en determinadas formas del paradigma.

En algunos verbos se producen fenómenos de epéntesis en la 1.ª persona del singular del presente de indicativo y en todas las del presente de subjuntivo:

a) Epéntesis de /k/: terminados en *-ecer* (*agradezco, agradezcas*); en *-ducir* (*conduzca, reduzco*), y en *-lucir* (*luzcamos*).

b) Epéntesis de /g/: con raíz terminada en *-l* (*salgo, valgas*) o *-n* (*pongamos, tengan*).

c) Epéntesis de /ig/: *caer* y *traer*, y sus derivados (*caiga, traigo, contraigamos*); *raer* y *roer* (*raigan, roigas*).

Las irregularidades que afectan al tema de futuro consisten en la reducción de la VT en determinados verbos (*caber* > *cabré, poder* > *podré, saber* > *sabré*, etc.). En los casos en los que el resultado de la síncopa es el grupo consonántico *nr* o *lr*, se produce la epéntesis de /d/: *poner* > **ponré, pondré; tener* > **tenré, tendré; salir* > **salré, saldré*...

PRETÉRITOS FUERTES Y PARTICIPIOS IRREGULARES

Algunos verbos presentan irregularidades mixtas en el pretérito perfecto simple. Son estos los PRETÉRITOS FUERTES, que se identifican por presentar acento en la raíz en las formas de 1.ª y 3.ª persona del singular (*quise, dije, trajo*), en lugar de en la desinencia (*amé, temió, partí*). En muchos pretéritos fuertes se altera la vocal de la raíz que recibe el acento (*venir* > *vino, haber* > *hubo, poder* > *pudo*).

Los PARTICIPIOS FUERTES o irregulares presentan el acento en la raíz (*abierto, cubierto, dicho, escrito, muerto, puesto, roto, visto, vuelto*). A veces concurren con los regulares, con diferencias en extensión y uso:

electo	frito	impreso	preso	provisto
elegido	freído	imprimido	prendido	proveído

VERBOS DE CONJUGACIÓN ESPECIAL

En el siguiente apartado se recogen algunos verbos en los que convergen numerosas irregularidades de distinto tipo.

El verbo *haber* y otros verbos. El verbo *haber*, además de ser el auxiliar de los tiempos compuestos del paradigma, se usa como verbo terciopersonal (es decir, se conjuga solo en tercera persona) en las construcciones impersonales (*Hay gente; Habrá fiestas*). La vocal final de la forma *hay* se considera una variante enclítica del antiguo adverbio demostrativo *y* ('allí'). En la aparición de esta *-y* en la 1.ª persona del presente de indicativo de los verbos *dar, ir, ser* y *estar* (*doy, voy, soy* y *estoy*) pueden haber influido también otras causas.

En el imperativo singular no voseante, los verbos *decir, hacer, tener, poner, salir* y *venir* presentan respectivamente las formas *di, haz, ten, pon, sal* y *ven*. Estas variantes se suelen conservar en sus derivados, pero el imperativo de algunos derivados de *decir* se construye con la terminación regular *-dice* (*bendice, contradice, desdice, predice*).

El verbo *estar* (→ T. C. 35) presenta raíz átona en toda la conjugación, salvo en las formas del pretérito fuerte *estuve, estuvo*. Las formas de imperativo del verbo pronominal *estarse* son *estate, estense* y *estaos: Estate quieto.*

El verbo *dar* (→ T. C. 26) pertenece a la primera conjugación, pero se conjuga con las terminaciones propias de la segunda y la tercera en las formas del tema de perfecto (*dio, dieron; diera, diese, diere*).

Raíces supletivas. Presentan distintas bases léxicas a lo largo de su conjugación los verbos *ser* e *ir*:

Verbo	Base	Formas
ser (→ T. C. 61)	*s-*	*soy, sos, somos, sois, son*, formas no personales (*sido, siendo, ser*), imperativo.
	es- o *e-*	*es*
	er-	*eres* e imperfecto indicativo: *éramos...*
	fu-	resto del tema de pretérito: *fuimos, fuera...*
	se-	futuro, condicional, pres. subjuntivo: *será, sería, sea...*
ir (→ T. C. 38)	*i-*	tema de futuro, participio, gerundio, imperfecto indicativo, imperativo *vosotros*: *iban, ir, id...*
	v-	presente subjuntivo e imperativo *tú* y *ustedes: ve, vayan...*
	fu-	formas personales del tema de pretérito: *fueron, fuesen...*

VERBOS DEFECTIVOS

Son verbos que presentan una conjugación incompleta, es decir, que constituyen paradigmas que carecen de algunas formas flexivas. La defectividad puede deberse a distintos motivos:

a) Los verbos referidos a fenómenos de la naturaleza (*amanecer, anochecer, llover, nevar*) se conjugan en 3.ª persona del singular, si bien algunos de ellos poseen acepciones no impersonales: *Le llueven ofertas de trabajo; ¿Cómo amaneciste hoy?*

b) Los verbos terciopersonales, como *acaecer, acontecer, atañer, concernir, ocurrir* o *urgir*, no se predican de personas, sino de sucesos (*Ocurrió una catástrofe*) o de contenidos proposicionales (*Urgía que se tomara una decisión*).

c) Los verbos *acostumbrar* (en uno de sus sentidos) y *soler* se emplean en perífrasis de infinitivo de sentido imperfectivo (→ pág. 161). Por esta razón solo se conjugan en presente de indicativo (*acostumbro, suelo*), presente de subjuntivo (*acostumbre, suela*), pretérito imperfecto de indicativo (*acostumbraba, solía*) y pretérito perfecto compuesto (*he acostumbrado, he solido*).

5

La derivación y la composición

El concepto de derivación

El término DERIVACIÓN se usa en esta gramática con los dos significados que le asigna la lingüística contemporánea. En el primero, más amplio, derivación se opone a FLEXIÓN y los fenómenos de la morfología derivativa o léxica, a los propios de la morfología flexiva. En este sentido, el concepto de derivación engloba también el de COMPOSICIÓN. En la segunda acepción, más restrictiva, se refiere tan solo a los procedimientos de formación de palabras por medio de afijos (ya sean prefijos o sufijos).

La derivación nominal

CARACTERÍSTICAS Y CLASIFICACIÓN

Se llama DERIVACIÓN NOMINAL la que permite derivar sustantivos, normalmente a partir de otras categorías. Estos sustantivos se clasifican atendiendo a dos criterios:

a) La categoría gramatical de la base:

Nombres	Formación	Ejemplos
DEVERBALES	V > N	*compra, dormitorio, juramento*
DEADJETIVALES	A > N	*bobada, justicia, vejez*
DENOMINALES	N > N	*basurero, pelotazo, profesorado*

b) El significado del derivado:

Nombres	Significado	Ejemplos
DE ACCIÓN Y EFECTO	acción, efecto	*venta, traducción*
DE CUALIDAD	cualidades, estados	*amabilidad, tristeza*
DE AGENTE, INSTRUMENTO, LUGAR	participantes en el acontecimiento	*lavandera, lavadora, lavadero*

Se puede establecer cierta correspondencia entre los grupos presentados en las tablas anteriores, ya que los nombres de acción suelen ser sustantivos deverbales y los de cualidad suelen formarse sobre bases adjetivas.

NOMBRES DE ACCIÓN Y EFECTO

En este apartado se presentan los principales sufijos que los forman.

a) SUFIJO *-CIÓN*. Forma derivados femeninos a partir de verbos de las tres conjugaciones sobre el tema de participio: *crear* > *cre-a-ción* (como *cre-a-do*); *demoler* > *demol-i-ción* (como *demol-i-do*); *abolir* > *abol-i-ción* (como *abol-i-do*). Existen, no obstante, numerosas irregularidades: *contraer* > *contracción, resolver* > *resolución*, etc. El sufijo *-ción* alterna con las variantes *-ión* (*rebelar* > *rebelión*), *-sión* (*incluir* > *inclusión*) y *-zón* (*quemar* > *quemazón*).

b) SUFIJO *-MIENTO*. Crea derivados nominales masculinos a partir de verbos, especialmente de la primera conjugación o terminados en *-ecer*, sobre el tema de participio (*cas-a-do* > *cas-a-miento, venc-i-do* > *venc-i-miento*).

c) SUFIJO *-(A)JE*. Da lugar a sustantivos masculinos a partir de verbos de la primera conjugación (*arbitraje, pesaje, rodaje*).

d) SUFIJO *-DURA*. Forma nombres femeninos a partir de verbos de las tres conjugaciones sobre el tema de infinitivo: *pod-a-dura* (como *pod-a-r*), *torc-e-dura* (como *torc-e-r*), *invest-i-dura* (como *invest-i-r*). Pueden ser nombres de acción (*voladura*), de efecto (*mordedura, hendidura*) o de instrumento (*cerradura, empuñadura*). Presenta la variante *-tura* (*abreviatura*).

e) SUFIJOS VOCÁLICOS. Los sufijos átonos *-a, -e, -o* se adjuntan al tema de presente de verbos de las tres conjugaciones. La mayoría denota acciones, pero algunos se interpretan como efectos (*abono, corte, desahogo, despiste, deterioro, dibujo, pesca, reforma*).

Sufijo	Derivado			
	género	1.ª conj.	2.ª conj.	3.ª conj.
-a	fem.	*caza, danza*	*contienda*	*riña, tunda*
-e	masc.	*apunte, cierre*	*(el) debe*	*combate, debate*
-o	masc.	*abandono*	*socorro*	*consumo, recibo*

f) Sufijos *-ón*, *-ada* y *-azo*. Dan lugar especialmente a sustantivos que denotan golpes y diversos movimientos violentos: *agarrón, cuchillada, puñetazo*, etc. El primero de estos sufijos toma bases verbales (*empujar* > *empujón*), mientras que los otros dos se adjuntan a bases nominales: *pata* > *patada, piedra* > *pedrada; botella* > *botellazo, martillo* > *martillazo.*

g) Sufijo *-ido*. Forma sustantivos que denotan sonidos, a menudo intensos y a veces característicos de ciertos animales: *aullido, bramido, bufido, graznido, ladrido, mugido, silbido.*

h) Derivados participiales. Muchos sustantivos masculinos y femeninos coinciden con la forma de los participios (*asado, batido, tejido; caída, llamada, salida, vista*). Algunos derivados participiales son nombres de acción, pero son más los que significan 'efecto', debido al carácter perfectivo del participio.

NOMBRES DE CUALIDAD, ESTADO Y CONDICIÓN

Se forman con los sufijos que se analizan en este apartado a partir de bases adjetivales y nominales:

a) Sufijo *-dad*. Forma sustantivos de cualidad a partir de adjetivos (*malo* > *maldad*). Presenta cuatro variantes: *-edad* (*seri-edad*), *-idad* (*debil-idad*), *-dad* (*bon-dad*) y *-tad* (*leal-tad*), pero solo *-idad* es hoy productiva. Los sustantivos derivados se reinterpretan frecuentemente como contables, denoten personas (*amistades*), lugares (*localidades*), cosas (*antigüedades*) o dichos y hechos (*falsedades, necedades*).

b) Sufijos *-ez* y *-eza*. Se trata de sufijos diferentes, aunque relacionados. Ambos constituyen nombres de cualidad a partir de adjetivos, pero solo el primero es productivo actualmente. Muchos derivados en *-ez* expresan cualidades negativas (*boludez, idiotez, tozudez*), aunque no todos (*brillantez, madurez*). En cambio, los nombres en *-eza* expresan por igual cualidades positivas (*franqueza*) o negativas (*bajeza*). Con ambos sufijos, a veces, adquieren interpretaciones contables de 'dicho o hecho' (*ordinarieces, vilezas*). El sufijo *-ez* puede significar también cosas materiales (*exquisiteces*) o etapas de la vida (*niñez*).

c) Sufijo *-ura*. Forma derivados a partir de adjetivos (*amargura*) y, en menor medida, de sustantivos (*diablura*). Suelen denotar propiedades físicas (*altura, blancura, hermosura*) o rasgos del comportamiento (*cordura*).

d) Sufijo *-ía*. A partir de adjetivos y sustantivos crea nombres de cualidad y condición (*valentía, ciudadanía*), interpretación que se extiende a ciertas actividades profesionales (*asesoría, consultoría*).

e) Sufijo *-ería*. Constituye derivados que denotan cualidad y condición (*galantería, tontería*).

f) Sufijo *-ia*. Da lugar a nombres de cualidad, formados sobre adjetivos. Destacan las bases en *-nte* (*elocuente* > *elocuencia*).

g) Sufijo *-ismo*. Crea derivados a partir de sustantivos y adjetivos que se relacionan con voces en *-ista* (*protagonismo*), pero también a partir de grupos nominales reducidos (*cortoplacismo*), de prefijos (*ultraísmo*), pronombres (*laísmo*) o conjunciones (*queísmo*). Los derivados suelen designar doctrinas o teorías (*budismo, capitalismo, humanismo*), géneros artísticos (*modernismo*), actividades (*montañismo*) y, a veces, la condición de algo (*analfabetismo*).

NOMBRES DE PERSONA, INSTRUMENTO Y LUGAR

Con estas interpretaciones forman diversos derivados los siguientes sufijos:

a) Sufijo *-dor/-dora*. Forma nombres de agente sobre temas de infinitivo (*apunt-a-dor, manten-e-dor, repart-i-dor*). Otros derivados designan instrumentos (*tenedor, lavadora*) o expresan lugar (*comedor, mirador*). Las variantes *-tor/-tora* (*conductora*), *-sor/-sora* (*sucesor*) y *-or/-ora* (*pintor*) carecen de vocal temática.

b) Sufijos *-dero/-dera* y *-torio*. Constituyen nombres de agente (*panadero*) a partir de sustantivos. Numerosos sustantivos de instrumento de base verbal contienen el sufijo *-dera* (*podadera, regadera, tapadera*). La forma *-dero* aparece en muchos derivados verbales que designan lugares (*comedero, matadero*). Con el constituyente culto *-torio* se crean nombres de lugar, como *laboratorio* u *observatorio*.

c) Sufijos *-ario/-aria* y *-ero/-era*. Forman muchos nombres de oficio (*cochero, lechero, enfermera*) y de instrumentos o utensilios (*candelero, grasera*), así como otros que denotan recipientes o contenedores de algo (*salero, papelera*). El cultismo correspondiente, *-ario/-aria*, designa personas (*empresaria, millonario*) y ciertos nombres de lugar (*acuario, herbolario*).

d) SUFIJO *-ISTA*. Da lugar a sustantivos y adjetivos, creados a partir de nombres comunes (*pensionista*) o propios (*marxista*), pero también a partir de algunas locuciones nominales (*centrocampista*). Algunos se asocian con formas en *-ismo* (*anarquista-anarquismo*), pero no todos (*artista, dentista, taxista*).

e) SUFIJO *-NTE*. Los sustantivos en *-nte* designan sobre todo personas (*cantante, dibujante*), productos (*calmante, disolvente*), instrumentos (*tirante*) y lugares (*pendiente, saliente*). Algunos se usan como adjetivos y sustantivos (*estimulante, precedente, residente*).

f) DERIVADOS PARTICIPIALES. Muchos participios se sustantivan para designar al paciente de alguna acción (*acusado, invitado*).

g) SUFIJO *-ÓN/-ONA*. Crea nombres de persona de sentido peyorativo sobre bases verbales (*criticón, faltona*).

NOMBRES DE CONJUNTO. SU RELACIÓN CON LOS NOMBRES DE LUGAR

Varios sufijos de este apartado se han descrito anteriormente con otros significados.

a) SUFIJO *-ÍA*. Unido a nombres de condición o cargo, forma otros que denotan servicios e instituciones, así como los lugares que los albergan (*alcaldía, comisaría, concejalía, tesorería*). Se obtiene la interpretación de grupo en otros derivados (*ciudadanía, cofradía*).

b) SUFIJO *-ERÍA*. Produce muchos nombres de establecimiento (*cervecería, taquería*) y de conjunto (*cubertería, palabrería*).

c) SUFIJO *-ERÍO*. Expresa valor colectivo con un matiz irónico o despectivo (*griterío, piberío*). Alterna, en ocasiones, con *-ería* (*gritería*).

d) SUFIJOS *-ARIO* Y *-ERO/-ERA*. Crean nombres de lugar, pero también otros que designan diversas agrupaciones (*cuestionario, temario; cancionero, cristalera*).

e) SUFIJOS *-AR* Y *-AL*. Los derivados designan conjuntos (*costillar, instrumental*) y lugares, a partir de bases nominales (*basural, pedregal*) y adjetivas (*fresquedal, humedal*). También aluden a terrenos sembrados (*arrozal, melonar*).

f) SUFIJOS *-EDO* Y *-EDA*. Forma nombres de plantaciones (*viñedo, alameda*).

La derivación adjetival

ASPECTOS GENERALES

Los DERIVADOS ADJETIVALES proceden de sustantivos y verbos y, en menor medida, de palabras pertenecientes a otras categorías:

Adjetivos	Formación	Ejemplos
DENOMINALES	N > A	*aduanero, central, deportivo*
DEVERBALES	V > A	*ensordecedor, sorprendente, vendible*
DEADJETIVALES	A > A	*carísimo, grandioso, libérrimo*

CLASES

A través de la derivación se forman adjetivos pertenecientes a las dos grandes clases: calificativos y relacionales. Ha de tenerse en cuenta, sin embargo, que muchos adjetivos derivados pueden pertenecer a una u otra clase en función de la doble interpretación descrita en la pág. 73 como en *política científica* (adjetivo de relación) ~ *actitud poco científica* (adjetivo calificativo).

SUFIJOS CARACTERÍSTICOS DE LOS ADJETIVOS CALIFICATIVOS

a) SUFIJO *-OSO*. Es muy productivo en la formación de adjetivos calificativos y se combina con bases nominales, verbales y adjetivales:

	Ejemplos	Significado
N	*aceitoso, airoso, amorosa*	'que tiene N (en abundancia)'
	gelatinoso, monstruoso, sedosa	'que tiene forma o aspecto de N'
	asombrosa, caluroso, dudoso	'que causa o produce N'
V	*apestoso, borrosa, quejoso*	'que (se) V'
A	*grandioso, rancioso, voluntariosa*	

b) SUFIJOS *-ÍSIMO*, *-ÉRRIMO*. El sufijo *-ísimo* aporta significado de grado extremo a adjetivos calificativos (*bellísimo*), a unos pocos cuantificadores (*muchísimo, poquísimo, cuantísimo, tantísimo*) y a algunos adverbios, como *tempranísimo, tardísimo, cerquísima, lejísimos*. Lo rechazan los adjetivos de relación, que no denotan propiedades graduables, así como numerosos adjetivos derivados (**lavabilísimo, *insinuantísimo*). El sufijo *-érrimo* se adjunta a la forma culta de bases que contienen *r* en su última sílaba: *celebérrimo* (< *célebre*), *libérrimo* (< *libre*), *paupérrimo* (< *pobre*). Al igual que los apreciativos, los derivados en *-ísimo* no se suelen incluir en los diccionarios.

c) Sufijo *-(i)ento/-(i)enta*. Denota intensidad o abundancia de la noción designada por la base (*mugrienta*).

d) Sufijos *-udo/-uda* y *-ón/-ona*. Expresan exceso en el tamaño de alguna parte del cuerpo, y a veces dan lugar a pares, como *barrigón* ~ *barrigudo*, *cabezón* ~ *cabezudo*. Poseen valor despectivo algunos derivados de base verbal con el sufijo *-ón/-ona* (*buscón*, *criticona*).

SUFIJOS CARACTERÍSTICOS DE LOS ADJETIVOS DE RELACIÓN

Sufijos propios de gentilicios y de derivados de antropónimos. Los nombres propios de lugar (topónimos) crean adjetivos gentilicios mediante sufijos como los siguientes:

-aco/-aca: *austríaco* o *austriaco*
-ano/-ana: *italiana*
-eco/-eca: *guatemalteco*
-ense: *bonaerense*
-eño/-eña: *limeña*
-és/-esa: *cordobés*
-ino/-ina: *granadino*
-o/-a: *rusa*

Con los mismos sufijos, forman también adjetivos los nombres propios de persona (antropónimos), como en *franciscano*, *cervantino*.

Otros sufijos característicos de los adjetivos de relación. La mayor parte de los sufijos de este apartado forman adjetivos sobre bases nominales (N) que se definen normalmente como 'relativo o perteneciente a N'. Algunos pueden dar lugar, sin embargo, a adjetivos calificativos (*machista*) o a la doble interpretación calificativo-relacional (*artístico*):

a) Sufijos *-ar* y *-al*. Se elige *-al* si la base contiene *r* (*astro* > *astral*). Se opta por *-ar* cuando la base contiene *l* (*alvéolo* > *alveolar*). Si la base no incluye *l* ni *r*, suele elegirse *-al* (*conyugal*, *naval*).

b) Sufijos esdrújulos terminados en /iko/ ~ /ika/: *-ico*/*-ica* (*sílaba* > *silábico*); *-ástico*/*-ástica* (*gimnástico*); *-ático*/*-ática* (*selvático*); *-ífico*/*-ífica* (*científica*); *-ístico*/*-ística* (*urbanístico*).

c) Sufijo *-ista*. Forma adjetivos generalmente relativos a ciertas profesiones (*laboralista*, *pianista*), a actitudes o creencias (*machista*, *pacifista*) o a tendencias o movimientos (*estalinista*, *modernista*, *vanguardista*).

d) Sufijo *-ero/-era*. Crea adjetivos a partir de nombres de materias o productos (*algodonera*, *cafetera*, *lechera*, *pesquero*, *sedera*).

SUFIJOS DE SENTIDO ACTIVO O PASIVO

a) SUFIJO *-DOR/-DORA*. Forma adjetivos de verbos de las tres conjugaciones (*encantador, acogedor, consumidor*). Admite a menudo la paráfrasis 'que V' (*investigador* 'que investiga').

b) SUFIJO *-NTE*. Crea adjetivos que mantienen la terminación de los antiguos participios de presente. Expresa una propiedad inherente o característica de algo o alguien. Presenta las variantes *-ante* (*abundante*), *-ente* (*absorbente, exigente*), *-iente* (*combatiente, complaciente*).

c) SUFIJO *-BLE*. Los derivados V-*ble* admiten paráfrasis de sentido pasivo ('que puede ser V-*do*': *creíble*), pero algunos se interpretan como adjetivos simples, en el sentido de no derivados (*amable*).

La derivación verbal

ASPECTOS GENERALES

La DERIVACIÓN VERBAL permite la formación de verbos a partir de otras categorías, normalmente de sustantivos y adjetivos. Entendida en sentido amplio, abarca el proceso de creación de verbos mediante SUFIJACIÓN (*claro > clarificar*) y PARASÍNTESIS (*claro > aclarar*) (→ pág. 5).

CLASES DE VERBOS DERIVADOS

Según la categoría de su base. Los verbos derivados reciben denominaciones creadas a partir de la base sobre la que se forman:

Verbos	Base	Ejemplo
DENOMINALES	nominal	*abotonar, taconear*
DEADJETIVALES	adjetival	*entristecer, limpiar*
DEVERBALES	verbal	*canturrear, parlotear*
DEADVERBIALES	adverbial	*acercar, adelantar*
	interjectiva	*jalear, pordiosear*
	pronominal	*ningunear, tutear*
	grupo sintáctico	*ensimismar*

Según la relación formal entre base y derivado. Se distinguen los verbos derivados por sufijación y los creados por parasíntesis. Los sufijos más productivos son *-ar, -ear, -ecer, -izar* e *-ificar*. Destacan los esquemas parasintéticos *en-...-ar* y *a-...-ar*.

PAUTAS MORFOLÓGICAS MÁS PRODUCTIVAS EN LA DERIVACIÓN VERBAL

a) DERIVADOS EN *-EAR*. Se construyen sobre bases nominales y adjetivas. Pueden expresar los siguientes contenidos:

'actuar como un N o A'	*curiosear, gatear, piratear*
movimiento de N	*cabecear, parpadear, pedalear*
movimiento lineal en la forma designada por N	*bordear, costear, zigzaguear*
emisión de N	*babear, gotear, humear*
cambio al estado A	*blanquear*

b) DERIVADOS EN *-AR* NO PARASINTÉTICOS. Las bases adjetivas dan lugar a verbos de cambio de estado, sean transitivos (*alegrar, soltar*) o intransitivos (*alegrarse, soltarse*). Las bases nominales crean verbos de interpretación instrumental (*peinar, serrar*) o causativa (*emocionar* 'hacer que alguien se emocione', *lesionar*).

c) DERIVADOS EN *-AR* PARASINTÉTICOS. Los esquemas fundamentales son:

a-A-*ar*	verbos de cambio de estado	*ablandar(se)*
a-N-*ar*	'usar N como instrumento'	*abotonar, acuchillar*
en-A-*ar*	verbos de cambio de estado	*endulzar(se)*
en-N-*ar*	'poner algo en N', 'poner N en algo'	*embotellar, enjabonar*

d) DERIVADOS EN *-ECER*. Forman verbos por derivación y por parasíntesis a partir de adjetivos y sustantivos:

A-*ecer*	*oscurecer*	*en*-A-*ecer*	*enloquecer, envejecer*
N-*ecer*	*florecer*	*en*-N-*ecer*	*enorgullecer, ensombrecer*

e) DERIVADOS EN *-IZAR*. Crean verbos a partir de adjetivos y sustantivos:

N-*izar*	*caramelizar*	*en*-N-*izar*	*encolerizar*
A-*izar*	*argentinizar, legalizar*	*a*-N-*izar*	*aterrizar*

f) DERIVADOS EN *-IFICAR*. Se forman según los esquemas A-*ificar* (*dulcificar, falsificar*) y N-*ificar* (*escenificar*). Predomina la interpretación causativa (*dulcificar* 'hacer dulce').

g) DERIVADOS EN *-ITAR* (*capacitar, habilitar*) Y *-UAR* (*graduar*).

La derivación apreciativa

DEFINICIÓN

Los SUFIJOS APRECIATIVOS expresan una valoración afectiva de lo denotado por la base a la que se adjuntan. Ello no impide que puedan expresar también nociones objetivas, dando lugar a derivados que a menudo aluden a alguna cosa de tamaño mayor (*manchón*) o menor (*jardincito*) que lo designado por su base nominal (*mancha, jardín*).

DESCRIPCIÓN

Rasgos comunes con la flexión y la derivación. Los sufijos apreciativos presentan ciertas propiedades características de la flexión, además de otras propias de la derivación (→ págs. 4-5). Comparten con la flexión su carácter productivo y su regularidad, por lo que, salvo en caso de lexicalización (*bombilla, pajarita, jarrón*), los derivados con estos sufijos no se incluyen en los diccionarios. Al igual que ocurre con los sufijos flexivos, los sufijos apreciativos no alteran la categoría gramatical de la base (*nube*$_N$ > *nubecita*$_N$) y suceden a los sufijos derivativos en el interior de la palabra (*habitación-cita*). Sin embargo, al igual que los sufijos derivativos, aparecen seguidos de los sufijos que denotan plural (*caminillos*) y pueden dar lugar a significados especiales de la base. Como, además, las nociones semánticas que proporcionan tienen carácter léxico, más que gramatical, la sufijación apreciativa se considerará aquí un proceso derivativo, en lugar de flexivo.

Características específicas de los sufijos apreciativos

a) Se combinan con sustantivos y adjetivos y, en menor medida, también con adverbios (*apenitas*), gerundios (*andandito*), interjecciones (*adiosito*) y determinantes (*poquitos*). El español americano admite el uso de sufijos apreciativos con más facilidad que el europeo en estas últimas categorías.

b) En ocasiones, pueden modificar el género del nombre de su base (*novela* > *novelón*).

c) No se unen a los adjetivos de relación. Se adjuntan más comúnmente a los nombres concretos y contables que a los abstractos y no contables.

d) Imponen a su base léxica su propia pauta acentual. Así, son palabras agudas las que se crean con los sufijos apreciativos *-ín* y *-ón*, y llanas las formadas por todos los demás.

e) Pueden concatenarse varios de ellos con el mismo significado, como en *chiquitín, chiquitico, chiquitito.*

No se consideran apreciativos aquellos sufijos que, aun añadiendo matices expresivos, desencadenan el cambio de categoría de la base, como los que forman adjetivos derivados en N-*oso* (*baboso, ruidoso*) y V-*ón* (*buscón, mirón*).

CLASES

Se distinguen tres clases de sufijos apreciativos:

a) DIMINUTIVOS, como *-illo* o *-ito.*

b) AUMENTATIVOS, como *-azo, -ón* y *-ote.*

c) DESPECTIVOS, como *-aco* o *-ucho.*

Algunas formaciones despectivas son a la vez diminutivas (*caballerete, personajillo*) o aumentativas (*bravucón, narizota*).

LOS SUFIJOS DIMINUTIVOS

Aspectos formales

a) Si su base léxica termina en vocal átona, se suprime esta: *car(a)* + *-ita* > *carita.*

b) Suelen terminar en *-o* o en *-a,* según el género de su base.

c) Un mismo sufijo puede ofrecer variantes. Así, *-ito* aparece también como *-cito* (*camioncito*) y *-ecito* (*viejo* > *viejecito*). Esta última se utiliza normalmente en español europeo cuando la palabra es bisílaba y contiene un diptongo: *nuevecita, vientecito.* En las voces correspondientes del español de América se suele elegir la variante *-ito/-ita: nuevita, vientito.*

Aspectos semánticos. Además del valor afectivo, pueden expresar:

a) Tamaño reducido de objetos (*mesita*), personas (*niñito*), lugares (*callecita*), etc., además de brevedad de acciones o procesos (*paseíto*).

b) Atenuación de la importancia de alguna persona o cosa (*doctorcillo, problemilla*); del efecto de palabras incómodas (*braguita*), o del grado en que se atribuye una cualidad (*delgadito, timidilla*).

c) Intensificación con adjetivos y adverbios (*igualito, cerquita*).

LOS SUFIJOS AUMENTATIVOS

Añaden al contenido afectivo propio de los sufijos apreciativos la idea de aumento, intensidad o exceso.

a) SUFIJO *-ÓN*. Incrementa la valoración positiva o negativa de la base (*simpaticón, pendejón*).

b) SUFIJO *-AZO*. Aporta frecuentemente connotaciones elogiosas (*cochazo, estilazo, gustazo, ojazos*), salvo cuando expresa exceso, caso en el que adquiere sentido peyorativo (*calorazo*).

c) SUFIJO *-OTE*. Se emplea sobre todo con nombres y adjetivos de persona: *muchachote, amigote, feote, grandote*.

La prefijación

DEFINICIÓN

Es el proceso morfológico por el que se antepone un PREFIJO a una base léxica, que puede ser una palabra, como en *insensato* o *preconcebir*, o una base compositiva culta (*amorfo, tetrápodo*).

LÍMITES ENTRE COMPOSICIÓN Y PREFIJACIÓN

La relación entre composición y prefijación es muy estrecha. De hecho, tradicionalmente se consideraba que los prefijos eran preposiciones separables, por lo que las palabras prefijadas constituían cierto tipo de compuestos. Sin embargo, solo algunos prefijos cuentan con preposiciones homónimas. Por otra parte, el comportamiento de las unidades sintácticas (como las preposiciones) y de las morfológicas (como los prefijos) es considerablemente distinto. Actualmente, la prefijación se suele situar entre los recursos de la derivación.

Existen semejanzas entre prefijos y bases compositivas cultas (→ pág. 60), pero también diferencias, ya que estas últimas pueden aparecer a veces en posición final de palabra (*logopedia, filólogo*).

PROPIEDADES DE LOS PREFIJOS

Propiedades fonológicas. Algunos prefijos presentan variantes. Así, *in-* elige la variante *i-* delante de *l-* (*ilegal*) y *r-* (*irresponsable*), e *im-* ante *p-* (*imposible*) y *b-* (*imbatible*).

Propiedades morfológicas

a) Los prefijos se combinan con bases pertenecientes a distintas categorías. Así, *super-* se une a bases nominales, adjetivales y verbales (*supermodelo, superbueno, superpoblar*). Con todo, muchos prefijos suelen ser más productivos con alguna clase de palabras en particular.

b) No alteran la categoría gramatical de la base, al igual que los sufijos apreciativos (→ págs. 53-55): *honesto* [adjetivo] > *deshonesto* [adjetivo].

Propiedades sintácticas

a) La recursividad, característica de la sintaxis, es la posibilidad de repetir un mismo esquema en el interior de un segmento formal. Se atestigua, en alguna medida, con ciertos prefijos (*supersupernecesario* o *tataratataranieto*).

b) La coordinación. En ciertos contextos opositivos, unos pocos prefijos se pueden coordinar: *actuaciones pre- y posdemocráticas, comercio intra- y extracomunitario.*

c) La posibilidad de incidir sobre segmentos mayores que la palabra se da en los prefijos separables. En *el ex alto cargo,* el prefijo afecta a toda la locución.

CLASIFICACIÓN

Según la clase de palabras a la que se asimilan, pueden ser:

a) Adjetivales, como los subrayados en *neogótico* 'gótico moderno' o *pseudociencia* 'falsa ciencia'.

b) Adverbiales, como los prefijos de *entreabrir* 'abrir a medias', *prefigurar* 'figurar anticipadamente' o *sobrecargar* 'cargar en exceso'.

c) Preposicionales, como los que aparecen en adjetivos como *subcutáneo* 'que está bajo la piel' y en verbos como *convivir* 'vivir con alguien'.

Un prefijo puede pertenecer a más de un grupo. Por ejemplo, *sobre-* se considera un prefijo adverbial en *sobreactuar* 'actuar exageradamente', adjetival en *sobredosis* 'dosis excesiva' y preposicional en *sobreedificar* 'construir sobre algo'.

En función de su significado, los prefijos se clasifican en locativos, temporales y aspectuales, cuantificativos, gradativos y escalares, negativos y de orientación o disposición. A estas clases se añade la de los llamados prefijos con incidencia argumental, que se caracteriza por la repercusión del prefijo en las propiedades sintácticas de su base.

Locativos. Indican la posición de lo designado por la base:

a) Posición delantera (*antebrazo*) o trasera (*trastienda, posdental*).

b) Posición superior (*sobrevolar, supranacional*) o inferior (*subsuelo*).

c) Posición intermedia (*entreplanta*); espacio interior (*intramuscular*) o exterior (*extracomunitario*); posición opuesta (*contraluz*).

Temporales y aspectuales. Los temporales tienen dos significados:

a) Anterioridad o precedencia (*anteproyecto, anteayer, precocinado*).

b) Posterioridad (*posoperatorio, posventa*).

El prefijo *re-* aporta varias informaciones de carácter aspectual: repetición (*readmitir*), valor terminativo (*rematar*) y sentido intensivo (*refreír*).

Cuantificativos, gradativos y escalares

a) Los prefijos cuantificativos expresan cuantificación indeterminada (*multi-* 'muchos', *pluri-* 'varios') o numeral (*mono-* y *uni-* 'uno'; *bi-* y *di-* 'dos'; *tri-* 'tres'; *cuatri-* y *tetra-* 'cuatro').

b) Los prefijos gradativos evalúan el grado de una propiedad o la intensidad con que se desarrolla una acción (*superfino, sobreproteger, rebuscar*).

c) Los prefijos escalares establecen niveles en alguna escala (*subdirector, ultraderecha*).

Negativos. Son *a-* (*an-*), *in-* (*im-, i-*) y *des-*, y denotan:

a) Una propiedad contraria a otra (*anormal, inaccesible, desleal*).

b) Ausencia de algo (*analfabeto, impago*).

c) Inversión de una situación previa (*deshacer, desordenar*).

De orientación o disposición. Expresan oposición *anti-* y *contra-* (*anticapitalismo, contraejemplo*). Denota actitud favorable *pro-* (*prodictatorial*).

De incidencia argumental. Algunos prefijos tienen repercusión en la relación de predicados y argumentos. Expresan, fundamentalmente, las siguientes nociones:

a) Reflexividad: *auto-* (*autocrítica* 'crítica a uno mismo').

b) Reciprocidad: *entre-* (*entrechocar*), *inter-* (*interconectarse*).

c) Asociación: *inter-* (*interplanetario*), *co-* (*coeditar*).

d) Causación: *a-* (*acallar* 'hacer callar').

La composición

CONCEPTO DE COMPOSICIÓN

Se llama COMPOSICIÓN el proceso morfológico por el que dos o más palabras forman conjuntamente una tercera, llamada PALABRA COMPUESTA O COMPUESTO: *rompe + olas > rompeolas; verde + blanco > verdiblanco.* Como el concepto de 'palabra' presenta dificultades (→ pág. 6), se define también el compuesto como 'unidad morfológica compleja que contiene más de una raíz en su interior'.

CLASES DE COMPUESTOS

Según el grado de fusión de los componentes. Se distinguen:

a) COMPUESTOS PROPIOS, UNIVERBALES O LÉXICOS. Sus dos componentes, que en esta gramática se representan unidos por guion (X-X), se integran en una única palabra ortográfica y, por lo general, en un único grupo tónico (*agridulce, maxilofacial, parabrisas, pelirrojo*).

b) COMPUESTOS SINTAGMÁTICOS O PLURIVERBALES. Están formados por palabras yuxtapuestas que mantienen independencia gráfica y acentual. Unas veces se separan con guion intermedio (*teórico-práctico*) y otras sin él (*cabeza rapada, problema clave, tren bala*). Los constituyentes de estos compuestos se representan aquí unidos por el signo «+» (X+X).

A pesar de su independencia gráfica, los compuestos sintagmáticos se diferencian de las locuciones y los grupos sintácticos en que poseen características flexivas propias de las unidades morfológicas. Por ejemplo, el género del compuesto puede ser independiente del de sus constituyentes (*un* [*cabeza*$_{\text{fem}}$ *rapada*$_{\text{fem}}$]$_{\text{masc}}$). Por el contrario, en las unidades sintácticas, el género viene necesariamente determinado por el del núcleo de la construcción, sea esta una locución o un grupo sintáctico (*una* [*mesa*$_{\text{fem}}$ *redonda*$_{\text{fem}}$]$_{\text{fem}}$). Expresiones como *media naranja* ('persona que se compenetra bien con otra afectivamente') o *mesa redonda* ('debate') se considerarán aquí LOCUCIONES NOMINALES (→ cap. 17).

Según la relación sintáctica entre sus componentes. Los compuestos pueden ser:

a) ENDOCÉNTRICOS Y EXOCÉNTRICOS. Los endocéntricos son compuestos con núcleo, como *anglo<u>hablante</u>* o *<u>hierba</u>buena*, en los que el constituyente subrayado caracteriza formal y semánticamente al conjunto; mientras que los compuestos exocéntricos carecen de núcleo. Así, *piel roja* no designa un tipo de piel, sino cierto individuo.

b) Coordinativos y subordinativos. Los coordinativos manifiestan una relación entre sus componentes asimilable a la coordinación (*altibajo, carricoche, verdinegro, físico-químico*). Los subordinativos expresan dependencia entre algún complemento o modificador y su núcleo (*camposanto, matamoscas, purasangre*).

Según la categoría de los segmentos constitutivos. Cabe establecer los siguientes tipos de compuestos universales:

Compuestos propios o univerbales		
1.ER SEGMENTO	2.º SEGMENTO	FORMA COMPUESTA
N	N	N (*carricoche, motocarro*)
N	A	N (*aguardiente*) A (*patitieso*)
N	V	V (*maniatar*)
A	N	N (*mediodía*)
A	A	A (*rojinegro, sordomudo*)
V	N	N (*sacapuntas*)
V	V	N (*duermevela, quitaipón*)

COMPOSICIÓN NOMINAL

Compuestos de doble sustantivo. Pueden ser propios o sintagmáticos:

a) Los propios son coordinativos si contienen la vocal de enlace *i* (*coliflor*), y subordinativos cuando no la llevan (*bocacalle, telaraña*).

b) Los compuestos sintagmáticos N+N son de núcleo inicial: el segundo nombre aporta una cualidad del primero (*casa cuna, pez espada*).

Nombres compuestos de nombre y adjetivo. El adjetivo designa una propiedad del nombre. Son propios N-A o A-N (*aguardiente, bajorrelieve*) o sintagmáticos (N+A: *pies planos*).

Compuestos de nombre y verbo. El esquema V-N es el modelo más productivo. Con este patrón se forman sobre todo nombres de agente o instrumento (*limpiabotas, abrelatas*).

COMPOSICIÓN ADJETIVAL

Adjetivos compuestos de nombre y adjetivo

a) La pauta N-*i*-A forma adjetivos (*boquiabierto, cuellilargo, ojiverde*). El sustantivo se refiere a una parte del cuerpo y el adjetivo describe una cualidad física.

b) Los compuestos N-A presentan el núcleo a la derecha: *acidorresistente* 'resistente al ácido', *vasodilatador* 'dilatador de los vasos'.

Compuestos de doble adjetivo. La unión de dos adjetivos puede dar lugar a compuestos propios o univerbales, con vocal de enlace A-*i*-A (*agridulce, blanquiazul*) o sin ella A-A (*sordomudo*), así como a compuestos sintagmáticos A+A (*político-económico, árabe-israelí*).

OTRAS PAUTAS DE COMPOSICIÓN

Son esquemas menos productivos:

a) Num-N (*ciempiés, milhojas*).

b) Adv-V (*bienestar, malinterpretar, malvivir*).

c) V-*i*-V (*quitaipón, vaivén*); V-V (*comecome, pillapilla*).

d) Grupo verbal lexicalizado (*bienmesabe, metomentodo*).

ELEMENTOS COMPOSITIVOS CULTOS

Ciertas unidades léxicas grecolatinas (*etno-, fono-, foto-, geo-, hidro-; -algia, -forme, -grama...*) tienen un estatus morfológico que se halla a medio camino entre el afijo y la forma libre. Se suelen denominar ELEMENTOS COMPOSITIVOS CULTOS O TEMAS NEOCLÁSICOS. Comparten con el afijo su preferencia por una posición determinada en la palabra y la imposibilidad de aparecer como una voz aislada en la oración. Sin embargo, se distinguen de los afijos en que pueden combinarse con ellos (*crón-ico, étn-ico, hídr-ico*) y en que algunos poseen cierta libertad posicional dentro de la palabra (*fonograma - gramófono; logotipo - tipólogo*).

6

El sustantivo

Definición

El NOMBRE O SUSTANTIVO constituye una categoría léxica que se define en función de criterios morfológicos, sintácticos y semánticos:

a) Desde el punto de vista morfológico, se caracteriza por tener género y número, y por participar en procesos morfológicos de derivación (*antebrazo, contraataque, deducción, subida, virgencita*) y composición (*cortacésped, portalámparas*).

b) Desde el punto de vista sintáctico, forma grupos nominales capaces de contraer varias funciones sintácticas, tales como las de sujeto (*Los niños juegan en el jardín*) o complemento directo (*Vimos esa película ayer*), entre otras.

c) Desde el punto de vista semántico, los sustantivos representan conceptualmente seres o entidades: individuos (*casa, coche*), grupos (*familia, profesorado*), materias (*agua, arena*), cualidades o sentimientos (*amor, inteligencia*), sucesos o eventos (*hundimiento, representación*), relaciones (*matrimonio*), lugares (*montaña, plaza*), tiempos (*siglo, víspera*) y otras muchas nociones similares.

Clases de nombres

Dentro de la categoría sustantivo se reconocen un gran número de subgrupos o clases nominales. La principal clasificación es la que divide los nombres en comunes y propios. A su vez, los comunes se subdividen, siguiendo criterios diversos, en contables / no contables, individuales /

colectivos, concretos / abstractos. A estas clases tradicionales se añaden hoy otras como los sustantivos de complemento argumental, los eventivos, los cuantificativos y los clasificativos (→ págs. 67-68).

NOMBRES COMUNES Y PROPIOS

Se diferencian entre sí por propiedades semánticas, morfológicas y sintácticas.

Diferencias semánticas. El NOMBRE COMÚN se aplica a todos los individuos de una clase, por tanto al conjunto de seres que comparten unos mismos rasgos de contenido. Existen nombres comunes de personas (*agricultor, niño*), de animales (*jirafa, perro*), de cosas (*carro, libro*) y de cualquier otro tipo de entidades (cualidades, acciones, relaciones, sucesos, etc.: *asalto, maldad, paternidad, victoria*). Los nombres comunes se definen en los diccionarios por un conjunto de rasgos que caracterizan su contenido. Así, el nombre *niño* incluye en su significado propiedades como 'ser humano' y 'de corta edad'. Este conjunto de rasgos conceptuales del significado léxico se denomina tradicionalmente INTENSIÓN. A su vez, todos los seres que poseen el mismo contenido forman un conjunto: la llamada EXTENSIÓN O CLASE DESIGNATIVA. Por ejemplo, el significado de *vaca* configura una clase designativa en la que se incluyen todos los seres que poseen los rasgos {'animal', 'bovino', 'adulto', 'hembra'}. Como los nombres comunes poseen significado, participan en relaciones léxicas de hiperonimia (*pájaro* es hiperónimo de *quetzal*), hiponimia (*quetzal* es hipónimo de *pájaro*) o sinonimia (*malaria* es sinónimo de *paludismo*) y algunos intervienen, además, en relaciones de antonimia (*ascenso* es antónimo de *descenso*). Los sustantivos comunes pueden ser traducidos a otras lenguas. Poseen, además, función denominativa (*Este animal se llama ornitorrinco*).

El NOMBRE PROPIO tiene también valor denominativo, lo que le permite asignar nombre a individuos particulares (*Esta niña se llama Clara*). Carece de significado, puesto que no hay posibilidad de atribuir rasgos de contenido a sustantivos como *Aconcagua, Carlos, Cuba* o *Lima*. Esta es la razón de que los nombres propios no aparezcan como tales en los diccionarios. No poseen intensión y, como consecuencia, carecen también de extensión (sustantivos como *Pedro* o *Amazonas* no forman parte de conjuntos integrados por elementos idénticos). Entre los nombres propios no se establecen relaciones léxicas (hiperonimia, hiponimia, sinonimia, antonimia u homonimia). Los nombres propios de una lengua pueden tener correspondencia etimológica con los de otras (*Giovanni, Iván, Jean, John, Juan*...), pero no propiamente traducción.

Los sustantivos comunes designan de manera genérica una clase (el sustantivo *hombre* se aplica al conjunto que incluye a los seres humanos), pero en sí mismos carecen de capacidad para identificar individuos. Para ello, necesitan estar determinados (*este hombre, nuestro hombre, un hombre*). Por el contrario, los nombres propios son en sí mismos expresiones referenciales, por lo que no necesitan determinantes para señalar individuos. Términos de esta clase como *Atacama, Bolívar* o *Nicaragua* se refieren a seres concretos.

Diferencias sintácticas. El comportamiento sintáctico de los nombres comunes y de los nombres propios se deduce en parte de sus propiedades semánticas y referenciales. Los nombres comunes sin determinante no ocupan posiciones, como la de sujeto preverbal, que exigen un grupo nominal referencial:

Sujeto	Predicado
**niña* ~ *esa niña* ~ *ella* ~ *Claudia*	*tose*

Los nombres de los meses del año se escriben con minúscula, pero se asemejan a los nombres propios en que incorporan la idea de unicidad, por lo que se construyen sin artículo (*No me gusta abril*). Algunos términos de trato familiar (*mamá, papá*) pueden constituir expresiones referenciales sin determinantes (*Aún no ha llegado papá*).

Los nombres comunes admiten modificadores que restringen su extensión. Por ejemplo, la clase designativa del sustantivo *agricultor* se ve recortada por los determinantes y complementos especificativos en *este agricultor, el agricultor neolítico, el agricultor de nuestra zona*... Los nombres propios, que carecen de extensión, no suelen admitirlos: **Alba inteligente* ~ *la niña inteligente;* **Oslo frío* ~ *la ciudad fría*, pero son, en cambio, posibles cuando con ellos se destaca un aspecto o una dimensión de la realidad señalada, como sucede con los epítetos (*Júpiter tonante*). Cuando se construyen con determinantes y modificadores restrictivos, los nombres propios se asimilan a los comunes: *el Buenos Aires de los años veinte, el Leonardo inventor*.

Clases de nombres propios. Los nombres propios se clasifican, según la naturaleza y características del referente, en varios grupos, entre los que destacan los nombres de persona (ANTROPÓNIMOS), ya sean nombres de pila, hipocorísticos (*Lupe*), apellidos o sobrenombres (*Azorín, Faraona*). También hay nombres propios de animales (ZOÓNIMOS: *Babieca, Bucéfalo, Fido*) y nombres de lugar (TOPÓNIMOS: *América, Costa Rica, Jalisco, Florida, Santiago, Orinoco*...).

Se ajustan a las características de los nombres propios los sustantivos (y a veces los grupos nominales formados con ellos) que denotan festividades o conmemoraciones (*la Ascensión*), astros (*Marte*), representaciones alegóricas (*la Muerte*), títulos de obras (*Hamlet*), fundaciones (*Lolita Rubial*), órdenes religiosas (*Santa Clara*), empresas (*El Mercurio de Antofagasta*), clubes (*Club Deportivo Istmeño*), corporaciones (*Real Academia Española*) y otras muchas asociaciones, agrupaciones o instituciones de diversa naturaleza.

Aunque los nombres propios se construyen prototípicamente sin artículo, con ciertos topónimos se usa siempre el artículo determinado (*El Cairo, La Habana*), mientras que en otros es potestativo: *(el) Perú, (el) Uruguay*. Se documentan alternancias de presencia/ausencia de artículo con algunos nombres propios que no designan topónimos: *Ya es Navidad* / *Ya llega la Navidad*. Los nombres de los montes y los ríos llevan artículo: *los Andes, el Orinoco*.

En los topónimos que incorporan el artículo, este se escribe con mayúscula. No se considera, pues, correcto prescindir de él (*Viajaré a El Salvador*, no **a Salvador*). Cuando es potestativo, se escribe con minúscula y solo se hace obligatorio en las denominaciones oficiales: *República del Perú*. *n*

SUSTANTIVOS CONTABLES Y NO CONTABLES

Caracterización. Una división fundamental de los nombres comunes es la que diferencia entre sustantivos CONTABLES y sustantivos NO CONTABLES (también denominados CONTINUOS y DE MATERIA).

a) Los nombres contables designan entidades que se pueden enumerar (*tres planetas, cuatro formas de proceder*).

b) Los sustantivos no contables designan magnitudes que se pueden medir o pesar, pero no enumerar. Suelen referirse a sustancias o materias que pueden dividirse sin dejar de ser lo que son. Así, "la mitad del agua" es también "agua". No ocurre así con los sustantivos contables: "la mitad de una silla" no es "una silla". Además de los que designan sustancias (*aire, comida, sangre*), pertenecen a la clase de los nombres no contables los que hacen referencia a cualidades o propiedades (*altura, inteligencia, pereza*) y sensaciones o sentimientos (*amor, entusiasmo, rabia*), entre otras nociones.

Diferencias gramaticales. Los sustantivos contables se emplean en singular (*una casa, mi amigo, esta familia*) o en plural (*actitudes, tres mesas, varios libros, muchos viajes*). Los no contables se construyen normalmente en singular (*mucha agua, tanto esfuerzo, alegría*). Cuando se emplean en plural, no aportan normalmente pluralidad, sino algún otro valor de naturaleza expresiva o estilística (*agua* ~ *aguas, tierra* ~ *tierras, nieve* ~ *nieves, cielo* ~ *cielos*). El plural puede también incorporar estos nombres a la clase de los contables, como en *pelo* [no contable] ~ *pelos* [contable], *café* ~ *cafés, vino* ~ *vinos, pan* ~ *panes,* etc.

Los sustantivos no contables se comportan en buena medida como plurales léxicos, ya que suelen admitirse en los contextos característicos de los plurales, por ejemplo, como complemento del verbo *reunir* (*reunir monedas* ~ *reunir dinero*) o como término de la preposición *entre: entre {la hierba* ~ *los prados* ~ **el prado}*.

Los nombres no contables pueden ir acompañados de los cuantificadores *mucho, poco, bastante, demasiado, tanto, cuanto, harto,* etc., pero son incompatibles con los numerales cardinales, el cuantificador *varios* o el adjetivo *medio*. Los contables, en cambio, son compatibles con ellos: **tres paciencias* ~ *tres libros; *varias arenas* ~ *varios detalles; *medio vino* ~ *media manzana.*

Cambios de clase. Muchos sustantivos no contables se convierten en contables. Suelen cambiar de significado para designar:

a) Clase o tipo: *He probado muchas aguas* (es decir, 'muchas clases de agua'); *Escribe con varias tintas; Se utilizan distintas gasolinas.*

b) Individuos o unidades: *un corcho, un cristal, un papel.*

c) Medidas, porciones y otras formas de presentar alimentos y bebidas: *café / dos cafés.*

El paso de los nombres contables a los no contables es mucho menos frecuente. Da lugar a un cambio de tipo cualitativo en *Me parece que es mucho auto para ti*, pero es más habitual el cuantitativo, como en *Aquí hay mucho auto.* Ambas interpretaciones suelen comportar ciertos efectos expresivos, a menudo irónicos.

SUSTANTIVOS INDIVIDUALES Y COLECTIVOS

Caracterización. Los SUSTANTIVOS INDIVIDUALES denotan en singular seres únicos (*barco, oveja, profesor*). Su denominación puede ser proporcionada por cualquiera de los elementos que constituyen su extensión. Por ejemplo, la clase "barco" puede ser ilustrada por cualquier elemento del conjunto de los barcos. Por el contrario, los SUSTANTIVOS COLECTIVOS denotan en singular un conjunto formado por seres de la misma naturaleza: *flota* 'conjunto de barcos'; *profesorado* 'clase profesional formada por profesores'. El término que designa al colectivo se interpreta como la suma de lo denotado por la conjunción de varios sustantivos idénticos:

'flota' = {barco + barco + barco...}
'bandada' = {pájaro + pájaro + pájaro...}
'banco' = {pez + pez + pez...}

Colectivos léxicos y colectivos morfológicos. Desde el punto de vista de su forma, se diferencian dos tipos de sustantivos colectivos:

a) COLECTIVOS LÉXICOS: No poseen estructura morfológica que exprese colectividad, como *familia, manada, rebaño.*

b) COLECTIVOS MORFOLÓGICOS: Se forman con sufijos que designan grupos, como los subrayados en *trompeterío, chiquillería, muestrario, arboleda, yeguada, alumnado, pedregal, pinar.*

Diferencias gramaticales. Los sustantivos colectivos presentan algunas características gramaticales que los separan en su comportamiento de los nombres individuales. Estos comportamientos se basan en las peculiaridades de su significación:

a) Se suelen combinar con los adjetivos *numeroso, nutrido* o *cuantioso* en singular, que expresan léxicamente la noción de 'pluralidad': *{audiencia, banda, comitiva, documentación, familia, generación, plantilla,* etc.*} numerosa.*

b) El verbo *reunir* selecciona complementos que denotan asimismo pluralidad. Acepta, por tanto, colectivos en singular (*Reunieron a {la familia ~ el profesorado}*), pero no sustantivos individuales en singular (**Reunió el zapato*).

c) La preposición *entre* se construye también con términos que indican pluralidad (*entre los niños, entre Santiago y Martín*). Por ello, con la excepción de algunos sustantivos no contables, rechaza los sustantivos individuales en singular (**entre Martín*), pero acepta los colectivos en este número: *entre {la población ~ la gente}.*

d) Muchos nombres colectivos admiten la construcción «N de N». El término de la preposición es el nombre (sin determinante) que designa los componentes del grupo: *una bandada de pájaros, una familia de gorilas, una escuadra de cañoneras, un ejército de infantes, un piquete de huelguistas, una manada de jabalíes,* etc.

- Aunque la idea de pluralidad que encierran los colectivos hace que en ocasiones la concordancia con el verbo se realice en plural, es más adecuado establecerla en singular. Por tanto, se recomienda evitar construcciones como *Toda la familia iban de vacaciones* y usar la más correcta *Toda la familia iba de vacaciones.*

n

- No se consideran excepciones secuencias como *La pareja comunicó a la prensa que se sienten muy felices*, puesto que puede entenderse que *siente* posee un sujeto tácito plural.
- Se recomienda evitar el uso de relativos en plural (*quienes, los cuales*) con un antecedente colectivo en singular, como en *Se recurrió al jurado del concurso, quienes no se comportaron de forma profesional.*

n

Con relativa frecuencia, los nombres colectivos pasan a ser interpretados como nombres cuantificativos. Cuando esto ocurre, se produce una modificación semántica que convierte el colectivo en un término de cantidad, sustituible por *muchos* y *cuántos*, como los sustantivos de la columna de la derecha:

un ejército de lanceros	un ejército de periodistas
un enjambre de abejas	un enjambre de curiosos

SUSTANTIVOS ABSTRACTOS Y CONCRETOS

Los SUSTANTIVOS ABSTRACTOS designan generalmente acciones, procesos y cualidades que se atribuyen a las personas, los animales o las cosas (*amor, belleza, reproducción*) y que normalmente no captamos por los sentidos. Los SUSTANTIVOS CONCRETOS hacen referencia a seres reales o imaginarios que percibimos por los sentidos o podemos representarnos mentalmente: *árbol, aroma, centauro, tierra.*

Desde el punto de vista morfológico, se pueden delimitar algunas clases de nombres abstractos. Por ejemplo, lo son los nombres de acción que se forman con sufijos como *-miento, -ción* (*atrevimiento, traducción*). Entre los nombres abstractos de cualidad se cuentan los que contienen los sufijos *-eza, -ura, -itud* (*belleza, locura, pulcritud*). Al pluralizarse, los abstractos se convierten generalmente en concretos: *locura* ('condición de loco') ~ *locuras* ('actos o dichos de loco').

SUSTANTIVOS DE COMPLEMENTO ARGUMENTAL

Estos sustantivos (llamados a veces ARGUMENTALES) seleccionan determinados complementos exigidos por su significado. Pertenecen a este grupo:

a) Los que expresan relaciones de parentesco (*hijo, padre, suegro*) o relaciones sociales (*amigo, vecino*), entre otras similares. A este grupo pertenecen también los nombres de representación (*cuadro, foto*). Muchos sustantivos de complemento argumental se construyen con la preposición *de* (*una foto de María*), pero son posibles otras opciones (*la excursión al río*).

b) Los sustantivos derivados de verbos, especialmente en la interpretación de acción: *la destrucción de Roma* ('la acción de destruirla'). Muchos de estos sustantivos (llamados a menudo NOMINALIZACIONES) conservan las mismas posibilidades combinatorias que el verbo. En los ejemplos que siguen, *concedió* y su derivado *concesión* se combinan con los mismos grupos sintácticos: *El Gobierno*[1] *concedió un premio*[2] *a este investigador*[3] / *La concesión de un premio*[2] *a este investigador*[3] *por el Gobierno*[1].

Muchos sustantivos se construyen con complementos no argumentales (*la mesa de papá*), es decir, con complementos que no están seleccionados por el significado de los sustantivos sobre los que inciden.

OTRAS CLASES SEMÁNTICAS DE SUSTANTIVOS

Sustantivos eventivos (o de suceso). Señalan acontecimientos que ocurren durante un tiempo. Pertenecen a este grupo nombres como *accidente, batalla, reunión, clase, concierto, manifestación* y muchos otros. Algunos de estos sustantivos pueden designar tanto sucesos como cosas materiales: *La conferencia estaba en el maletín.*

Nombres cuantificativos. Denotan la cantidad aislada o acotada en una materia (*una rebanada de pan*), pero también en una magnitud abstracta que se le asimile (*un ápice de sensatez*). Pueden denotar asimismo medidas convencionales (*un litro de vino, un kilo de papas*) o conjuntos de individuos (*un grupo de amigos, dos fajos de billetes*).

Algunos, como *kilo, montón, porción* o *trozo*, se emplean siempre como cuantificativos. Otros, en cambio, pueden referirse también a cosas materiales. Así, *copa* es nombre cuantificativo en *beber una copa de vino,* pero no lo es en *romper una copa de vino.*

Nombres clasificativos o de clase. Incluyen en su significado la noción de clase (*clase, especie, suerte, tipo,* etc.) y forman construcciones con el indefinido *un* y la preposición *de* (*una clase de...*). Indican que la realidad a la que se refiere el hablante guarda semejanza con la noción denotada por el sustantivo que sigue a la preposición: *una especie de submarino* se refiere a un objeto que se parece a un submarino; *una suerte de monasterio* denota una construcción que se asemeja en algo a un monasterio.

7

El adjetivo

Definición

El ADJETIVO constituye una categoría de palabras que se define a partir de diferentes criterios:

a) Desde el punto de vista morfológico, se caracteriza por presentar flexión de género y número: *alto/alta/altos/altas*. En este sentido, los adjetivos son palabras VARIABLES. En ellas, el género y el número no son inherentes, ya que no poseen significado propio. Por el contrario, su finalidad es mostrar la concordancia con el nombre (*nube tóxica, tiempos remotos*). Los adjetivos son una clase de palabras abierta, que permite la incorporación de nuevos miembros a través de procesos morfológicos como la derivación y la composición, entre otros procedimientos.

b) Desde el punto de vista sintáctico, el adjetivo es el núcleo de los GRUPOS ADJETIVALES, que funcionan como modificadores del sustantivo (*una casa más linda, la ópera wagneriana, una propuesta llena de complejidades*) o como atributos (*La casa era bonita; Jorge llegó extremadamente cansado*).

c) Desde el punto de vista semántico, la mayor parte de los adjetivos aportan contenidos que se predican de un nombre o de un grupo nominal. A menudo denotan cualidades (*reloj caro*), propiedades (*reloj exacto*), tipos (*reloj digital, reloj solar*) y relaciones (*política pesquera* 'relacionada con la pesca'), pero también cantidades (*numerosos libros, suficientes amigos*), referencias de tiempo o de lugar (*el actual director, abono mensual, concierto campestre*), entre otras nociones.

Clasificaciones generales

Existen dos concepciones del adjetivo. En la más tradicional se define como la categoría de palabras que modifica al nombre y concuerda con él: *algunas paredes blancas, ojos verdes*. Con este sentido abarcador, los adjetivos se dividen en dos clases: CALIFICATIVOS (en sentido amplio) y DETERMINATIVOS.

En la segunda concepción —más frecuente en la actualidad—, los adjetivos determinativos se consideran DETERMINANTES, en lugar de propiamente adjetivos. Se entiende, pues, que el demostrativo *este* (en *este lápiz*) o el posesivo *mi* (en *mi lápiz*) presentan más propiedades en común con los artículos que con adjetivos como *amarillo,* tanto en lo relativo a su significado como a la forma en que se construyen.

Adjetivos relacionales y adjetivos calificativos

Las dos clases más importantes de adjetivos son los RELACIONALES y los CALIFICATIVOS. Aunque tienen en común la propiedad de modificar al nombre y concordar con él en género y número, son numerosos los rasgos semánticos, morfológicos y sintácticos que los separan.

CARACTERÍSTICAS SEMÁNTICAS

Los adjetivos relacionales aportan rasgos que permiten clasificar personas o cosas (*presidente honorario, llamada telefónica, agua mineral, bomba atómica, poema épico*), por lo que el grupo nominal que con ellos se construye admite paráfrasis con la fórmula 'un tipo de'. La expresión *una llamada telefónica* designa propiamente cierto tipo de llamada (más claramente que *una llamada larga* o *una llamada útil,* con adjetivos calificativos). Otras veces, los adjetivos aportan información relativa a alguno de los participantes en cierta acción, como en *la decisión presidencial* ('la tomada por el presidente').

Los adjetivos relacionales se definen en el *DRAE* y en otros diccionarios con la fórmula 'perteneciente o relativo a' (*químico,* 'perteneciente o relativo a la química'). La *crítica literaria* es la 'relativa a la literatura', y la *actividad comercial* es la 'relativa al comercio'. Se entiende hoy que los adjetivos GENTILICIOS (*mexicano, parisino:* → pág. 50) forman un subgrupo entre los relacionales.

Los adjetivos calificativos denotan cualidades o propiedades que se agregan al significado del sustantivo, como en *suerte aciaga, estudio interesante, deportista ejemplar.* Como las cualidades admiten grados, los adjetivos calificativos se suelen graduar (*un estudio muy interesante, deportista absolutamente ejemplar*), a menos que denoten propiedades extremas (*resultados increíbles*).

Los adjetivos calificativos admiten paráfrasis con oraciones de relativo que los contengan como atributos (*un libro interesante* 'que es interesante'), sin embargo, a diferencia de los relacionales, no pueden parafrasearse mediante la expresión 'un tipo de': *un perro ladrador* no es un tipo de perro (frente a *un perro labrador*); *un gato sibilino* no es un tipo de gato (frente a *un gato siamés*).

CARACTERÍSTICAS MORFOLÓGICAS

La mayor parte de los adjetivos relacionales son derivados de bases nominales: *encuentro deportivo* (< *deporte*), *crisis ministerial* (< *ministerio*), a veces mediante una variante culta de la base, como en *fraternal* (< *hermano,* lat. *frater*). Se suelen asimilar a los adjetivos relacionales algunos que son derivados verbales, como *colgante* en *puente colgante* o *portátil* en *computadora portátil.* Los sufijos *-al, -ar* y *-ero* son los preferidos entre los relacionales, mientras que los sufijos *-oso* y *-uno* son más comunes entre los calificativos.

Es posible que de un mismo sustantivo se deriven adjetivos pertenecientes a las dos clases descritas. A continuación se enumeran algunos pares de adjetivo calificativo y adjetivo relacional que comparten la misma base:

CALIFICATIVO	RELACIONAL
acuoso (brillo acuoso)	*acuático (plantas acuáticas)*
caballuno (cara caballuna)	*caballar (cría caballar)*
escultural (cuerpo escultural)	*escultórico (grupo escultórico)*
musculoso (brazos musculosos)	*muscular (dolor muscular)*
paternal (gesto paternal)	*paterno (herencia paterna)*

CARACTERÍSTICAS SINTÁCTICAS

Los adjetivos relacionales presentan un comportamiento sintáctico singular que, en parte, es consecuencia de la unidad semántica que establecen con el significado del nombre al que modifican. Los adjetivos relacionales:

a) No pueden ser separados del nombre por un adjetivo calificativo: **un submarino nuevo nuclear* (frente a *un nuevo submarino nuclear* o *un submarino nuclear nuevo*).

b) No se anteponen al sustantivo: **periodística crónica, *digital cámara, *portátil computadora.*

c) No admiten modificadores de grado: **crecimiento muy demográfico, *guitarra más eléctrica, *avión menos supersónico.*

d) No funcionan normalmente como atributos. Aun así, son posibles cuando el adjetivo se utiliza de forma contrastiva en expresiones como *La radiación es iónica y no nuclear.*

e) No admiten sustitución por el adverbio modal *así: una infección respiratoria* (≠ *una infección así*), *un conflicto diplomático* (≠ *un conflicto así*).

Los adjetivos calificativos siguen el comportamiento contrario:

a) Pueden ser separados del sustantivo con el que concuerdan por otros adjetivos (*medidas innovadoras necesarias*).

b) Permiten ser antepuestos al nombre: *el cálido verano.*

c) Admiten modificadores de grado: *descenso muy rápido.*

d) Funcionan como atributos con normalidad: *La velada fue agradable; El apartamento era espacioso.*

e) Muchos de ellos admiten la sustitución por el adverbio *así: una vida sacrificada* (= *una vida así*).

f) Admiten la negación, especialmente en contextos contrastivos: *un político no muy inteligente, pero sí muy hábil.*

Cuando un adjetivo relacional y un adjetivo calificativo coinciden en el mismo grupo nominal ocupan distinto nivel jerárquico:

a) El relacional se halla más cercano al nombre y forma con él un bloque del que no se puede separar.

b) El calificativo aparece antes o después de tal conjunto:

una *fabulosa*	nave *espacial*	
una	nave *espacial*	*fabulosa*
*una *espacial*	nave	*fabulosa*
*una	nave	*fabulosa espacial*

c) Los dos tipos de adjetivos no pueden coordinarse entre sí: **universidad laboral y famosa, *erupción volcánica y breve, *tormenta tropical y fuerte.*

CAMBIOS DE CLASE

Muchos adjetivos se emplean como calificativos o como relacionales en contextos diferentes. El sentido primitivo suele ser el relacional. De este se deriva el sentido calificativo, que se crea destacando un rasgo prototípico asociado culturalmente al significado originario. Así, el adjetivo relacional *faraónico* admite la paráfrasis 'de los faraones' en *tumbas faraónicas.* Sin embargo, si se habla de *gastos faraónicos* se emplea el adjetivo como calificativo y se destaca, entre los rasgos de *faraónico,* la monumentalidad. Por tanto, combinado con *gastos, faraónicos* se puede parafrasear como 'monumentales, inmensos'. La misma alternancia se da en los ejemplos de la tabla siguiente:

ADJETIVO RELACIONAL	ADJETIVO CALIFICATIVO
línea férrea	*voluntad férrea*
género teatral	*gesto teatral*
estado febril	*actividad febril*
planta industrial	*cantidades industriales*
río siberiano	*frío siberiano*
vivienda familiar	*ambiente familiar*
derechos humanos	*gesto humano*

Usos de los adjetivos calificativos

EPÍTETOS

Los adjetivos que aportan cualidades prototípicas de los miembros de la clase designada por el nombre se denominan EPÍTETOS. El calificativo epíteto no restringe la extensión del nombre y admite con mayor facilidad la anteposición: *la mansa paloma, la blanca nieve, el crudo invierno, el inmenso océano.*

USOS ESPECIFICATIVOS

La cualidad que aporta el adjetivo calificativo puede convenir a un número mayor o menor de los elementos que forman la clase del nombre al que se aplica. Cuando no afecta a todos los elementos, se produce una reducción de la extensión de dicha clase. Así, en la combinación *sucesos recientes* se forma dentro del conjunto *sucesos* el subconjunto *sucesos recientes.* El adjetivo asume en estos casos un valor ESPECIFICATIVO. En las expresiones referenciales la delimitación que aporta el adjetivo especificativo ayuda al oyente a identificar la entidad señalada: *los órganos enfermos, los alumnos presentes, la época juvenil.*

USOS EXPLICATIVOS

En las construcciones explicativas, el adjetivo calificativo aparece entre pausas concordando con un nombre:

Los jugadores, *contentos con el resultado,* lo celebraron juntos
Las nubes, *grises y espesas,* amenazaban lluvia

Estos adjetivos no introducen restricciones en la clase designativa del nombre y suelen aportar una explicación o justificación. La tradición los consideraba una clase de adjetivos, los EXPLICATIVOS, pero no se trata de una clase, sino de un uso sintáctico singular. En realidad, no complementan al nombre, sino a toda la oración, por lo que pueden aparecer con toda naturalidad en posición inicial del enunciado:

Contentos con el resultado, los jugadores lo celebraron juntos
Grises y espesas, las nubes amenazaban lluvia

En estos usos alternan con grupos prepositivos y con oraciones de relativo explicativas:

El público, *de pie,* aplaudía frenéticamente
Los estudiantes, *que no eran tontos,* advirtieron el engaño

Adjetivos adverbiales

Se suelen denominar ADJETIVOS ADVERBIALES los que poseen un significado semejante al de los adverbios, en el sentido de que expresan las nociones temporales o modales que caracterizan a estos. Así, el adjetivo adverbial *actual* en *el actual ministro de Economía* no presenta una cualidad o una propiedad del ministro, sino que ubica en el tiempo su condición de tal.

Por su significado, se clasifican en temporales (*actual, bienal, frecuente, futuro, presente*) y modales (*presunto, probable, seguro, supuesto*). Se asimilan a ellos otros como *mero, solo* y *único* (*la mera falta de dinero ~ meramente la falta de dinero*), y algunos usos de *escaso, exacto, justo* y *largo* (*Mide diez metros {exactos ~ exactamente}*).

Cambios de categoría

ADJETIVOS SUSTANTIVADOS

Muchos adjetivos dan lugar a nombres comunes con su misma significación. Sustantivos como *capitalista, católico, estudiante, italiano, madridista, madrileño, portero* o *socialista* se han originado en adjetivos. En muchos casos conservan la posibilidad de comportarse como adjetivos y como sustantivos: *un hombre intrigante* [adjetivo] ~ *un intrigante* [sustantivo], *un niño alérgico* [adjetivo] ~ *un alérgico* [sustantivo], etc. Existen criterios que permiten determinar en tales casos cuándo son nombres y cuándo adjetivos:

a) Los nombres se construyen con el artículo *un*, mientras que los adjetivos modifican al pronombre *uno*: *un joven* [sustantivo] ~ *uno joven* [adjetivo], *un singular* ~ *uno singular, un fresco* ~ *uno fresco, un útil* ~ *uno útil, un francés* ~ *uno francés*. Lo mismo ocurre con otros cuantificadores: el uso nominal exige la forma apocopada (*algún religioso, ningún mexicano*) y el adjetivo, la plena (*alguno religioso, ninguno mexicano*).

b) Los adjetivos son modificados por adverbios, mientras que los sustantivos se combinan con adjetivos: *los auténticamente franceses* [adjetivo] ~ *los auténticos franceses* [sustantivo].

c) Solo los nombres pueden construirse con *cada* o *todo: cada loco, todo joven*.

d) Los adjetivos que se han sustantivado pueden ser modificados por adjetivos: *un lateral* [sustantivo] *veloz* [adjetivo].

ADJETIVACIÓN DEL SUSTANTIVO

El proceso inverso, es decir, la conversión de sustantivos en adjetivos (SUSTANTIVOS ADJETIVADOS), es mucho menos frecuente, tanto en español como en otras lenguas: *Ese actor está cañón* 'es muy atractivo'; *el cochino dinero* 'el maldito dinero'. Los sustantivos convertidos en adjetivos poseen a menudo valor ponderativo. En otros casos, aluden a alguna propiedad caracterizadora de cierto tipo de personas, como en *Él es muy niño y ella tan señora*.

ADVERBIALIZACIÓN DEL ADJETIVO

Algunos adjetivos se convierten en adverbios al inmovilizar sus marcas flexivas (→ pág. 141), como *bajo, claro, duro, estupendo, fatal, lento, pronto, quedo, rápido, sucio*, etc.: *Trabajé duro; Resultó fatal; Camina muy lento; Llegó demasiado pronto; Habla quedo*... En muchos casos presentan equivalencia con adverbios en *-mente: Trabajé duramente; Camina muy lentamente*, etc.

ELIPSIS DEL NÚCLEO NOMINAL

Los sustantivos y los grupos nominales precedidos de artículo pueden elidirse cuando aparecen modificados por adjetivos o grupos adjetivales, así como por otros modificadores del nombre. Se subraya el elemento que se elide:

los alumnos diligentes	los Ø diligentes
las pruebas más fáciles	las Ø más fáciles
los canales privados	los Ø privados

En el análisis de las construcciones de la derecha, cuando la memoria del nombre está presente, se recupera el segmento elidido. No existe, pues, cambio de categoría del adjetivo en los casos de elipsis.

Propiedades morfológicas del adjetivo

RASGOS FLEXIVOS DEL ADJETIVO

El adjetivo posee flexión de género y de número. Estos rasgos gramaticales no son inherentes y están destinados exclusivamente a marcar la concordancia con el nombre sobre el que incide: *gato negro*/*gata negra*/*gatos negros*/*gatas negras*.

Los adjetivos ponen de manifiesto el género y el número de los sustantivos que carecen de marcas explícitas, como en *lunes* {*negro* ~ *negros*}, *crisis* {*violenta* ~ *violentas*}. Es el sustantivo *lunes* el que es intrínsecamente masculino; sin embargo, ninguna marca morfológica lo trasluce, por lo que es el adjetivo el que refleja explícitamente el género del sustantivo, al concordar con él. Una función diacrítica similar cumplen los adjetivos de dos terminaciones que modifican a los nombres comunes en cuanto al género (→ págs. 18-20): *estudiantes* {*destacados* ~ *destacadas*}, *el testigo decisivo* ~ *la testigo decisiva*.

CLASES MORFOLÓGICAS DE ADJETIVOS

Desde un punto de vista flexivo, los adjetivos del español se pueden clasificar en tres grupos:

a) Adjetivos de dos terminaciones. Poseen flexión de género y número (*lindo*/*linda*/*lindos*/*lindas*).

b) Adjetivos de una terminación. Poseen flexión de número, pero no de género (*probable*/*probables*).

c) Adjetivos invariables. No tienen flexión ni de género ni de número (*gratis*).

Adjetivos de dos terminaciones	Adjetivos de una terminación	Adjetivos invariables
La flexión de género se marca casi siempre con *-a:* – En *-o/-a: hermoso* – En *-dor/-dora: hablador* – En *-és/-esa: francés* – En *-ete/-eta: regordete* – En *-ote/-ota: grandote* – En consonante: *andaluz...*	– Muchos terminados en *-e: posible* – En *-i: cursi* – En *-í: marroquí* – En *-a: agrícola* – En *-ú: hindú* – Muchos en *-z: feliz* – Muchos en *-r* (en *-ar, -ior...*): *polar, inferior* – Muchos en *-l* (en *-al, -il...*): *nacional, infantil, hábil* – Muchos en *-s: cortés*	– Adjetivos no agudos en *-s: isósceles, gratis* – Préstamos del inglés: *unisex...*

En función de su estructura morfológica se distinguen tres tipos de adjetivos:

a) Simples: *atroz, feliz*.

b) Derivados: *policial* (de *policía*), *ruidoso* (de *ruido*).

c) Compuestos: *agridulce* (de *agrio* y *dulce*).

APÓCOPE DEL ADJETIVO

Se denomina APÓCOPE el proceso por el cual se suprime el segmento final de la palabra sin que cambie su significado ni su categoría gramatical.

a) Los adjetivos *bueno, malo, primero, tercero* y *postrero* se apocopan cuando preceden a un sustantivo masculino singular: *buen comienzo,* pero *buena vida*. La forma apocopada se emplea aunque el adjetivo se halle coordinado o aunque otro adjetivo se interponga: *mi primer y único amor, el tercer mal comienzo de la temporada*.

b) El adjetivo *grande* se apocopa ante un sustantivo en singular, sea masculino o femenino: *un gran hombre ~ una gran mujer*. La apócope se produce incluso cuando entre sustantivo y adjetivo se interpone otro adjetivo, especialmente si está asimismo apocopado, pero también si no lo está (*un gran primer plano, un gran segundo plano*). No se apocopa en la coordinación: *un grande y hermoso día*.

c) El adjetivo *santo* se apocopa en *san* ante nombres propios masculinos (*san Juan, san Lucas, san Pedro*), excepto ante los que comienzan por *To-* y *Do-* (*santo Tomás, santo Domingo*).

Gradación del adjetivo

GRADOS DEL ADJETIVO

Los adjetivos calificativos expresan cualidades que los seres referidos por los grupos nominales poseen en mayor o menor grado. En español las diferencias de grado se manifiestan por medio de modificadores adverbiales (*más, menos, muy*...) o de sufijos (*-ísimo*). Se distinguen tradicionalmente tres grados en el adjetivo: POSITIVO, COMPARATIVO y SUPERLATIVO.

Grado positivo. El adjetivo en grado positivo carece de modificadores de grado y expresa la cualidad de una forma neutra: *alto, hermoso, triste*.

Grado comparativo. El adjetivo recibe una cuantificación que lo habilita para crear estructuras comparativas. Las comparaciones de superioridad se construyen con el adverbio *más* (*más guapo que*). Las comparaciones de inferioridad emplean el adverbio *menos* (*menos alto que*). Las comparaciones de igualdad se expresan con el adverbio *tan* (*tan triste como*). Admiten también comparativo algunos adverbios de grado: *lejos, cerca*... El grado comparativo de ciertos adjetivos se expresa a través de formas sincréticas (*mejor, peor, mayor, menor:* → pág. 79).

Grado superlativo. El adjetivo en grado superlativo denota un nivel muy elevado de la cualidad que significa.

Los SUPERLATIVOS ABSOLUTOS manifiestan un grado muy alto de una cualidad sin establecer comparación. Se expresa con el adverbio *muy* o con el sufijo *-ísimo* (*bellísimo, pequeñísimo, tristísimo, velocísimo*...). Se forma también con adverbios intensivos en *-mente* (*increíblemente bello, fuertemente doloroso, sumamente interesante*...) y con prefijos de realce, como *archi-*, *hiper-*, *mega-*, *re-*, *requete-* o *super-* (*archiconocido, hipersensible, superbrillante*...).

En el SUPERLATIVO RELATIVO el adjetivo y el cuantificador que lo modifica aparecen en un grupo nominal definido. Se designa así la persona o cosa que posee cierta propiedad en un grado mayor que el que corresponde al resto de los miembros de algún conjunto: *el más guapo de la clase.* Se expresa con las fórmulas *el más X de..., el menos X de...: la más elegante de la clase, el menos inteligente del grupo*. El segundo término se elide cuando es consabido: *el más alto, el menos rápido*.

COMPARATIVOS Y SUPERLATIVOS IRREGULARES

Algunas formas del adjetivo heredadas del latín incluyen en sí mismas el valor comparativo o superlativo. Se denominan COMPARATIVOS Y SUPERLATIVOS SINCRÉTICOS:

Positivo	Comparativo	Superlativo
bueno	mejor	óptimo
malo	peor	pésimo
grande	mayor	máximo
pequeño	menor	mínimo

Las formas comparativas de la columna central expresan comparación como lo hacen los grupos adjetivales formados con los correspondientes adjetivos positivos (*más bueno que*). Aceptan el adverbio *mucho* (*mucho mejor ~ mucho más bueno*) y rechazan *muy*. El adjetivo *mayor* puede ser comparativo (*Es mucho mayor* 'mucho más grande') o no serlo (*Es muy mayor* 'muy anciano o anciana'). Aunque fueran formas comparativas en latín, no son comparativos sincréticos los adjetivos españoles *inferior* (*muy inferior ~ *mucho inferior*) y *superior*. Sí se consideran, en cambio, superlativos absolutos sincréticos de *alto* y *bajo* los adjetivos *supremo* e *ínfimo*.

El sufijo *-ísimo* presenta cierta variación morfológica, según sea la terminación del adjetivo de la base. Así, los adjetivos en *-n* o *-or* se combinan con la variante *-císimo: jovencísimo, mayorcísimo*.

Se forman sobre la base latina, entre otros, los superlativos *antiquísimo, crudelísimo* (también *cruelísimo*), *fidelísimo, sapientísimo*. Igualmente sobre base latina se forman algunos superlativos en *-érrimo:*

Positivo	Superlativo	Positivo	Superlativo
acre	acérrimo	mísero	misérrimo
áspero	aspérrimo	negro	nigérrimo
célebre	celebérrimo	pobre	paupérrimo
libre	libérrimo	pulcro	pulquérrimo

Existen también *asperísimo, negrísimo, pobrísimo* y *pulcrísimo*, todos ellos igualmente válidos.

Locuciones adjetivas

Las LOCUCIONES ADJETIVAS O ADJETIVALES son grupos lexicalizados —por tanto, expresiones fijas que suelen recogerse en el diccionario— que se asimilan a los adjetivos en su funcionamiento sintáctico. Así, *de cuidado* viene a significar 'peligroso' y realiza las funciones de un adjetivo. Puede, por consiguiente, aparecer como modificador nominal (*un individuo de cuidado*) o como atributo (*Ese individuo es de cuidado*).

Muchas locuciones adjetivas que presentan la estructura sintáctica de los grupos preposicionales pueden ser, a su vez, locuciones adverbiales. Se consideran adjetivas o adverbiales en función del constituyente al que modifican. Se obtienen así alternancias como las siguientes:

LOCUCIONES ADJETIVAS	LOCUCIONES ADVERBIALES
(análisis) *en profundidad*	(analizar) *en profundidad*
(juramento) *en falso*	(jurar) *en falso*
(conversación) *en serio*	(conversar) *en serio*
(redacción) *en sucio*	(redactar) *en sucio*
(retransmisión) *en vivo*	(retransmitir) *en vivo*
(vestido) *de gala*	(vestir) *de gala*

8

Determinantes y pronombres

Clases y subclases de palabras

Las CATEGORÍAS GRAMATICALES O CLASES DE PALABRAS son grandes conjuntos de vocablos definidos por sus propiedades morfológicas, sintácticas y semánticas. Son categorías el sustantivo, el adjetivo, el determinante, el pronombre, el verbo, el adverbio, la preposición, la conjunción y la interjección.

Las categorías de los determinantes y pronombres, así como algunos tipos de adverbios, forman subconjuntos integrados por un número reducido de componentes y cerrado a la incorporación de nuevas unidades: son las llamadas CLASES GRAMATICALES DE PALABRAS.

Algunas de estas clases muestran propiedades de varias categorías, por lo que se consideran CLASES TRANSVERSALES. Así, los demostrativos pueden ser determinantes (*este avión, esa fábrica*), adjetivos (*el individuo ese*), pronombres (*Esto no es harina*) y adverbios (*Viven aquí*). De igual modo, los posesivos se adscriben a la clase de los determinantes (*mi amiga, nuestra madre*) o de los adjetivos (*La culpa es mía, un amigo suyo*). Entre los cuantificadores indefinidos hallamos adjetivos (*Los heridos eran muchos*); determinantes (*muchas dificultades, algún día*); pronombres (*No dijo mucho; Alguno lo sabrá*), e incluso adverbios (*Disfrutaron mucho el viaje*). De igual modo, hallamos relativos, interrogativos y exclamativos que son determinantes (*... cuya propiedad; ¿Cuántos niños han venido?; ¡Qué noche!*); pronombres (*la suerte que persigue; ¿Qué ha dicho?; ¡Cuánto han gastado!*), o adverbios (*el colegio donde estudia; ¿Cuándo vendrán?; ¡Cuánto sufren!*).

Por el contrario, otras clases gramaticales, como los artículos y los pronombres personales, pertenecen a una sola categoría. Los artículos son siempre determinantes (*la presidenta, unos panes*). Los personales, en cualquiera de sus variedades, son siempre pronombres (*Ellas llegarán; Lo saben; Se conocen*).

Los determinantes

CARACTERÍSTICAS

Los DETERMINANTES se anteponen al nombre común para formar con él (y sus posibles modificadores y complementos) expresiones capacitadas para hacer referencia a una realidad determinada (EXPRESIONES REFERENCIALES): *estas bolsas, nuestros amigos del colegio, algún momento de tranquilidad.* Hay discrepancias entre los gramáticos acerca de los elementos que integran esta categoría, ya que para unos solo engloba los artículos, los demostrativos y los posesivos, mientras que otros añaden algunos cuantificadores (*muchas ideas*), relativos (*el cual autor*), interrogativos (*¿Qué vino prefieres?*) y exclamativos (*¡Qué ciudad!*). Esta gramática se inclina por la segunda opción.

Los determinantes presentan los siguientes rasgos:

Características formales

a) Poseen en su mayoría flexión de género (masculino/femenino) y número (singular/plural). Las formas neutras de los demostrativos y de los cuantificadores son pronombres (*esto, eso, aquello, algo, nada*).

b) Tienden a veces a un debilitamiento fónico, pero este proceso no afecta a todos los determinantes ni a todas sus manifestaciones. Así, son átonos el artículo determinado y los posesivos antepuestos. Estos últimos, por otra parte, adoptan forma apocopada (*mi, tu, su, mis, tus, sus*), lo mismo que ciertos indefinidos (*un, algún, ningún*).

Características semánticas

a) El nombre y sus posibles modificadores y complementos (*gato blanco de la ventana*) forman un grupo nominal al que puede anteponerse un determinante (*el gato blanco de la ventana*), dando lugar así a un grupo nominal mayor que contiene al anterior.

b) Los determinantes participan en la formación de EXPRESIONES REFERENCIALES. Así, el sustantivo *gato* no designa por sí solo ningún miembro de esta clase de felinos, pero sí lo hacen expresiones como *el gato, este gato, tu gato* o *cuyo gato* en un acto de habla concreto.

c) Reducen la extensión significativa de un nombre común. Los grupos *el gato, este gato, nuestros gatos, tres gatos* seleccionan uno o varios individuos de la clase *gato*, a la vez que suelen proporcionar pautas para identificar su referente en el discurso.

d) No aparecen por lo general con las palabras que poseen en sí mismas valor referencial, como los nombres propios y los pronombres. La presencia del artículo en los nombres propios que lo incorporan como parte de su expresión (*El Cairo, El Salvador*) no es significativa. Poseen carácter especial otros usos de los determinantes con nombres propios: enfático o afectivo (*Este es mi Raúl*), delimitador (*El Madrid nocturno*) o alusivo (*Un tal Andrés*).

Características sintácticas

a) Como se ha visto, los determinantes preceden al constituyente formado por el nombre y sus diferentes modificadores y complementos en el grupo nominal (adjetivos, grupos preposicionales, aposiciones, oraciones de relativo): *Estos dulces recuerdos del pasado* (frente a **Dulces estos recuerdos del pasado*). Si un determinante se pospone al nombre, deja de serlo, por lo que el grupo nominal necesita la presencia de otro determinante: *ese tipo / el tipo ese; vuestro cuñado / ese cuñado vuestro.*

b) La presencia de determinante legitima a los grupos nominales (especialmente los construidos con sustantivos contables en singular) para desempeñar diversas funciones sintácticas, propiedad que comparten con los pronombres y los nombres propios: *{La primavera ~ *Primavera ~ Luis ~ Ella} ha venido; Necesito comprarme {*camisa ~ otra camisa}.*

c) Los determinantes son los componentes más externos del grupo nominal.

d) Carecen de complementos propios.

CLASES DE DETERMINANTES

Los determinantes pueden clasificarse en dos grandes grupos. Los del primero son definidos (*el, mi, este, cuyo*) y ayudan a identificar el referente del grupo nominal en el discurso. Los del segundo grupo expresan CUANTIFICACIÓN y denotan el número de individuos de un conjunto (*dos, varios, nadie, algunos*) o la cantidad de materia de la que se habla (*poco arroz, bastante interés, algún dinero*), entre otros significados de naturaleza igualmente cuantitativa. Aun así, no todos los cuantificadores son elementos indefinidos, ya que *todo, cada* y *ambos* son definidos. A la inversa, el artículo *un* (como en *Tengo un buen resfriado*) es un determinante indefinido. No siempre es fácil distinguirlo del numeral *un(o)* (*Solo tomé una cerveza*), que se clasifica entre los cuantificadores (→ cap. 9).

Determinantes definidos. Como se ha explicado, son determinantes definidos el artículo determinado (*el*), los demostrativos (*este*) y los posesivos (*su*), a los que se agrega el relativo posesivo *cuyo* y los cuantificadores *todo, ambos* y *cada*. Como integrantes de grupos nominales en función de complemento directo, suelen ser incompatibles con el verbo *haber*: **Había los zapatos; *Hay nuestra computadora; *Habrá aquellos leones; *Hay todos los tomates en la cesta; *Sobre la mesa hay cada libro* (sin entonación suspensiva). Los grupos sintácticos que se construyen con determinantes definidos suelen responder a los interrogativos *¿quién/-es?*, *¿cuál/-es?*, *¿cuál/-es* + nombre?, *¿qué* + nombre?

¿Quiénes ganaron?	*Los* alemanes
¿Qué animal te gusta?	*Mi* perro
¿Cuál regalo eliges?	*Esta* corbata
¿A qué amigos invitarás?	A *todos*

Cuantificadores. Suelen dividirse en FUERTES O DEFINIDOS (*ambos, todo, cada*) y DÉBILES O INDEFINIDOS (→ págs. 120-121). Estos últimos se subdividen en EXISTENCIALES (*alguno, ninguno*), EVALUATIVOS (*mucho, bastante*), NUMERALES cardinales (*cuatro*), COMPARATIVOS (*más, menos, tanto*) y DE INDISTINCIÓN (*cualquiera*). Los grupos nominales formados con cuantificadores indefinidos presentan dos características destacadas:

a) Pueden introducir o presentar por primera vez una realidad en el discurso: *Se encontraban allí {unos, algunos, dos, varios} pescadores.*

b) Los grupos nominales que los contienen pueden ser normalmente complementos directos del verbo *haber*: *Hay algunos salmones; Había dos muchachos; No habrá ningún libro.*

Los pronombres

CARACTERÍSTICAS

El PRONOMBRE es una categoría gramatical integrada por palabras variables que presentan los siguientes rasgos:

a) Forman un grupo reducido y cerrado de unidades.

b) Contienen un número limitado de rasgos de significado y, en consecuencia, su extensión o capacidad designativa es muy amplia.

c) Al igual que los nombres propios, tienen capacidad de referir sin necesidad de determinantes. En la secuencia _Ella_ _nos_ _lo_ *dijo* tenemos tres pronombres que forman tres expresiones referenciales.

d) Se comportan sintácticamente como los grupos nominales, ya que contraen funciones propias de estos (*qué* es complemento directo de *dices* en *¿Qué dices?*) y pueden sustituirlos (*para María > para ella*). Los pronombres personales, en particular, pueden coordinarse con los grupos nominales (*tus amigos y tú*) o admitirlos en aposición (*nosotros, los ciudadanos*).

El pronombre es una categoría cruzada, en el sentido de que pertenecen a ella elementos que corresponden a varias clases transversales: personales, demostrativos, cuantificadores numerales e indefinidos, relativos, interrogativos y exclamativos.

MORFOLOGÍA DE LOS PRONOMBRES

Los rasgos morfológicos de los pronombres pueden ser MANIFIESTOS o ENCUBIERTOS. Los primeros muestran variantes en su morfología, como en *yo* frente a *mí* (caso) o *él* frente a *ella* (género). Los segundos solo se expresan a través de la concordancia, como en *sí mismo ~ sí mismos* (número) o en *¿Quién resultó {elegido ~ elegida}?* (género). Los rasgos manifiestos de los pronombres son los siguientes:

a) NÚMERO. La oposición singular/plural afecta a la mayoría de los pronombres, con excepción de las formas neutras y de algunas invariables, como *se* o *que*.

b) GÉNERO. Muchos pronombres diferencian masculino y femenino (*nosotros/nosotras*) o masculino, femenino y neutro (*él/ella/ello; este/esta/esto*), pero otros no marcan morfológicamente el género (*quién, quien, que, cualquiera*). Algunas formas son exclusivamente neutras (*algo, nada*).

c) PERSONA. Este rasgo, característico de los pronombres personales (*yo/tú/él*), es compartido por los posesivos, sean determinantes (*mi hermano*) o adjetivos (*Este libro es tuyo*).

d) CASO. Las diferencias de caso se registran solo en los pronombres personales. Entre los tónicos se distinguen el caso RECTO O NOMINATIVO (*yo*) y el caso OBLICUO O PREPOSICIONAL (*mí*). Los pronombres átonos establecen oposición entre el caso ACUSATIVO (_Me_ *visita*) y el caso DATIVO (_Me_ *regala flores:* → cap. 10).

e) REFLEXIVIDAD. Este rasgo, restringido a los pronombres personales, caracteriza a algunos como exclusivamente reflexivos, sean tónicos (*sí*, como en *para sí*) o átonos (*se*, como en *Ella no se cuida*).

SIGNIFICADO DE LOS PRONOMBRES

Como se ha explicado, los pronombres se caracterizan por poseer un conjunto reducido de rasgos de contenido. De este modo, el pronombre personal *sí* presenta únicamente los rasgos manifiestos de caso oblicuo y reflexividad, además de los encubiertos de género y número. En general, los rasgos de los pronombres suelen expresar informaciones propiamente gramaticales, pero algunos de ellos oponen también clase léxicas. Así, la oposición 'humano'/'no humano' marca la frontera entre varios pronombres y dos clases semánticas de nombres y grupos nominales:

'humano'	*alguien*	*nadie*	*quién*	*Pedro, mamá, el carpintero...*
'no humano'	*algo*	*nada*	*qué*	*Guatemala, el dinero...*

Debido a que su INTENSIÓN (el conjunto de rasgos de contenido que definen el significado de una voz) es limitada, los pronombres poseen una amplísima EXTENSIÓN (conjunto de elementos a los que es aplicable una palabra). Este hecho los dota de uno de sus rasgos más conocidos: su capacidad de reemplazar o sustituir a grupos nominales, de donde viene su denominación (*pronombre* = 'en lugar del nombre'). Aun así, no es correcto analizar los pronombres personales de 1.ª y 2.ª persona (*yo, tú, nosotras...*) como sustitutos de los individuos que designan, sino más bien como expresiones referenciales de sentido unívoco, aunque de referente variable. En general, los pronombres poseen un significado estable (*yo, aquel* o *todo*), aunque su referencia se establezca contextualmente. No es, en suma, el significado de las expresiones pronominales lo que el discurso aporta, sino la referencia que les corresponde. En esto se comportan igual que otros grupos nominales: *este ombú* posee un significado único, pero se asocia a referentes distintos en cada acto verbal.

PRONOMBRES Y REFERENCIA

Significado, referente y expresiones referenciales. El REFERENTE es la entidad señalada por una expresión lingüística en un acto verbal concreto. No se debe confundir significado con referente. El significado de una palabra o de un grupo de palabras es constante, mientras que el referente puede variar en cada acto de discurso. La expresión *el actual rey de España* emitida en 1520 y en 1570 tenía el mismo significado, pero las personas denotadas (sus referentes) eran distintas (*Carlos I* y *Felipe II*). Se denominan EXPRESIONES REFERENCIALES las palabras y grupos de palabras que pueden realizar referencia. Son expresiones referenciales los nombres propios (*Bello, Nicaragua*), los pronombres (*ellas, alguien...*) y los grupos nominales con determinante (*el caballo, nuestro amigo*).

Dos o más expresiones son correferenciales cuando denotan o señalan una misma realidad. La CORREFERENCIA es una relación que se establece generalmente entre grupos nominales y pronombres. Son correferenciales las construcciones reflexivas: en ellas el sujeto y el pronombre señalan al mismo individuo (*El actor se miraba en el espejo*). Hay correferencia asimismo en las EXPRESIONES ANÁFORICAS y CATAFÓRICAS. Los determinantes y los pronombres juegan un papel esencial en la referencia. Desde este punto de vista se distinguen varios tipos de pronombres: anafóricos, catafóricos, reflexivos y deícticos.

Pronombres anafóricos y catafóricos. Los primeros denotan la misma entidad que un grupo nominal previo (antecedente): *A estos niños* [antecedente] *los* [pronombre anafórico] *llevaban a un campamento; María solo confía en sí misma*. Los segundos son correferentes con una expresión nominal pospuesta (consecuente): *Les* [pronombre catafórico] *escribían a sus familiares* [consecuente]; *La gente que la conoce dice maravillas de María; Solo para sí mismo guardaría él un vino así.*

Pronombres reflexivos. Los pronombres reflexivos constituyen un subgrupo de los personales. Estos pronombres denotan el mismo referente que un grupo nominal que normalmente funciona como sujeto de la oración: *Ramón se lava las manos; Ángel hablará de sí mismo.* Los pronombres *él, ella, ellos* y *ellas* pueden ser reflexivos si aparecen modificados por el adjetivo *mismo* (*María solo piensa en ella misma*).

Los pronombres reflexivos átonos pueden ser duplicados por sus correlatos tónicos, como en *No se ayudan a sí mismos*.

Deícticos. La DEIXIS es un tipo de referencia que identifica la realidad señalada tomando como coordenadas las personas del discurso (DEIXIS PERSONAL) o el lugar en el que se enuncia un mensaje (DEIXIS ESPACIAL). Son deícticos de persona los pronombres personales y los posesivos, y efectúan deixis espacial los demostrativos. Hay un tercer tipo de deixis, la DEIXIS TEMPORAL, cuya coordenada es el momento en que se realiza el discurso, que afecta a los adverbios de tiempo (*ahora, antes, después*...), así como a los morfemas temporales del verbo.

OTROS ASPECTOS DEL ANÁLISIS GRAMATICAL DE LOS PRONOMBRES

Elipsis, referencia y pronombres. La ELIPSIS es el silencio en la expresión de una secuencia que está latente en el mensaje. En el segundo miembro de la oración compuesta *María va al cine, pero yo no iré,* se suprime por consabido el grupo *al cine*. En la interpretación del mensaje, el que descodifica restituye los segmentos elididos.

Tras los determinantes es muy frecuente la elipsis del sustantivo:

en esta casa y en aquella Ø	[casa]
mis padres y los Ø tuyos	[padres]
unos árboles frondosos y otros Ø secos	[árboles]
tres días de trabajo y tres Ø de descanso	[días]

La tradición gramatical analizaba estos determinantes como pronombres. Tal opción alterna en la actualidad con el análisis que postula un elemento elidido en aquellos contextos en los que, aunque no manifiestos en la expresión, se hallan presentes y son necesarios para la interpretación del mensaje. Los dos análisis posibles son, en consecuencia, los siguientes: *en esta casa y en aquella* [*aquella* como pronombre] y *en esta casa y en aquella Ø* [*aquella* como determinante]. No hay elipsis en el caso de las unidades neutras, ya que en español no existen los sustantivos neutros. Se consideran, pues, solo pronombres las formas *esto, ello,* etc.

9

El artículo

Caracterización

El ARTÍCULO es un determinante que sirve para delimitar la extensión significativa del grupo nominal del que forma parte y que ayuda, por tanto, a presentar su referente o a identificarlo en el contexto.

CLASES Y PARADIGMA

Existen dos clases de artículo:

a) El INDETERMINADO O INDEFINIDO. Se usa para presentar entidades nuevas en el discurso: *Hoy he recibido una carta* (no hay noticia previa de ella).

b) El DETERMINADO O DEFINIDO. Permite hacer referencia a una entidad que se supone identificable por el oyente: *Hoy he recibido la carta*.

		Determinado	Indeterminado
SINGULAR	**masculino**	el (*el libro*)	un (*un libro*)
	femenino	la (*la mesa*) el (*el águila*)	una (*una mesa*) un (*un águila*)
	neutro	lo (*lo bueno*)	
PLURAL	**masculino**	los (*los libros*)	unos (*unos libros*)
	femenino	las (*las mesas*)	unas (*unas mesas*)

PROPIEDADES

a) Posición. El artículo precede no solo al sustantivo, sino también a todos los demás modificadores prenominales, incluidos los cuantificadores, con la excepción de *todo: todos los días*.

b) Tonicidad. El artículo determinado es átono y forma grupo acentual con la primera palabra tónica que lo sigue: *las cejas, los de abajo*. El artículo indeterminado es normalmente tónico: *un jaguar, una paloma*.

Particularidades

LAS FORMAS DEL ARTÍCULO FEMENINO

Además de *la* y *una*, el artículo femenino singular presenta las formas *el* y *un* cuando precede inmediatamente a nombres que comienzan por /a/ tónica (en la escritura *a-* o *ha-*, lleven tilde o no): *el agua, el habla, un área, un hada*.

> No deben utilizarse *el* y *un* como artículos femeninos cuando se interponen un adjetivo u otro elemento entre artículo y sustantivo. No se dice, pues, *el majestuoso águila* ni *un filoso hacha*, sino *la majestuosa águila* y *una filosa hacha*. Ni siquiera cuando el adjetivo antepuesto comienza por /a/ tónica: *la alta haya, una amplia aula*. Tampoco se usa *el* como artículo femenino en casos de elipsis: *El ansia de placeres es tan perjudicial como la de dinero*, y no *... tan perjudicial como el de dinero.*

La citada regla posee algunas excepciones:

a) Los nombres de las letras del abecedario latino: *la a, una hache*.

b) Nombres y apellidos de mujeres: *La Ana de mi oficina es una Ávalos*.

c) Nombres de empresas (*la Alfa Romeo*), así como siglas y acrónimos con núcleo en femenino: *la AUF* (Asociación Uruguaya de Fútbol).

d) Los sustantivos comunes en cuanto al género definen el sexo del referente mediante el artículo: *el árabe / la árabe, un ácrata / una ácrata*.

e) Con nombres femeninos de creación reciente que denotan profesión se emplean *la* y *una: la árbitra, una árbitra*.

LAS FORMAS CONTRACTAS *AL* Y *DEL*

Las FORMAS CONTRACTAS *al* y *del* resultan de la combinación del artículo *el* con las preposiciones *a* y *de*, con la correspondiente fusión de las vocales en contacto: *el ascenso al puerto, la salida del concierto*. Se evita la contracción en estos casos:

a) Con nombres propios o títulos de obras, cuando el artículo es parte integrante de la expresión denominativa: *la pintura de El Greco*.

b) En los topónimos hay contracción siempre que el artículo no esté integrado en su denominación oficial: *viaje al Río de la Plata, la provincia del Chaco*, pero *la población de El Salvador*.

c) No se hace la contracción cuando se interpone un signo de puntuación, como comillas o paréntesis: *La lectura de "El Cristo de Velázquez"*.

En los derivados y compuestos femeninos en los que la /a/ tónica originaria deja de serlo porque el acento se traslada, se recomienda usar las formas *la* y *una*: *la alita, la hambruna, la aguanieve, una avemaría*. *n*

El artículo determinado. Valores y usos

VALOR GENERAL: REFERENCIA A UNA ENTIDAD IDENTIFICABLE

Los grupos nominales que llevan artículo determinado son DEFINIDOS: hacen referencia a entidades que se suponen identificables en un contexto a partir de la información que comparten los interlocutores (INFORMACIÓN CONSABIDA).

En singular, la entidad referida se convierte en única dentro de un ámbito: en *Fui a la boda* se alude a una boda única, identificable gracias a la información consabida. Por esta razón, los grupos nominales que designan entes únicos en su especie, como *el sol* o *la luna*, suelen llevar también determinantes definidos, con escasas excepciones (*un sol de justicia, otra noche sin luna*). En plural, seleccionan o acotan un número de elementos que son identificables en un contexto dado: *Devolví los libros* (es decir, 'los libros mencionados antes', 'los libros de los que hemos hablado', etc.).

USOS ANAFÓRICOS

La denotación del grupo nominal con artículo determinado puede vincularse con un elemento aparecido antes en el discurso. Así, en un ejemplo como *Ayer recibí una carta. La carta es de un antiguo amigo*, el segmento *la carta*, con artículo definido, denota un referente presentado con anterioridad (*una carta*).

USOS DEÍCTICOS

El artículo posee valor deíctico cuando la expresión en la que aparece se refiere a una realidad que se encuentra cercana a los interlocutores en el espacio (*Prohibido pisar el césped; ¿Puedes acercarme el libro?*) o en el tiempo, en referencia a unidades del calendario (*Llegó el lunes; Nos vemos el día cinco*).

VALOR DE POSESIVO

El artículo adquiere el valor de pertenencia propio de los posesivos cuando el grupo nominal en que aparece designa partes del cuerpo o facultades de algún individuo: *Apretaba los (=sus) labios; Había perdido la (=su) ilusión*. Este uso se extiende a los nombres de pertenencias alienables con las que es habitual relacionarse o que es normal poseer: *Se nos quemó la (=nuestra) casa; Entregó el examen al (=a su) profesor.*

EL ARTÍCULO NEUTRO *LO*

La forma *lo* no presenta variación de número ni puede combinarse con sustantivos, puesto que en español no hay sustantivos neutros. Posee dos usos fundamentales:

a) LO REFERENCIAL. Encabeza grupos nominales que hacen referencia a entidades definidas no animadas: *No me gusta lo que pinta este artista; Lo sucedido nos dejó sorprendidos; Tenía lo imprescindible para vivir.*

b) LO ENFÁTICO. Va seguido de una subordinada construida con el nexo *que* y equivale a un cuantificador de grado de adjetivos y adverbios: *¡Lo difícil que es este problema!; ¡Lo bien que salió todo!*

El artículo indeterminado. Valores y usos

ARTÍCULO INDETERMINADO Y PRIMERA MENCIÓN

Este artículo es un determinante no definido que selecciona uno o varios elementos que no resultan identificables, puesto que trata de entidades no mencionadas previamente o no consabidas. Por eso se utiliza con frecuencia en la primera mención de una entidad: *En un rincón había una guitarra*.

USOS EVALUATIVOS Y ENFÁTICOS

El artículo indeterminado introduce expresiones en las que un complemento nominal aporta una evaluación realizada por el hablante: *Pregunta usted unas cosas tremendas*. Estas secuencias suelen denominarse CONSTRUCCIONES DE *UN* ENFÁTICO, y se relacionan con las oraciones exclamativas (*¡Qué cosas pregunta usted!*). Los complementos no pueden suprimirse (**Hace un calor*), a no ser que se sustituyan por una entonación suspendida: *¡Hace un calor...!*

La ponderación a la que se alude puede ser expresada también por el propio sustantivo precedido del artículo indefinido, sin modificador valorativo, frecuentemente como atributo (*Ese chico es un genio; Eres un desastre*) o en construcciones formadas con la pauta «N de N» (*una maravilla de mujer*).

Relaciones entre el artículo indefinido y otros elementos afines

EL ARTÍCULO *UN/UNA* Y EL PRONOMBRE INDEFINIDO *UNO/UNA*

Diferencia categorial. Aunque la forma *un* proviene de *uno* por apócope, se considera que ambas pertenecen a categorías diferentes, dado que *un* es artículo y *uno* es pronombre indefinido: *¿Quieres un lápiz o ya tienes uno?* No existe un artículo indeterminado neutro, pero sí un pronombre indefinido de este género, que se emplea en construcciones lexicalizadas, como *ser todo uno* (*Salir a la calle y verlo fue todo uno*).

	Singular			Plural	
	masculino	femenino	neutro	masculino	femenino
ARTÍCULO	un	una	—	unos	unas
PRONOMBRE	uno	una	uno	unos	unas

Alternancias de uso. Con adjetivos susceptibles de ser recategorizados como sustantivos (*enemigo, extranjero, joven, sospechoso, viejo*, etc.), puede producirse alternancia entre ambas formas. Una vez que cambian de categoría, como se indica más adelante, solo se combinan con *un*: *Estaba hablando con un extranjero*. Si se emplean como adjetivos, son ellos los que modifican al pronombre *uno*: *Hay varios jugadores nacionales y {*un ~ uno} extranjero*. Las formas del femenino y del plural, *una, unos, unas*, son comunes al artículo y al pronombre, por lo que se pierde el contraste mencionado: *una francesa ~ una [muchacha] francesa*.

Propiedades sintácticas

a) El artículo *un* rechaza las subordinadas relativas (**un que tú me diste*), los modificadores preposicionales (**un sin azúcar*) y las construcciones partitivas (**un de ellos*), al contrario que el pronombre *uno: uno que tú me diste, uno sin azúcar, uno de ellos.*

b) Al igual que el artículo definido, el indefinido no constituye por sí solo un grupo nominal. Se diferencia en esta propiedad del pronombre *uno*. Se dice, pues, *de uno a otro lado*, pero no **de un a otro lado.*

EL ARTÍCULO INDEFINIDO Y EL NUMERAL

Las formas del artículo *un/una* coinciden también en parte con las del numeral que designa unidad.

	Singular		Plural	
ARTÍCULO	un	una	unos	unas
NUMERAL	un ~ uno	una	dos, tres, cuatro...	

La interpretación como numeral se impone cuando está en correlación con otros numerales (*Le dieron un aviso, no dos*) y cuando precede a los adjetivos *solo* y *único* (*Había una sola niña en el aula*), pero no en otros muchos casos:

a) En algunas expresiones alternan, según el contexto, el valor numeral y el indefinido. Así, contrastan *Estos documentos no caben en un cajón* (valor numérico) y *Estos documentos estaban en un cajón* (valor de indeterminación).

b) Rechazan la interpretación numeral los contextos de primera mención (*Tuvieron una buena idea*), así como los sustantivos no contables (*Se respiraba un aire muy puro*).

Uso del artículo en contextos presentativos o existenciales

Se denominan PREDICADOS PRESENTATIVOS los que introducen nuevos referentes en el discurso mediante grupos nominales normalmente precedidos del artículo indeterminado. Se trata de verbos que expresan existencia: *haber, existir* (*Había un reloj en todas las paredes; Existe un problema previo*), *ocurrir* (*Acaba de ocurrir un accidente*) o *tener* (*Tenemos un problema*).

Uso genérico del artículo

El artículo puede introducir GRUPOS NOMINALES GENÉRICOS, que son aquellos que no designan individuos particulares, sino que denotan la generalidad de los miembros de una clase o de una especie, como en *La gaviota se alimenta de peces*. Pueden tener este uso tanto el artículo definido (en singular y en plural) como el indefinido (solo en singular: *Un padre se preocupa por sus hijos*), normalmente en contextos temporales no delimitados. Así, con la expresión *El perro ladra* puede hablarse de cierto perro cercano (INTERPRETACIÓN ESPECÍFICA), pero también de una propiedad de la especie (INTERPRETACIÓN GENÉRICA). Por el contrario, en la oración *El perro ladró*, construida en un tiempo perfectivo (el pretérito), solo se admite la interpretación específica. Contrastan igualmente *Un padre se preocupa por sus hijos* (interpretación genérica) y *Un padre se preocupó por sus hijos* (interpretación específica).

La ausencia del artículo. Los grupos nominales sin determinante

CONSTITUCIÓN E INTERPRETACIÓN SEMÁNTICA

Los grupos nominales que no van precedidos por un determinante reciben también el nombre de GRUPOS NOMINALES ESCUETOS: *¿Bebes agua fría?; Llegaban soldados*. Su interpretación es INESPECÍFICA y normalmente designan tipos o clases de entidades. No se incluyen entre ellos, a pesar de no llevar determinante, los nombres propios y los pronombre personales, dado su carácter específico.

Los grupos nominales escuetos suelen tener como núcleo sustantivos no contables en singular o contables en plural: *Compran oro; Solicitan violinistas*. Más raros son los contables en singular, aunque pueden aparecer en locuciones (*no tener corazón; no pegar ojo*) o en expresiones que reflejan usos o costumbres sociales (*Tiene perro; Usa sombrero*).

FUNCIÓN SINTÁCTICA DE LOS GRUPOS NOMINALES SIN DETERMINANTE

Los grupos nominales sin determinante aparecen en distintas funciones sintácticas. Se pueden citar las siguientes:

a) Sujeto. Puede ser preverbal o posverbal. Muestra gran resistencia a aparecer antepuesto al verbo, pero lo hace en ciertos contextos marcados: *Alcalde desobedece una sentencia* (noticia); *Secreto entre tres ya no lo es* (refrán). En posición posverbal aparece sobre todo en las pasivas (*Se reparan relojes*), con verbos INACUSATIVOS (*Falta café; Ocurrieron accidentes*) o con INTRANSITIVOS PUROS que expresan localización (*Aquí viven familias enteras*).

b) Complemento directo: *Trajo manzanas; Vi gente en la calle.*

c) Complemento de régimen: *Se trataba de niños superdotados.*

d) Complemento indirecto, sobre todo en expresiones coordinadas: *Vende sus fotografías a periódicos, revistas, agencias y televisiones.*

e) Atributo: *Es maestro; El agua se volvió vino.*

f) Complementos locativos: *Asistieron a clase de matemáticas.*

g) Algunos complementos de modo: *Se reunirán en comisión.*

h) Complementos del nombre, especialmente cuando aportan rasgos caracterizadores: *una mesa de despacho.* A veces dan lugar a expresiones semilexicalizadas: *campo de fútbol, equipo de música.*

i) Vocativos: *Niños, ¿cuántos son ustedes?*

10

El pronombre personal

Paradigma de unidades y características

PARADIGMA

Si se excluyen las formas reflexivas y recíprocas, que se analizarán más adelante, el sistema de los pronombres personales está formado por las siguientes unidades:

Personas gramaticales / Caso		Primera persona	Segunda persona	Tercera persona
NOMINATIVO O RECTO	SINGULAR	yo	tú ~ vos	él, ella, ello
	PLURAL	nosotros, nosotras	vosotros, vosotras	ellos, ellas
ACUSATIVO	SINGULAR	me	te	lo, la, se
	PLURAL	nos	os	los, las, se
DATIVO	SINGULAR	me	te	le, se
	PLURAL	nos	os	les, se
PREPOSICIONAL U OBLICUO	SINGULAR	mí, conmigo	ti ~ vos, contigo	él, ella, ello
	PLURAL	nosotros, nosotras	vosotros, vosotras	ellos, ellas

Para la segunda persona se utiliza también la forma de respeto *usted,* que concuerda en tercera persona con el verbo y con los pronombres. En una amplia zona (gran parte de Andalucía y Canarias, en España, así como el conjunto de los países americanos), la forma *ustedes* ha desplazado a las formas *vosotros, vosotras,* incluso en el uso familiar. Las formas *conmigo* y *contigo* hoy se suelen considerar más bien CONGLOMERADOS de preposición y pronombre, es decir, grupos preposicionales integrados en una sola palabra: *Cuenta conmigo.*

CARACTERIZACIÓN

Los PRONOMBRES PERSONALES designan a los participantes en el discurso y, en general, a las personas, animales o cosas a las que nos referimos en el habla. Se denominan así porque poseen flexión de persona. Muestran, además, otros rasgos gramaticales, como género (masculino/femenino/neutro), número (singular/plural), caso (recto/oblicuo; acusativo/dativo) y reflexividad. Aunque en cada acto de discurso pueden cambiar de referente, los pronombres personales poseen un significado constante y unívoco.

Valores gramaticales de los pronombres personales

PERSONA

Referencia y concordancia. El rasgo 'persona' posee dos valores, y, por tanto, dos interpretaciones:

a) Puede hacer referencia a las PERSONAS DEL DISCURSO o participantes en el acto de habla: el emisor (*yo, nosotros/-as*), el destinatario (*tú ~ vos* o *usted, vosotros/-as* o *ustedes*) y los seres que no intervienen directamente en el discurso (*él/ella/ello/ellos/ellas*).

b) Puede referirse a las PERSONAS GRAMATICALES, que se reflejan en los MORFEMAS DE CONCORDANCIA cuando los pronombres de sujeto se combinan con los verbos conjugados: *Yo camino; Tú caminas ~ Vos caminás; Ella camina.*

Ambos valores suelen coincidir, salvo en el caso de los pronombres *usted/ustedes*, que corresponden a la segunda persona del discurso, pero que, a causa de su origen nominal (*vuestra merced*), concuerdan con el verbo y con los pronombres en tercera: *Usted se aleja*.

	Pers. del discurso	Pronombres	Pers. gramatical	Flexión verbal
SINGULAR	1.ª	yo	1.ª	canto
	2.ª	tú ~ vos	2.ª	cantas ~ cantás
		usted	3.ª	canta
	3.ª	él/ella/ello		

	Pers. del discurso	Pronombres	Pers. gramatical	Flexión verbal
PLURAL	1.ª	nosotros/-as	1.ª	cantamos
	2.ª	vosotros/-as	2.ª	cantáis
		ustedes	3.ª	cantan
	3.ª	ellos/ellas		

Se considera incorrecta la concordancia del pronombre *usted/ustedes* con la segunda persona del verbo, como en *Ustedes vais* o *Dime usted*, registradas la primera en una región de España (parte de Andalucía) y la segunda en algunas zonas de América. *n*

NÚMERO

Referencia y concordancia. El número posee también dos valores:

a) Es signo de unidad o pluralidad. *Yo, tú ~ vos, usted, él/ella/ello* denotan en cada acto de habla una sola entidad. Por el contrario, *nosotros/nosotras, vosotros/vosotras, ustedes, ellos/ellas* se refieren a un conjunto de seres.

b) Es morfema de concordancia. Exige formas de singular o de plural a los verbos y adjetivos con los que se combina: *Yo camino; Ellas llegaron cansadas*.

Plurales y singulares especiales. En algunos usos, las formas de la primera persona del plural presentan la referencia singular del pronombre *yo*, e incluso la que corresponde a *tú*:

a) Plural mayestático. Uso arcaizante restringido hoy a altas jerarquías eclesiásticas: *Llega a nos la noticia de...*

b) Plural de modestia y de autor. Usado para atenuar juicios categóricos: *En este libro nos planteamos...* (dicho por un solo autor).

c) Plural sociativo o asociativo. Lo usa el hablante para referirse al oyente, al cual se dirige de manera afectiva. *¿Qué tal estamos, amigo?*

Pueden dar lugar también a usos genéricos, con un sentido cercano al de 'cualquiera, la gente en general': *Cuando viajamos en avión, vemos las nubes por debajo de nosotros*. La forma *tú* tiene en ocasiones un uso genérico similar al del plural de primera persona y muy próximo al del indefinido *uno: Si tú no te preocupas por ti mismo...* (es decir, 'Si uno no se preocupa por uno mismo...').

GÉNERO

Presentan oposición masculino/femenino las formas *nosotros/nosotras, vosotros/vosotras, ellos/ellas, lo/la, los/las.* En tercera persona del singular se oponen masculino, femenino y neutro (*él/ella/ello*). El pronombre *lo* puede ser masculino, pero también neutro: *El auto lo* [masculino] *vendieron; Eso lo* [neutro] *veremos.*

Los pronombres *yo, tú, vos, usted, ustedes, me, te, nos, os, le, les, mí, ti, conmigo, contigo* y *consigo* no presentan variación formal de género. Sin embargo, cuando en el habla se refieren a un ser animado, masculino o femenino, imponen las marcas de género al adjetivo con el que se combinan: *Tú sola lo sabes; Te engañas a ti mismo; Dichoso de mí; ¿Está usted loca?*

CASO

El CASO es una manifestación de la flexión cuyas formas se asocian con las funciones sintácticas. En español, el pronombre personal es la única clase de palabras en la que se ha mantenido la flexión latina de caso y, aun así, con caracteres propios y ciertas restricciones.

En el pronombre es posible diferenciar cuatro casos. Dos se asocian a formas tónicas (el RECTO O NOMINATIVO y el OBLICUO O PREPOSICIONAL), mientras que los otros dos (el ACUSATIVO y el DATIVO) se asocian a formas átonas: *Lo reclaman; Se lo dijo.*

El caso recto o nominativo es prototípico de la función sujeto (*Yo soy el nuevo maestro; Ellas lo saben*), pero aparece asimismo como atributo (*Yo soy yo*) y como base nominal de construcciones bimembres (*¿Viejo tú?*), así como en pies de fotos y otras expresiones identificativas sin verbo (*Yo en la playa*).

Las formas del caso oblicuo siempre vienen precedidas de preposición: *Lo hicieron por ti.* Estas formas pueden aparecer en numerosas funciones (complemento directo, complemento indirecto, complemento de régimen, complemento circunstancial, etc.).

La preposición *entre* precede a las formas del nominativo: *Entre tú y yo.* *n*

Las formas del caso acusativo se asocian a la función de complemento directo (*Lo leyeron*), mientras que las del caso dativo se hallan estrechamente unidas a la función de complemento indirecto (*Les leía cuentos*).

Pronombres reflexivos y recíprocos

REFLEXIVOS. DEFINICIÓN Y RASGOS

Los REFLEXIVOS son pronombres personales que tienen el mismo referente que un grupo nominal que funciona normalmente como sujeto de su oración. Así, en *Yo me conozco bien,* el pronombre *me* es reflexivo porque hace referencia a la misma persona que el sujeto (*yo*), que es su ANTECEDENTE.

Existen dos paradigmas de reflexivos: los átonos y los tónicos. Los REFLEXIVOS ÁTONOS funcionan como complemento directo y como complemento indirecto: *Laura se* (CD) *pinta; Laura se* (CI) *pinta los ojos.*

Los REFLEXIVOS TÓNICOS son términos de preposición. El grupo preposicional que los contiene puede contraer diversas funciones sintácticas, como en *Se olvidan de sí mismos* (CR); *Lo construye para sí* (CC de beneficiario); *El hombre, un lobo para sí mismo* (modificador nominal).

En el cuadro que sigue se exponen las formas reflexivas en correspondencia con los pronombres rectos no reflexivos:

Tónicos		Át.	
RECTOS NO REFLEXIVOS	OBLICUOS REFLEXIVOS	REF.	EJEMPLOS
yo	mí, conmigo	me	*Yo me lo guardo para mí*
tú ~ vos	ti ~ vos, contigo	te	*Tú ~ vos te lo guardas ~ guardás para ti ~ vos*
usted	sí, usted, consigo	se	*Usted se* lo guarda para *sí* (*usted*)
él/ella/ello	sí, él/ella, consigo	se	*Él/ella se* lo guarda para *sí* (*él/ella*)
nosotros/-as	nosotros/-as	nos	[...] *nos* lo guardamos para *nosotros/-as*
vosotros/-as	vosotros/-as	os	[...] *os* lo guardáis para *vosotros/-as*
ustedes	sí, ustedes, consigo	se	*Ustedes se* lo guardan para *sí* (*ustedes*)
ellos/-as	sí, ellos/-as, consigo	se	*Ellos/-as se* lo guardan para *sí* (*ellos/-as*)

REFLEXIVOS INHERENTES Y CONTEXTUALES

Los pronombres *sí* y *consigo* son INHERENTEMENTE REFLEXIVOS. Los demás lo son o no en función del contexto. Así, puede decirse *Lo guardaste para ti* (donde *ti* es reflexivo), pero también *Lo guardé para ti* (donde no lo es). En cambio, el contraste *Lo {*guardé ~ guardó} para sí* muestra que *sí* solo admite la interpretación reflexiva. Favorece esta última el adjetivo *mismo*, como en *Está muy contento con él mismo*, intercambiable con *Está muy contento consigo mismo*.

A efectos de concordancia, se asimilan a los reflexivos las formas que aparecen en los verbos pronominales (*quejarse, preocuparse, vanagloriarse*...), aunque no desempeñen función sintáctica: *Yo* [1.ª persona] *ya no me* [1.ª persona] *acuerdo de eso* (verbo pronominal *acordarse*).

- Resultan incorrectas discordancias como *No doy más de sí* (por *No doy más de mí*), *Tardaste unos minutos en volver en sí* (por ... *en ti*) o *Yo estaba totalmente fuera de sí* (por ... *fuera de mí*).
- Se recomienda evitar la falta de concordancia entre el reflexivo y su antecedente en construcciones como *Lo peor que se puede hacer es quejarnos* o *Habría que irnos ya*, y se aconseja sustituirlas por otras en las que la concordancia se pone de manifiesto, como *Lo peor que se puede hacer es quejarse* y *Habría que irse ya*, respectivamente.

RECÍPROCOS

Expresan reciprocidad las oraciones en las que las acciones, procesos o estados designados revierten en los mismos participantes a los que se atribuyen, como en *Nunca hablaban el uno del otro* o *Se diferencian notablemente entre sí*. La lengua no posee un sistema pronominal específico para expresar este tipo de situaciones, por lo que utiliza a menudo las formas reflexivas del plural: *Todos los compañeros nos respetamos mucho; Carlos e Irene se aman*.

Los pronombres RECÍPROCOS pueden ser tónicos o átonos. Son ÁTONOS los plurales *nos, os, se*, que funcionan como complemento directo (*Nos abrazamos llorando*) o indirecto (*Se dijeron de todo*). Su antecedente puede ser una expresión en plural o formada por coordinación (*Marina e Isabel se entienden bien la una con la otra*), pero también un colectivo: *Esta familia se odia* (en el sentido de 'sus miembros se odian unos a otros').

Los TÓNICOS aparecen en dos tipos de grupos:

a) Con la preposición *entre* y un pronombre de contenido plural: *entre sí, entre nosotros/nosotras...*: *Colaboran entre sí.*

b) Con los indefinidos *uno* y *otro* (o sus variantes) separados por preposición. Aunque estos no son pronombres personales en sentido estricto, se asimilan a ellos en la estructura «*(el) uno* + preposición + *(el) otro*» (*el uno al otro, las unas con las otras*, etc.): *Se ayudan el uno al otro.*

Colocación de los pronombres átonos

PROCLÍTICOS Y ENCLÍTICOS

Al carecer de acento, los pronombres átonos se apoyan fonéticamente en el verbo, por lo que se llaman PRONOMBRES CLÍTICOS. Son PROCLÍTICOS los que preceden al verbo (*Lo leí; Se la dieron*) y ENCLÍTICOS los que se le posponen (*leerlo, dándosela*). Los proclíticos se escriben separados del verbo, mientras que los enclíticos van unidos gráficamente a él.

En el español actual, aparecen pospuestos cuando se adjuntan a los infinitivos (*comprarlo*), a los gerundios (*comprándolo*) y a los imperativos afirmativos (*compradlo*), incluso cuando estos últimos coinciden formalmente con el subjuntivo (*cómprenlo*). Se anteponen al resto de las formas verbales: *Lo compró; Se fue; No se lo digas.*

GRUPOS DE PRONOMBRES ÁTONOS

Los pronombres átonos se combinan entre sí y forman a menudo GRUPOS O CONGLOMERADOS (*se lo, me las, te los, se me la*, etc.), que se colocan también antepuestos o pospuestos al verbo: *Se lo daré; Traigo esto para dárselo; Dáselo; No se lo des.* El orden pronominal en el interior de estos conglomerados obedece a estas condiciones (cada una de ellas tiene primacía sobre las que siguen):

a) La forma *se* precede siempre a las demás: *Se te va a caer el pelo.*

b) Los demás pronombres siguen el orden de preferencia 2.ª > 1.ª > 3.ª (personas): *No te me vayas; No te lo comas; No me lo creo.*

c) Los pronombres de dativo preceden a los de acusativo: *Te lo enviaron.*

d) Las formas reflexivas (incluidas las de los verbos pronominales) preceden al resto de los clíticos. Así, *te* precede a *me* en *Te me acercaste.*

CLÍTICOS EN PERÍFRASIS Y OTRAS CONSTRUCCIONES VERBALES

En las PERÍFRASIS VERBALES los pronombres adjuntos a los infinitivos y gerundios pueden anteponerse al auxiliar. Se consideran, pues, tan aceptables *Lo debo hacer* o *Te estoy esperando* como *Debo hacerlo* o *Estoy esperándote*. En función del número de auxiliares, son mayores las opciones en las perífrasis encadenadas: *No voy a poder leerlo* ~ *No voy a poderlo leer* ~ *No lo voy a poder leer.*

> Se recomienda evitar la anteposición del pronombre átono en la perífrasis impersonal *haber que*, como en *Lo hay que terminar pronto.* n

Esta doble opción (anteposición o posposición de los pronombres átonos) no se limita a las perífrasis verbales, sino que se extiende a varios verbos que introducen subordinadas de infinitivo. Así, alternan *Intenté devolvérselo* y *Se lo intenté devolver,* pero es más natural *Creí tenerlo arreglado* que *Lo creí tener arreglado.*

> El *se* de las oraciones pasivas reflejas admite con cierta facilidad la alternancia de posición: *Se deben tener en cuenta todos los hechos* o *Deben tenerse en cuenta todos los hechos.* En las impersonales, por el contrario, la posposición resulta forzada, por lo que se aconseja *No se puede fumar en esta sección* en lugar de *No puede fumarse en esta sección.* n

PRONOMBRES ÁTONOS EN LA DUPLICACIÓN DE COMPLEMENTOS

El complemento directo y el indirecto se hallan duplicados cuando su forma pronominal átona coexiste con la correspondiente forma tónica, ya sea nominal o pronominal: *Ese viaje lo hizo en diciembre; Te llamó a ti; Les iba a remitir este regalo a sus nietos.*

Cuando un pronombre tónico funciona como complemento directo o indirecto, exige la presencia de formas átonas duplicadas: *Me trajo a mí* / **Trajo a mí; Le llevó el sobre a ella* / **Llevó el sobre a ella.*

> Se recomienda evitar construcciones como *Le digo a ustedes que no,* en las que un pronombre átono en singular (*le*) dobla a un pronombre en plural (*ustedes*). Se aconseja utilizar *Les digo a ustedes que no.* n

La duplicación es frecuente en los complementos indirectos cuando la secuencia «*a* + grupo nominal» se halla pospuesta (*No le dieron importancia al asunto*), pero rara en los directos (no se suele decir *Tengo que llamarla a Isabel*), con la excepción del español rioplatense y, en grados de intensidad variables, en el español conversacional de México y parte de Centroamérica, así como en Puerto Rico, el Perú y España: *Esta mañana lo llamé a mi compadre*.

Cuando el complemento directo y el complemento indirecto se anteponen al verbo, aparecen duplicados por medio de un pronombre personal átono: *El viaje lo hizo en avión; A este hombre le debemos muchos favores*. Pero si el complemento antepuesto al verbo se halla focalizado (→ pág. 9), el duplicado pronominal no tiene lugar: *Eso lo dijo el gobernador*/ *Eso* [foco] *dijo el gobernador*.

Leísmo, laísmo y loísmo

EL LEÍSMO

Se denomina LEÍSMO al uso de las formas de dativo *le, les* en lugar de las de acusativo *lo/los, la/las*, como en *Le mataron; Les contrataron*. Suelen distinguirse tres tipos:

a) LEÍSMO DE PERSONA MASCULINO. Uso del pronombre *le/les* como acusativo con sustantivos masculinos de persona: *A Mario le premiaron en el colegio*.

b) LEÍSMO DE PERSONA FEMENINO. Uso del pronombre *le/les* como acusativo con sustantivos femeninos de persona: *A Laura le premiaron en el colegio*.

c) LEÍSMO DE COSA. Uso del pronombre *le/les* como acusativo con sustantivos de cosa: *Te devuelvo el libro porque ya le he leído*.

El de tipo *a* es el más extendido, tanto en el español antiguo como en el moderno. Es más frecuente en los textos españoles, pero a veces se registra en los americanos.

No se considera incorrecto el leísmo del tipo *a*, es decir, con sustantivo masculino de persona, pero no se recomienda en plural. Se prefiere, pues, la primera opción en *A tus hijos hace año que no {los/les} veo*. El del tipo *b* está menos extendido, carece de prestigio y se considera incorrecto. También es incorrecto el del tipo *c*, tanto en singular como en plural. *n*

EL LAÍSMO Y EL LOÍSMO

Se llama LAÍSMO al empleo de las formas femeninas de acusativo *la/las* en lugar de las de dativo (*La dije que esperara*). Hoy se registra solo en ciertas regiones de España. El laísmo puede ser de persona (*La dije la verdad*) o de cosa (*A esa casa hay que pintarla la fachada*), este último menos frecuente.

En el LOÍSMO las formas *lo/los* de acusativo sustituyen a las de dativo *le/les* para referirse a personas (*Los dije que no se fueran*) o a cosas (*A ese tema no hay que darlo más vueltas*). Se documenta solo en algunas zonas de Castilla.

Son incorrectos el laísmo y el loísmo en todos los contextos. *n*

Las formas de tratamiento pronominal

FORMAS DE TRATAMIENTO

Se llaman así las fórmulas con que el emisor se dirige a su interlocutor, en función de la relación social que mantienen. En el uso de los TRATAMIENTOS intervienen circunstancias sociales, situacionales y geográficas.

TÚ Y *USTED*

Los dos tipos básicos son el tratamiento DE CONFIANZA O DE FAMILIARIDAD (*tú, vos*) y el DE RESPETO (*usted*). Se percibe en el español contemporáneo un notable desarrollo del trato de familiaridad, como signo de cercanía o igualdad. En aquellas zonas en las que *tú* y *vos* no coinciden, el TUTEO es normal entre familiares, compañeros y colegas, pero se ha extendido a situaciones reservadas hasta hace poco al trato de *usted*, como las relaciones entre personal sanitario y pacientes o entre profesores y alumnos. Con todo, existen en este punto marcadas diferencias entre áreas lingüísticas. En general, el tuteo está más extendido en España que en América. En algunas zonas voseantes de este continente existe un sistema tripartito en el que *tú* constituye un grado intermedio entre *vos* (máxima confianza) y *usted*.

EL VOSEO

Se aplica esta denominación al uso del pronombre *vos* como forma de tratamiento dirigida a un solo interlocutor, así como al empleo de las desinencias que reflejan los rasgos gramaticales de este pronombre en la flexión verbal. Usado como tratamiento de confianza, el voseo es propio de muchas áreas del español americano. Este uso es diferente del llamado REVERENCIAL, hoy en regresión y usado para dirigirse a muy altas personalidades: *Vos, majestad, sabéis que...* El pronombre *vos* concuerda en singular con reflexivos átonos y posesivos en el VOSEO DE CONFIANZA, como en *Vos no te cuidás* o en *Si vos leés una carta tuya* (frente a *Si vos leéis una carta vuestra*, en el voseo reverencial).

En cuanto a la concordancia con el verbo, existen estas tres modalidades:

VOSEO FLEXIVO (normalmente, antiguas desinencias de plural):

1. Pronominal (con el pronombre *vos*): *vos tenéis, vos tenés, vos tenís.*
2. No pronominal (con el pronombre *tú*): *tú tenés, tú tenís.*

VOSEO NO FLEXIVO (desinencias correspondientes a *tú*):

3. Pronominal (con el pronombre *vos*): *vos tienes.* Es la menos común.

Aunque el voseo se documenta, en mayor o menor medida, en todos los países de América (con la posible excepción del área antillana), en algunos, como México, es residual, y en los demás no siempre se extiende a todas las regiones, además de presentar condiciones de uso muy dispares.

La situación sociolingüística del voseo es compleja e inestable. Es la forma general del trato de confianza en la Argentina, el Paraguay, el Uruguay, Costa Rica, Nicaragua, Chile, Bolivia y en algunas regiones de Colombia, Venezuela y el Ecuador, aunque la estimación social no es la misma en todas las variedades. En otros países, su uso está más restringido. Así, en El Salvador, no excede el ámbito de la lengua familiar y carece de prestigio fuera de ella, mientras que en Panamá es eminentemente rural y su empleo resta prestigio social.

11

Demostrativos y posesivos

Los demostrativos

CARACTERÍSTICAS

Los DEMOSTRATIVOS constituyen una clase de elementos DEÍCTICOS cuyos miembros permiten ubicar un referente en el espacio o en el tiempo, señalando la distancia que mantiene con respecto al hablante y al oyente. En la interpretación clásica, *este* y *aquí* denotan proximidad al hablante; *ese* y *ahí*, proximidad al oyente; *aquel* y *allí*, lejanía respecto a ambos.

Cercanía al hablante	Cercanía al oyente	Lejanía de ambos
este, aquí	ese, ahí	aquel, allí

No obstante, algunos análisis actuales defienden una organización binaria: *este* y *aquí* (cercanía al hablante) se oponen a *aquel* y *allí* (lejanía), mientras que *ese* y *ahí* se utilizan en situaciones en las que la relación de lejanía no es relevante:

Cercanía al hablante	Lejanía del hablante
este, aquí	aquel, allí
ese, ahí	

En varios países americanos se reducen de otra forma las series ternarias a binarias: *este* y *acá* designan proximidad al hablante; *ese* y *allá* señalan lejanía: *Mira ese barco en alta mar* (en lugar de *aquel barco*). *Aquel* se reserva para usos literarios y para la deixis evocadora: *Aquellos días ya no volverán nunca más.*

Cercanía al hablante	Lejanía del hablante
este, acá	ese, allá

DETERMINANTES Y PRONOMBRES

Formas. El inventario de los demostrativos está formado por un conjunto de determinantes, pronombres y adverbios. Los correspondientes a las dos primeras categorías se distribuyen como sigue:

Determinantes				Pronombres
SINGULAR		PLURAL		
MASCULINO	FEMENINO	MASCULINO	FEMENINO	NEUTRO
este	esta	estos	estas	esto
ese	esa	esos	esas	eso
aquel	aquella	aquellos	aquellas	aquello

Debe evitarse el uso de *este, ese* y *aquel* ante nombres femeninos que empiezan por /a/ tónica (*este aula, ese águila, aquel agua, aquel hambre*). Se recomienda emplear las formas femeninas: *esta aula, esa águila, aquella agua.*

n

Determinantes demostrativos. La clasificación tradicional de los demostrativos diferenciaba dos inventarios: el de los determinantes (o adjetivos determinativos) y el de los pronombres. El primero estaba integrado por las formas masculinas y femeninas. El paradigma de los pronombres añadía, además, las formas del neutro (*esto, eso, aquello*). Desde esta perspectiva, los determinantes se anteponen siempre al sustantivo (*Se cayó ese libro*), mientras que los pronombres nunca lo preceden (*Ese se ha caído*).

Sin embargo, los demostrativos masculinos y femeninos reclaman la presencia del nombre elidido, necesario para explicar la concordancia y también la identificación del referente en ejemplos como *Estos [problemas] son difíciles; Ese [libro] se cayó*. Así pues, se piensa hoy generalmente que todos los demostrativos, excepto los neutros, son determinantes: unos afectan a un nombre explícito (*Este disco es fabuloso*) y otros, al nombre elidido (*Este Ø es fabuloso*). Cuando aparecen tras el núcleo nominal, se asimilan a los adjetivos, por lo que el grupo necesita de un determinante previo (*el día aquel*).

Los demostrativos neutros. *Esto, eso* y *aquello* carecen de variación numérica y son siempre pronombres. Su referente suele ser una entidad que no se desea nombrar o cuyo nombre se desconoce (*Dame eso*). También se utilizan para referirse a lo dicho o hecho en un contexto previo: *Esto no te lo consiento.*

Aquello alterna con el artículo neutro *lo* ante una oración de relativo: *Haré {aquello ~ lo} que sea necesario.* En esta posición pierde el sentido de 'lejanía', y, al igual que el artículo determinado, aporta un carácter definido a la expresión.

Usos anafóricos y usos catafóricos. Cuando los demostrativos *este* y *aquel* se refieren a grupos nominales ya aparecidos (USO ANAFÓRICO), *aquel* se vincula al más lejano y *este* al más cercano: *Tengo que hablar con el carpintero y con el electricista. Con este he quedado a las cuatro y con aquel a las cinco.* Aquí, *este* se refiere al electricista y *aquel* al carpintero. Si, por el contrario, hacen referencia a grupos nominales pospuestos (USO CATAFÓRICO), se utiliza el demostrativo *este* (*Los componentes del agua son estos: hidrógeno* y *oxígeno*).

Posición y combinaciones del demostrativo. Los demostrativos antepuestos al nombre imponen ciertas restricciones combinatorias:

a) Son incompatibles con el artículo determinado, puesto que ambos poseen el mismo carácter definido: **el este cielo.*

b) Pueden ir seguidos de algunos indefinidos, pero no de otros: *esos otros intentos, estas pocas cerezas, *aquellos algunos años.*

c) Solo pueden ir precedidos por el indefinido *todo: todos estos días.*

d) Son compatibles con un posesivo posnominal (*¡Este marido mío es un desastre!*) y, en la lengua literaria, también con el prenominal: *estos mis labios.*

e) Si aparece un numeral, se antepone al nombre y se pospone al demostrativo, y, en su caso, también al posesivo: *estos (mis) dos caballos.*

f) Al igual que el artículo, pueden preceder a grupos preposicionales con nombre elíptico: *el Ø de tu izquierda ~ este Ø de tu izquierda.*

Como se ha dicho, los grupos nominales que llevan demostrativos pospuestos exigen normalmente la presencia del artículo: *el reloj aquel*. El demostrativo se pospone al sustantivo y al adjetivo relacional (*el reloj digital aquel*), pero no necesariamente a los otros modificadores (*el teléfono móvil aquel que compramos en Canarias*).

Los demostrativos posnominales se comportan como modificadores adjetivos. Suelen ser enfáticos. Salvo en el uso evocador (*los años aquellos*) expresan distancia, ironía, menosprecio y otras connotaciones similares, sobre todo referidos a personas: *el individuo aquel, la familia esa.*

LOS ADVERBIOS DEMOSTRATIVOS

Definición y clasificación. Los ADVERBIOS DEMOSTRATIVOS identifican lugares, tiempos, modos, cantidades o grados. Poseen significado OSTENSIVO (lat. *ostendĕre* 'mostrar'), puesto que muestran o señalan los referentes a los que apuntan o a los que dirigen la atención (*Tenía una mancha aquí*). También pueden usarse como elementos anafóricos, si su referente los precede en un texto (*Vivió en París y allí la conoció*). Se agrupan en varias clases:

DE LUGAR: *aquí, ahí, allí, acá, allá;*

DE TIEMPO: *ahora, ayer, hoy, mañana, anteayer, anteanoche, anoche, entonces...* y locuciones como *pasado mañana;*

DE MODO O MANERA: *así;*

DE CANTIDAD O GRADO: *así, tanto.*

Los posesivos

DEFINICIÓN

Los POSESIVOS son determinantes y adjetivos que expresan posesión o pertenencia en relación con las personas gramaticales. Son, como los demostrativos, elementos deícticos: *nuestra ciudad, tus amigos, su lengua.*

FORMAS

Se distinguen los posesivos que preceden al nombre (*tus dedos, su habilidad*), que son átonos, de los que se posponen o aparecen en otras posiciones (*un amigo mío; Este libro es suyo*), que son tónicos. Las formas *nuestro/-a/-os/-as* y *vuestro/-a/-os/-as* aparecen en ambos paradigmas. En el tratamiento de respeto, las formas de segunda persona del discurso coinciden con las de tercera persona gramatical (*con el permiso de usted* > *con su permiso; con el permiso de él* > *con su permiso*). Las unidades *cuyo/-a/-os/-as* son posesivos antepuestos, pero incorporan, además, los valores de los relativos.

a) Posesivos átonos:

		1.ª pers. disc.	2.ª pers. disc.		3.ª pers. disc.	
UN SOLO POSEEDOR	**singular**	mi	tu	su	su	cuyo/-a
	plural	mis	tus	sus	sus	cuyos/-as
VARIOS POSEEDORES	**singular**	nuestro/-a	vuestro/-a	su	su	cuyo/-a
	plural	nuestros/-as	vuestros/-as	sus	sus	cuyos/-as

b) Posesivos tónicos:

		1.ª pers. disc.	2.ª pers. disc.		3.ª pers. disc.
UN SOLO POSEEDOR	**singular**	mío/-a	tuyo/-a	suyo/-a	suyo/-a
	plural	míos/-as	tuyos/-as	suyos/-as	suyos/-as
VARIOS POSEEDORES	**singular**	nuestro/-a	vuestro/-a	suyo/-a	suyo/-a
	plural	nuestros/-as	vuestros/-as	suyos/-as	suyos/-as

RASGOS DISTINTIVOS

Posición, tonicidad y función. Son los rasgos que diferencian los dos sistemas de posesivos. Los prenominales son, como se ha señalado, determinantes átonos (incluidos *nuestro, vuestro, cuyo* y sus variantes). Unidos a un sustantivo común, forman una expresión referencial (*nuestras ideas, su alegría*) y capacitan al grupo nominal para ejercer diversas funciones sintácticas (*Nuestras ideas evolucionan; Celebro tu éxito; Confío en sus habilidades*).

En otras posiciones, los posesivos son adjetivos tónicos. Admiten el artículo (*los nuestros*) y pueden funcionar como atributo (*Ese paraguas es suyo; Hago míos tus deseos*). Suelen rechazar los modificadores de grado (**Un sombrero bastante mío*), pero algunos los aceptan cuando se interpretan como adjetivos calificativos (*Es muy suyo* 'muy particular, muy especial').

Número. Los posesivos manifiestan dos tipos de información numérica:

a) Número de poseedores. Las unidades que expresan 'un solo poseedor' (*mi* y *mío, tu* y *tuyo*) se oponen a las que denotan 'varios poseedores' (*nuestro* y *vuestro*). No distinguen esta información *su, suyo* y *cuyo: su casa* puede aludir, en efecto, tanto a la casa de una persona como a la de varias. El número de poseedores no se refleja en la concordancia.

b) Número de entidades poseídas. Todos los posesivos, designen uno o más poseedores, presentan una variante singular y otra plural: *mi/mis, mío/míos, tu/tus, tuyo/tuyos, su/sus, suyo/suyos, nuestro/nuestros, vuestro/vuestros, cuyo/cuyos*. Esta información se manifiesta en la concordancia con el nombre (*nuestra casa, sus amigos*), por lo que se denomina NÚMERO MORFOLÓGICO.

Persona. Los posesivos son, junto con los pronombres personales, las únicas manifestaciones de los rasgos de PERSONA fuera de la flexión verbal. La persona expresada por los posesivos se refiere al poseedor, no a la cosa poseída. Este rasgo diferencia tres grupos de posesivos:

a) De primera persona: *mi, mío, nuestro*.

b) De segunda persona: *tu, tuyo, vuestro*.

c) De tercera persona: *su, suyo, cuyo*. Estos posesivos se refieren a la segunda persona del discurso cuando corresponden a *usted, ustedes: con la ayuda de ustedes* > *con su ayuda*. Esta es la interpretación predominante en América, donde para la tercera se prefiere *de él, de ella, de ellos, de ellas: con la ayuda de ella*.

Género. Los posesivos presentan flexión genérica, que se manifiesta en la concordancia con el nombre de la entidad poseída (*nuestro hijo/nuestra hija*). Dicha flexión aparece en *mío/mía, tuyo/tuya, nuestro/nuestra, vuestro/vuestra, suyo/suya, cuyo/cuya*. Son, en cambio, invariables en cuanto al género las formas apocopadas *mi, tu, su* (*mi abrigo, su gabardina*).

Ambigüedades. Los posesivos *su* y *suyo* poseen seis interpretaciones posibles: 'de él', 'de ella', 'de ellos', 'de ellas', 'de usted' y 'de ustedes', lo que puede dar lugar a situaciones de ambigüedad. Normalmente, el sentido se esclarece a partir de la información que aporta el contexto, pero también en las construcciones de duplicación (*Su amigo de usted*). Esta duplicación no es general en todo el ámbito hispánico y está marcada geográfica y socialmente.

FUNCIONAMIENTO GRAMATICAL DE LOS POSESIVOS

La diferencia fundamental entre los posesivos átonos y los tónicos radica en que los primeros, además de sustituir a los complementos del nombre (alternan *la casa de Ana* y *su casa*), son determinantes, mientras que los segundos se asimilan parcialmente a los adjetivos.

Los posesivos átonos. Son determinantes definidos, lo que condiciona su funcionamiento en aspectos como los siguientes:

a) No concurren en el español general con otros determinantes en una misma secuencia, pero lo hacían en la lengua antigua. Hoy, no obstante, pueden ir precedidos del artículo determinado en algunas áreas del español peninsular noroccidental (*el mi perro*) y admiten el indefinido en zonas de Centroamérica y del área andina (*una su ovejita*).

b) Pueden seguir a los demostrativos (*esta su casa*) en la lengua literaria, así como en algunas variedades del español hablado.

c) No se coordinan entre sí: **mi y tu hermano.*

d) Forman grupos nominales a los que puede anteponerse el cuantificador *todo* (*todos mis ahorros*), como ocurre con los demás determinantes definidos (*todos estos libros, todas las ideas, todos ellos*). Pueden ir seguidos de numerales (*sus tres nombres*), pero solo de algunos indefinidos: *tus {pocos ~ *algunos} años.*

e) A diferencia de otros determinantes definidos, no admiten la elipsis del nombre: **mi bicicleta de carreras y mi de paseo.*

Los posesivos tónicos. Al asimilarse en buena medida a los adjetivos, su comportamiento se opone en ciertos aspectos al de los posesivos antepuestos. Son destacables los siguientes rasgos:

a) Son compatibles con los determinantes: *{el ~ este ~ un ~ algún} amigo suyo.* En grupos encabezados por demostrativos, los posesivos pospuestos pueden adquirir connotaciones afectivas, como en *este hijo nuestro* o en *aquel amigo mío.*

b) Pueden coordinarse entre sí: *parientes suyos y míos.*

c) Precedidos de un determinante, admiten la elipsis del sustantivo: *la boda tuya y la (boda) suya.*

d) Pueden actuar como atributo: *Esa frase es nuestra; Lo consideran suyo.*

e) Admiten adverbios de grado con la interpretación 'característico o propio': *Esa es una expresión muy suya.*

f) Se combinan con determinantes neutros: *lo nuestro.*

g) Se usan en plural como sustantivos para hacer referencia a parientes, familiares y allegados y otros integrantes de algún grupo de individuos que se considera próximo al hablante: *cuando ataquen los nuestros, en compañía de los tuyos,* etc.

h) Son compatibles con los indefinidos, a diferencia de los posesivos antepuestos: *algunos amigos míos, cierta crónica suya* (**algunos mis amigos, *cierta su crónica*).

Alternancias en la posición

a) En grupos nominales usados como vocativos, el posesivo se suele posponer (*hijo mío, amigo mío*), aunque son frecuentes las alternancias (*mi vida / vida mía*).

b) En las expresiones interjectivas, la alternancia es habitual: *¡Mi madre! ~ ¡Madre mía!*

c) En las fórmulas de tratamiento, lo normal es la anteposición: *mi coronel, su ilustrísima, sus majestades, vuestra merced.* Son menos frecuentes los casos de posposición, como el de la fórmula *muy señor mío.*

d) Ambas posiciones alternan en numerosas locuciones: *a expensas suyas ~ a sus expensas; a gusto mío ~ a mi gusto; alrededor suyo ~ a su alrededor; de parte tuya ~ de tu parte; en contra suya ~ en su contra.*

LOS POSESIVOS Y LA NORMA

Existen ciertas construcciones problemáticas:

a) En las llamadas estructuras de POSESIVO DOBLADO O DUPLICADO se repite la información sobre el poseedor. Se distinguen dos variantes:

- Con posesivo átono y «*de* + grupo nominal» en posición posnominal: *su hermano de mi papá.*
- Con posesivo átono y posesivo tónico: *mi marido mío.*

> Aunque la primera está más difundida, ambas son de carácter popular y no han pasado a la lengua culta. Por el contrario, la construcción *su papá de él* no es redundante, ya que el complemento nominal precisa la información del posesivo: *su papá de él ~ su papá de ella ~ su papá de ellos ~ su papá de ellas ~ su papá de usted ~ su papá de ustedes.* *n*

b) Está muy extendida la posposición de posesivos tónicos a adverbios de lugar que seleccionan complementos con *de,* como *cerca, delante, detrás, encima* o *enfrente.* En relación con ello se obtienen estas tres pautas:

A. «adverbio + [*de* + pronombre personal]»: *delante de ella.*
B. «adverbio + posesivo tónico masculino»: *delante mío.*
C. «adverbio + posesivo tónico femenino»: *delante suya.*

> La variante *A*, perteneciente a la lengua común de todas las áreas, es la que se considera preferible y más recomendable. La *B* está muy difundida en muchos países, incluso en la lengua escrita, pero es rechazada por numerosos hablantes cultos. La *C* es la menos frecuente y la más desprestigiada. *n*

SIGNIFICADO DE LOS POSESIVOS

La relación de posesión puede interpretarse de formas muy diversas, casi tantas como admiten los complementos con *de* o el verbo *tener*. Pueden destacarse las siguientes:

a) Posesión en sentido estricto: *la billetera de Javier > su billetera.*

b) Pertenencia, inclusión o atribución: *la cumbre de la montaña > su cumbre.*

c) Parentesco u otras relaciones sociales de adscripción: *mi tío, nuestros amigos, tu jefe.*

d) Relaciones circunstanciales de proximidad o uso: *Hasta las cuatro no sale mi ómnibus; Su butaca está en la fila diez.*

e) Con sustantivos de naturaleza argumental (a menudo derivados de verbos), introducen un argumento relacionado con un sujeto (COMPLEMENTO SUBJETIVO): *la decisión de Luis > su decisión,* o con un complemento directo (COMPLEMENTO OBJETIVO): *la construcción del edificio > su construcción.*

12

Cuantificadores y numerales

La cuantificación y los cuantificadores

Cuantificar es expresar la medida de algo. Este proceso puede llevarse a cabo bien numéricamente (*tres flores*), bien con otras formas de estimación menos precisas (*mucho trabajo, dormir poco*).

Las nociones que se cuantifican son de tres tipos: INDIVIDUOS (entidades que se pueden enumerar, designadas por sustantivos contables: *dos libros*); MATERIAS O SUSTANCIAS (entidades que no se pueden enumerar), denotadas por sustantivos no contables (*mucha agua*); PROPIEDADES O PROCESOS, expresados a través de adjetivos (*más alta*) o verbos (*Vivió mucho*).

Se consideran CUANTIFICADORES aquellas palabras que expresan léxicamente cantidad. Constituyen una clase semántica de carácter transversal, que agrupa palabras pertenecientes a distintas categorías gramaticales, como sustantivos (*una docena de huevos*), adjetivos (*los primeros días*), determinantes (*pocos libros*), pronombres (*Nadie lo sabe*) o adverbios (*más lejos*).

Clases de cuantificadores

Atendiendo a su contenido, los cuantificadores se clasifican en numerales, cuando establecen algún tipo de cómputo basado en los números naturales, y no numerales, cuando la cuantificación se hace por otros procedimientos.

a) Los NUMERALES se subdividen en cardinales (*dos*), ordinales (*segundo*), fraccionarios (*medio*) y multiplicativos (*doble*).

b) Los no numerales pueden ser FUERTES O UNIVERSALES, como *ambos, cada, todo,* que abarcan la totalidad de los miembros de un conjunto, y DÉBILES O INDEFINIDOS, divididos, a su vez, en existenciales (*alguno, nada*), de indistinción (*cualquiera*) y evaluativos (*muchos, bastantes*). Se asimilan a los cuantificadores débiles los determinantes y adverbios comparativos (*más libros que él, menos caro que antes:* → pág. 248).

Los cuantificadores no numerales

CARACTERES MORFOLÓGICOS

El género y el número. Las propiedades morfológicas de los cuantificadores del español no son homogéneas:

a) Ciertos cuantificadores poseen flexión de género y número, y admiten usos neutros: *cuánto pan, pocas amigas; Come mucho* [neutro].

b) Otros presentan flexión de número, pero no de género, como *bastante* y *cualquiera: bastantes disgustos, cualquier familia.*

c) Algunos, por el contrario, tienen flexión de género, pero no de número, como *ambos* o *sendos: ambos jinetes con sendas yeguas.*

d) Tienen forma única *algo, alguien, cada, más, menos, nada, nadie.*

Pero, incluso entre los cuantificadores del último grupo, los de forma única, el comportamiento no es uniforme. Así:

a) Los neutros *algo* y *nada* tienen género inherente y fuerzan la concordancia en masculino singular: *Le regaló algo muy bonito.*

b) *Alguien* y *nadie* tienden a concordar en masculino, aunque se documentan también las combinaciones con femenino, que son igualmente correctas: *nadie más {alto ~ alta} que ella.*

c) *Cada* puede acompañar a sustantivos masculinos o femeninos en singular (*cada libro, cada mañana*) y, en plural, cuando les precede un numeral cardinal: *cada tres meses, cada seis metros.*

d) *Más* y *menos* preceden a sustantivos masculinos y femeninos en singular y plural: *más pan, más casas, menos vino, menos libros.*

La apócope. Diversos cuantificadores poseen variantes apocopadas (es decir, con pérdida de un segmento final):

a) *Cuanto, cuánto, mucho* y *tanto* se apocopan en *cuan, cuán, muy* y *tan* ante adjetivos y adverbios: *Es {muy ~ *mucho} lista.*

b) Como determinantes masculinos, el numeral *uno* y los indefinidos *alguno* y *ninguno* adoptan, respectivamente, las formas *un*, *algún* y *ningún* cuando preceden a un nombre: *{un ~ algún ~ ningún} niño*. No se apocopan las formas femeninas *una*, *alguna* y *ninguna*, salvo si preceden inmediatamente a sustantivos que empiezan por /a/ tónica: *algún arma*.

Aunque se prefieren las formas apocopadas de los sustantivos femeninos que comienzan por /a/ tónica (*algún arma*), se consideran igualmente correctas las formas sin apócope (*alguna arma*). Si un adjetivo interfiere entre el cuantificador y el nombre, aparece la forma plena del cuantificador: *alguna posible arma homicida*. *n*

c) El cuantificador *cualquiera* se apocopa ante sustantivos masculinos y femeninos: *cualquier día, cualquier persona*.

CATEGORÍA GRAMATICAL

No todos los cuantificadores pertenecen a la misma categoría gramatical. Algunos son pronombres (*alguien, algo, nadie, nada*); otros, determinantes (*cada* y *sendos*). La mayoría pueden ser pronombres (*Muchos vinieron*), determinantes (*muchos niños*) y adverbios (*Vienen mucho*). *Cuan, cuán, muy* y *tan* son adverbios. Por su parte, *algún, ningún* y *cualquier* son determinantes.

LOS CUANTIFICADORES FUERTES O UNIVERSALES

Los cuantificadores *ambos, cada (uno), sendos* y *todo* se denominan FUERTES O UNIVERSALES porque abarcan la totalidad de los miembros de un conjunto. Suelen rechazarse como complemento del verbo *haber*, a diferencia de los llamados *débiles*: *Aquí hay {*todos los papeles ~ varios papeles}*.

Todo. Tiene flexión de género y número (*todo/-a/-os/-as*). Suele anteponerse a otros determinantes: *todo el día, todas mis cosas*. También se antepone a nombres propios que implican extensión (*toda América*) y a los pronombres personales (*todos ellos*). Adquiere valor ponderativo en construcciones como *Mi amigo era todo corazón; La obra fue todo un éxito*. Ante un nombre en singular, suele expresar valor genérico: *todo hombre*. Cuando precede a un adjetivo o un adverbio, posee una interpretación cercana a la de *completamente*: *Estaba toda asustada*.

Cada. Es siempre determinante e invariable. Precede a sustantivos contables en singular (*cada hombre*); también a grupos con numerales (*cada dos días*) o con otros indefinidos (*cada poco tiempo*). Se refiere de manera individualizada a todos los componentes de un conjunto, sea con carácter distributivo (*Cada estudiante preparó un tema*) o no distributivo (*Iba a la oficina cada día*). Da lugar a cuantificadores complejos de carácter pronominal: *cada cual, cada uno, cada quien.*

Ambos y sendos. Poseen flexión de género (*ambos/-as; sendos/-as*), pero no de número, ya que solo tienen forma plural. Se usa *ambos* como determinante (*ambos hermanos*) y como pronombre (*Ambos lo sabían*); *sendos*, solo como determinante. No tienen el mismo sentido, pues *ambos* significa 'los dos', mientras que *sendos* es distributivo y equivale a 'uno cada uno' (*Llegaron tres músicos portando sendos instrumentos*).

> Es erróneo atribuir a *sendos* el valor de *ambos* o de *los dos*, como en *La selección ganó por dos a cero y Armando marcó sendos goles* (donde corresponde decir *ambos goles* o *los dos goles*). *n*

LOS CUANTIFICADORES DÉBILES O INDEFINIDOS

Los cuantificadores DÉBILES no incluyen en su designación a la totalidad de los miembros de un conjunto. Se diferencian tres tipos: los existenciales, los de indistinción y los evaluativos.

Los cuantificadores existenciales. Los cuantificadores *alguien, algo, alguno, nadie, nada, ninguno* son llamados EXISTENCIALES porque aluden a la existencia o inexistencia de una persona o cosa. Son positivos (*alguien, alguno* o *algún, algo*) y negativos (*nadie, ninguno* o *ningún, nada*). Se refieren a personas (*alguien, nadie*), a cosas (*algo, nada*) o a ambos tipos de entidades (*alguno, ninguno*). *Alguien* y *nadie* son siempre pronombres (*Alguien canta; Nadie lo sabe*). Las formas apocopadas *algún* y *ningún* son determinantes (*algún motivo, ningún dolor*). *Alguno* y *ninguno* pueden ser determinantes (*algunos socios*) o pronombres (*Ninguno quiso hablar*). *Algo* y *nada* son pronombres (*Ellos sabían algo; No dijo nada interesante*) o adverbios (*algo débil, nada hábil*).

Los cuantificadores de indistinción o de elección libre. Denotan un elemento indiferenciado entre los componentes de algún conjunto. El principal cuantificador DE INDISTINCIÓN es *cualquiera*, que tiene flexión de número (*cualesquiera*), pero no de género. Se combina habitualmente con nombres contables y se pospone a grupos nominales no definidos (*Un día cualquiera*). Puede encabezar CONSTRUCCIONES PARTITIVAS (*cualquiera de ellos*). La forma apocopada *cualquier* es determinante (*cualquier día*).

Los cuantificadores evaluativos. Los cuantificadores EVALUATIVOS expresan una cantidad que se interpreta como inferior o superior a una norma o una expectativa (*poca agua, mucho público*). Los más comunes son *mucho, poco, bastante* y *demasiado*. A ellos se añade *harto*, muy común en algunos países americanos, así como el relativo *cuanto* y el interrogativo *cuánto*. Hay también algunos complejos, como *un poco, un tanto, unos cuantos*. Pueden ser determinantes (*bastantes esfuerzos*), pronombres (*Han asistido bastantes*) o adverbios (*Salen bastante*).

Los numerales

CARACTERIZACIÓN Y CLASES

Son un tipo de cuantificadores que establecen algún cómputo basado en los números naturales.

Existen cuatro tipos de numerales: CARDINALES, ORDINALES, FRACCIONARIOS y MULTIPLICATIVOS. Algunos pueden ser comunes a varias clases. Así, *catorce* es cardinal en *catorce resultados*, pero ordinal en *el piso catorce; cuarto* es ordinal en *el cuarto día*, pero es sustantivo fraccionario en *un cuarto de kilo*.

LOS NUMERALES CARDINALES

Proporcionan la medida numérica de un grupo de entidades: dos *horas*, doce *galletas*, cien *monedas*.

Características formales

a) Formación. Adoptan distintas soluciones:

- Poseen formas no segmentables del 0 al 15 (*uno, tres, diez, quince*), además de *cien, quinientos, mil* y sustantivos como *millón* o *millardo*.
- Los múltiplos de *diez* inferiores a *cien* tienen la terminación *-nte* (*veinte*) o *-nta* (*treinta, cuarenta...*).
- Los cardinales complejos comprendidos entre el 16 y el 29 son compuestos univerbales: *dieciséis, veintiuno*.
- Del 31 al 99 son compuestos pluriverbales o univerbales, formados con la conjunción *y* (*treinta y tres* o *treintaitrés*).
- Los múltiplos de *cien* son univerbales: *doscientos, trescientos*. Si *cien* va seguido de otro cardinal, toma la forma *ciento: ciento dos*.
- Los múltiplos de *mil* adoptan formas yuxtapuestas, pero con separación gráfica (*dos mil, veintitrés mil*).

b) Flexión de género y número. Solamente poseen flexión de género *uno/una* y sus derivados (*veintiuno/-a*), así como los múltiplos de *cien: doscientos/-as, quinientos/-as, novecientos/-as* y sus compuestos.

> En las formas compuestas, el femenino *una* puede adoptar la variante *un* ante sustantivos comenzados por /a/ tónica, por lo que es válida la alternancia *ciento {un ~ una} águilas*. También lo es en los compuestos en los que *una* precede a *mil: veintiuna mil páginas* o *veintiún mil páginas*. En los demás casos debe usarse *una*. Son, pues, incorrectas expresiones como *veintiún páginas* o *cuarenta y un semanas*, frente a *veintiuna páginas* o *cuarenta y una semanas*. *n*

Los cardinales son invariables en cuanto al número. Los superiores a la unidad concuerdan siempre en plural: *tres meses, treinta y dos autos*.

> No son correctas las construcciones en las que los cardinales complejos que contienen *un* o *una* en posición final preceden a un sustantivo en singular, como *doscientos un soldado* o *veintiuna vez*. Deben usarse en su lugar las formas correctas *doscientos un soldados, veintiuna veces*. *n*

Usos de los cardinales. Clases de palabras a las que corresponden

a) Los numerales cardinales son determinantes cuando preceden a sustantivos, normalmente contables: *cuatro botellas, veinte vasos*. Cuando se posponen, se asimilan a los ordinales: *la vuelta dieciséis* equivale a *la vuelta decimosexta*.

b) Son sustantivos *par, docena, decena, cincuentena, centena* o *centenar, millar, millón, millardo, billón*. A ellos se añaden *ciento* y *mil* cuando equivalen a *centenar* y *millar*, respectivamente (*varios cientos de personas*).

c) En casos del tipo *Esperaba muchas cartas, pero solo llegaron tres*, pueden interpretarse como pronombres o como determinantes de grupos nominales sobrentendidos (*... pero solo llegaron tres Ø*).

LOS NUMERALES ORDINALES

Indican el lugar que ocupa una determinada unidad en una serie: *segundo, tercero, duodécimo, trigésimo séptimo, centésimo*. Se consideran cuantificadores solo indirectamente, puesto que no indican cantidad, sino orden.

Rasgos formales

a) Muestran flexión de género y número: *primero/-a/-os/-as*.

b) Del 1.º al 10.º poseen formas simples: *primero, décimo*. Para las decenas se usa la terminación *-gésimo* y sus variantes flexivas: *vigésima, nonagésimo*. Para las centenas, *-centésimo* o *-gentésimo: ducentésimo, quingentésimo, sexcentésimo,* aunque son de escaso uso. Los correspondientes a *mil, diez mil, cien mil* y *un millón* son, respectivamente, *milésimo, diezmilésimo, cienmilésimo* y *millonésimo*. Los demás se forman por yuxtaposición: *centésimo vigésimo quinto* (125.º).

- En los comprendidos entre el 13.º y el 29.º se prefiere la escritura en una sola palabra: *decimotercero, vigesimoctava* (aunque no son incorrectas *décimo tercero* y *vigésima octava*).
- Las formas *decimoprimero* y *decimosegundo,* en otro tiempo rechazadas, se admiten hoy en convivencia con *undécimo* y *duodécimo.*

c) Los ordinales *primero, tercero* y *postrero,* y sus derivados, adoptan las formas apocopadas *primer, tercer* y *postrer* solo cuando preceden a un sustantivo masculino: *el postrer esfuerzo, el decimoprimer día.*

Usos de los ordinales. Clases de palabras a las que corresponden

a) Se asimilan a los adjetivos calificativos, ya que pueden aparecer antepuestos o pospuestos al nombre: *las dos primeras semanas* ~ *las primeras dos semanas*. Son compatibles con los cardinales.

b) Suelen aparecer en grupos nominales definidos (*el tercer intento*), pero no rechazan los indefinidos (*Hubo un tercer intento*).

c) Se usan como sustantivos en algunos contextos: *Son alumnos de segundo* (se entiende *curso*).

d) El ordinal *primero* puede ser adverbio, como en *Marta terminó primero,* frente a *Marta terminó primera* [adjetivo].

LOS NUMERALES FRACCIONARIOS

Se llaman también PARTITIVOS y aluden a fracciones de una unidad segmentable: *medio, tercio, doceavo, treintaisieteavo, centésimo*. Designan entidades contables y se distribuyen en dos series: adjetivos y sustantivos. Los primeros adoptan forma femenina y, salvo *medio/-a,* suelen ir seguidos del sustantivo *parte* (*la cuarta parte*). Los segundos se adhieren al masculino, con algunas excepciones, como *una décima, una centésima, una milésima*. Las formas de los numerales fraccionarios son las siguientes:

a) Para expresar la fracción 1/2, como adjetivo, se usa *medio/-a* ante cualquier nombre contable: *medio pastel, media naranja*. Como sustantivo, se emplean *medio* o *mitad: un medio, la mitad de la plantilla*. Para 1/3, como sustantivo, se usa *tercio: un tercio del sueldo*.

b) Entre 1/3 y 1/10 coinciden con los ordinales respectivos, tanto cuando son adjetivos (*la tercera, cuarta, quinta... parte*), como cuando son sustantivos (con la excepción de *tercio*): *un cuarto, un quinto, un sexto... de litro*. También se da dicha coincidencia formal entre *la centésima, milésima* o *millonésima parte* y *una décima, una centésima, una milésima de segundo* (en algunos países americanos se usan las formas masculinas *un décimo, un centésimo, un milésimo*).

c) A partir de 1/11 se forman adjetivos con la terminación *-ava* (*la onceava, doceava, veinteava, treintava... parte*) y sustantivos con *-avo* (*un onceavo, un doceavo, un veinteavo... de los habitantes*). También se usan en ocasiones las formas de los ordinales: *la undécima, duodécima, vigésima, trigésima... parte; un undécimo, un duodécimo, un vigésimo... del total*.

Se considera incorrecto usar los numerales fraccionarios con el valor de los ordinales. Por ejemplo, no debe decirse *la veinteava vez*, sino la *vigésima vez*. *n*

LOS NUMERALES MULTIPLICATIVOS

Expresan el resultado de multiplicar una cantidad por un número natural: *doble, triple, cuádruple, duodécuplo, céntuplo*. He aquí sus rasgos más significativos:

a) Algunos tienen formas propias en *-ble* (*doble*) o en *-ple* (*triple, cuádruple, quíntuple, séxtuple*). Se usan muy poco otros como *séptuple* y *óctuple*, así como las formas en *-plo* (*duplo, cuádruplo, quíntuplo, séxtuplo, óctuplo*).

b) Poseen uso adjetivo (*doble vuelta de llave*) y sustantivo (*el doble de comida*).

c) Para expresar los contenidos multiplicativos, es habitual el uso de fórmulas analíticas construidas con el sustantivo *veces* y el cuantificador *más: siete veces más*.

13

Relativos, interrogativos y exclamativos

Características de relativos, interrogativos y exclamativos

RELATIVOS

Los RELATIVOS forman una clase limitada y cerrada de palabras, átonas en su mayoría, que presentan un valor referencial de carácter anafórico, desempeñan una función sintáctica (casi siempre oracional) y ejercen, además, un papel relacional similar al de las conjunciones de subordinación.

a) VALOR ANAFÓRICO. Uno de los rasgos esenciales de los relativos es el de poseer el mismo referente que una expresión previa o implícita en el contexto, su ANTECEDENTE. En *la felicidad que te desea, la felicidad* es el antecedente del relativo *que*. Existen contextos en los que el antecedente del relativo no está expreso: *Quien* (es decir, 'el que, la persona que') *lo probó lo sabe; Está donde* (esto es, 'en el lugar en que') *lo has dejado.*

b) FUNCIÓN SINTÁCTICA. Los relativos contraen una función sintáctica, normalmente dentro de la oración que introducen. Esta función es la misma que desempeñaría su antecedente si estuviera en su lugar: *la casa que compró* (CD de *compró*, como en *Compró la casa*).

c) VALOR SUBORDINANTE. Los relativos subordinan la oración que introducen. Cuando tienen antecedente expreso, la oración relativa se comporta como un modificador nominal, por lo que recibe también el nombre de SUBORDINADA ADJETIVA: *una imagen que deprime ~ una imagen deprimente*. Cuando el antecedente no está expreso, se denominan subordinadas de relativo sin antecedente o RELATIVAS LIBRES, y se asimilan a los grupos nominales o preposicionales: *Quien lo ha visto lo ratifica* ~ *La persona que lo ha visto lo ratifica; Está donde lo dejé* ~ *Está en el lugar donde lo dejé.*

d) Posición sintáctica. Los relativos se sitúan siempre al comienzo de la oración en la que aparecen. Sin embargo, a menudo arrastran a esa posición inicial a otras palabras, con las que forman grupos relativos. Así, al igual que *del libro* es complemento del sustantivo *prólogo* en *Revisé el prólogo del libro,* también el grupo relativo *del que* es complemento de *prólogo* en *El libro del que revisé el prólogo.*

INTERROGATIVOS Y EXCLAMATIVOS

Aunque, a diferencia de la mayoría de los relativos, los interrogativos y los exclamativos son tónicos, lo mismo que ellos constituyen una clase limitada y cerrada de elementos que están dotados de valor referencial y que contraen una función sintáctica, casi siempre en la oración que introducen. Cuando esta oración depende de un predicado, interrogativos y exclamativos poseen valor subordinante, también como los relativos, y dan lugar a oraciones interrogativas y exclamativas indirectas:

a) Valor referencial. Los componentes de esta clase poseen capacidad denotativa, pero no son propiamente anafóricos, ya que no se refieren a una entidad mencionada previamente:

¿*Quién* mató al comendador? ¡*Quién* supiera escribir!
¿*Cómo* vive? ¡*Cómo* vive!

b) Función sintáctica. Desempeñan en la oración que introducen una función sintáctica acorde con la categoría a la que pertenecen. Así, *qué* es complemento directo (CD) de *dijo* en *No recuerdo qué me dijo,* y *cómo* es complemento circunstancial (CC) en ¿*Cómo lo haces?*

c) Valor subordinante. Pueden aparecer tanto en oraciones autónomas o independientes como en oraciones subordinadas (interrogativas y exclamativas indirectas). En este último caso, ejercen un papel subordinante, pero, a diferencia de lo que ocurre con las relativas, el resultado no es una oración subordinada adjetiva, sino sustantiva:

Veíamos *cómo tejían* [en cursiva, interrogativa de CD]
No imaginas *cómo vive* [en cursiva, exclamativa de CD]
No importa *quién haya sido* [en cursiva, interrogativa de sujeto]

d) Posición sintáctica. A diferencia de los relativos, los interrogativos pueden aparecer bien al comienzo de su oración (¿*Qué le dijiste?*), bien en la posición en la que ejercen su función sintáctica (¿*Le dijiste qué?*). Los interrogativos y los exclamativos constituyen asimismo grupos sintácticos paralelos a los relativos. Así, la expresión subrayada en *No te imaginas de qué extraña manera me miraba* es un grupo preposicional exclamativo situado al comienzo de una exclamativa indirecta.

RELATIVOS, INTERROGATIVOS Y EXCLAMATIVOS. SEMEJANZAS Y DIFERENCIAS

Semejanzas. El parentesco semántico, funcional y relacional de los relativos con los interrogativos y exclamativos da lugar a dos sistemas que presentan gran paralelismo. Se componen prácticamente de las mismas unidades. Los dos conjuntos constituyen clases transversales, por lo que algunos de sus componentes se hallan adscritos a varias categorías, como es el caso del relativo *cuanto* y de las formas tónicas *qué* y *cuánto*.

Relativos, interrogativos y exclamativos comparten también propiedades de contenido, puesto que las formas átonas y las correspondientes tónicas designan las mismas clases semánticas: hacen referencia a personas (*quien, quién*), cosas (*que, qué*), lugares (*donde, dónde*), maneras (*como, cómo*), tiempos (*cuando, cuándo*) y cantidades o grados (*cuanto, cuánto*).

Diferencias. Los relativos presentan asimismo diferencias con los interrogativos y exclamativos:

a) Los relativos, con la excepción de *el cual*, son normalmente átonos; los interrogativos y exclamativos son siempre tónicos.

b) Los relativos poseen antecedente (expreso o tácito); los interrogativos y exclamativos carecen de él.

c) Los interrogativos y los exclamativos pueden aparecer en oraciones independientes (*¿Quién habla?; ¡Quién lo tuviera!*); los relativos, por el contrario, siempre introducen subordinadas.

d) Las oraciones subordinadas formadas con interrogativos y exclamativos son sustantivas; las subordinadas de relativo con antecedente nominal son adjetivas y forman grupos nominales, preposicionales o adverbiales cuando el antecedente no está expreso.

e) Los relativos son compatibles con los sujetos antepuestos al verbo (*Cosas que la gente dice*); los interrogativos y los exclamativos no lo son (**¡Qué cosas la gente dice!*), excepto en algunas variedades del español caribeño (*¿Qué tú dices?*) y de otras áreas (*¿Qué vos dijiste?*).

INVENTARIOS

Paradigma de los relativos. Está constituido por ocho unidades, que presentan variantes formales y también categoriales. Los relativos *cuyo* y *cuanto* tienen flexión de género y número; *quien* y *cual* solo varían en número; todos los demás son invariables. Pertenecen a una sola categoría *que, cuyo, quien, cuando, como* y *donde*, mientras que el resto de los relativos se incluyen en más de una:

<table>
<tr><th>Determinantes</th><th>Pronombres</th><th>Adverbios</th></tr>
<tr><td></td><td>que ~ «art. + que»</td><td>donde</td></tr>
<tr><td>cuyo/-a/-os/-as</td><td>quien/-es</td><td>cuando</td></tr>
<tr><td colspan="2">«art. + cual/-es»</td><td>como</td></tr>
<tr><td colspan="2">cuanto/-a/-os/-as</td><td>cuanto</td></tr>
</table>

Que (pronombre): *el tiempo que perdemos.*
«Art. + *que*» (pronombre): *las causas por las que no viene.*
«Art. + *cual*» (pronombre): *un objetivo por el cual dan la vida.*
«Art. + *cual*» (determinante) [poco usado hoy]: *por las cuales causas yo dimití.*
Quien (pronombre): *los muchachos a quienes defiende.*
Cuyo (determinante): *Son fenómenos cuya causa desconocemos.*
Donde (adverbio): *la ventana por donde mira al mundo.*
Cuando (adverbio): *los tiempos cuando íbamos a la escuela.*
Como (adverbio): *No juega como jugaba.*
Cuanto (determinante): *Lo transmite a cuantos países hay en el mundo.*
Cuanto (pronombre): *Desprecia cuanto ignora.*
Cuanto (adverbio): *Trabajó cuanto pudo.*

Paradigma de los interrogativos y exclamativos. Presenta las siguientes unidades:

<table>
<tr><th>Determinantes</th><th>Pronombres</th><th>Adverbios</th></tr>
<tr><td colspan="3">qué</td></tr>
<tr><td>[cúyo]</td><td>quién/-es</td><td>dónde, cuándo</td></tr>
<tr><td colspan="2">cuál/-es</td><td>[cuál], cómo</td></tr>
<tr><td colspan="2">cuánto/-a/-os/-as</td><td>cuánto ~ cuán</td></tr>
</table>

Si se exceptúan algunas regiones de América, *cuán* queda restringido al ámbito literario. *Cúyo* ha desaparecido del uso y resulta arcaico el empleo exclamativo de *cuál* como adverbio (por ello aparecen entre corchetes en el cuadro). No existe total coincidencia de usos entre interrogativos y exclamativos, como se puede comprobar:

	INTERROGATIVOS	EXCLAMATIVOS
Qué (det.)	*¿Qué día vendrán?*	*¡Qué día tan maravilloso!*
Qué (pron.)	*¿Qué dicen?*	*¡Qué dices!*
Qué (adv.)	[No usado]	*¡Qué fácil parece!*
Cuánto (det.)	*¿Cuánto dinero cuesta?*	*¡Cuánto miedo han pasado!*
Cuánto (pron.)	*¿Cuánto se ha gastado?*	*¡Cuánto gasta!*
Cuánto (adv.)	*¿Cuánto ha sufrido?*	*¡Cuánto sufre!*
Cuán (adv.)	*¿Cuán lejos está de aquí?*	*¡Cuán lejos viven!*
Cuál (det.)	*¿Cuál vida prefieres?*	[No usado]
Cuál (pron.)	*¿Cuáles son tus libros?*	[No usado]
Cuál (adv.)	[No usado]	*¡Cuál gritan esos malditos!*
Cómo (adv.)	*¿Cómo vive?*	*¡Cómo vive!*
Quién (pron.)	*¿Quién es el comandante?*	*¡Quién pudiera asistir!*
Cuándo (adv.)	*¿Cuándo es la reunión?*	*¡Cuándo nos veremos!*
Dónde (adv.)	*¿Dónde están las llaves?*	*¡Dónde hemos caído!*

Descripción de los relativos

LOS RELATIVOS *QUE*, *QUIEN*, *CUAL* Y *CUYO*

Poseen características formales, sintácticas y semánticas diferentes, por lo que a continuación se realiza una descripción individualizada de cada uno de ellos.

Que. El relativo *que* es un pronombre invariable en género y número. Puede referirse a seres animados y no animados. *Que* contrae en la oración subordinada funciones propias de los grupos nominales: *los amigos que* [Suj.] *no vuelven; la balada que* [CD] *ha compuesto; la señal con que* [término de preposición] *nos avisa.* Cuando el relativo va precedido del artículo determinado y el antecedente está expreso, ambos forman los llamados RELATIVOS COMPLEJOS: *el que, la que, lo que.*

Cuando hay antecedente expreso, la preposición que precede al relativo complejo forma con él un GRUPO RELATIVO, que ejerce una función sintáctica en la oración subordinada: *las amigas [[a las que* (CD)*] invitó]; los compañeros [[de los que* (CR)*] se acuerda]; el bisturí [[con el que* (CC)*] operaba].* Esta preposición se puede elidir en ocasiones: en los CD animados (*los amigos que recuerda ~ los amigos a los que recuerda*); en los CC de tiempo, especialmente si su antecedente no necesita preposición (*el día (en) que llegó, el año (en) que emigraron*).

Cuando el antecedente y el relativo llevan la misma preposición, en el habla coloquial se tiende a suprimirla delante de este último (*Saludó con la gracia que siempre saluda*) pero lo aconsejable es mantenerla (*Saludó con la gracia con la que siempre saluda*). *n*

Quien. El relativo *quien* es un pronombre que presenta variación de número (*quien/quienes*). Carece de flexión de género, pero este se manifiesta en la concordancia con el atributo: *quienes estaban {contentas/contentos}*. Hace referencia a personas, a instituciones o a cosas personificadas: *las hermanas por quienes tanto ha luchado; Fue la propia empresa quien decidió cerrar.* Es frecuente la personificación de nombres de animales, como en *un perro por quien sentía un gran afecto.*

En cuanto pronombre, está capacitado para aparecer en los contextos propios del grupo nominal: *Quien* [Sujeto] *bien te quiere te hará sufrir; No olvides a quienes* [CD] *te han ayudado,* etc.

Puede construirse con antecedente expreso o sin él. En el primer caso forma oraciones subordinadas adjetivas (*los familiares de quienes tanto habla*). En el segundo, la construcción de relativo entera constituye una relativa libre, asimilable, como se ha explicado, a un grupo nominal (*Quienes lo vieron dan fe*).

Como en el caso de *que*, si *quien* viene precedido de una preposición, esta puede afectar:

a) A toda la oración de relativo. Esto sucede cuando no hay antecedente y la relativa es libre: *Mis palabras son para [quienes me comprenden].*

b) Solamente al relativo. En este caso posee antecedente expreso: *Los seres [[por quienes] se sacrifica].*

En las relativas libres *quien* alterna con *el que* y sus variantes: *Esto es para {el que ~ quien} lo quiera.* No se da la alternancia si la oración de *quien* depende de *haber, tener* y unos pocos verbos más (*No tenía con quién hablar*), ya que el pronombre adquiere valor indefinido en estos contextos.

Quien puede introducir relativas explicativas (*Ha colmado la paciencia de su jefe, quien no dudará en despedirlo*) y especificativas, en las que solo aparece cuando va precedido de preposición:

No conozco al profesor {*de quien ~ del que*} me hablas
No conozco al profesor {*que ~ *quien*} va a dar la conferencia

Cual. El relativo *cual* presenta flexión de número (*cual/cuales*). Solo se usa precedido del artículo determinado, que le permite mostrar también las variantes de género (*el cual/la cual/lo cual/los cuales/las cuales*). Han desaparecido prácticamente sus usos como determinante (*por los cuales excesos*), pero mantiene su valor como pronombre:

a) No encabeza relativas sin antecedente expreso: *{Quien ~ El que ~*El cual} es feliz no necesita nada*.

b) Al igual que *quien*, aparece en relativas explicativas, con preposición o sin ella: *Hablaba con Mario, el cual parecía ausente*. Solo introduce subordinadas especificativas si lleva preposición. Esta preposición afecta al papel que el relativo desempeña dentro de la subordinada: *los amigos [[con los cuales] se divierte]*.

> Se desaconseja el empleo de la fórmula *lo cual que*, propia del español coloquial europeo: *Ya ha agotado todos los recursos; lo cual que no hay nada que hacer*. *n*

Cuyo. Es un determinante relativo con valor posesivo que tiene flexión de género y número. Concuerda con el sustantivo sobre el que incide, no con el antecedente: *Un niño cuya vivacidad nos asombra*. Puede alternar con *del cual, de la cual,* etc. (o, más esporádicamente, con *del que, de la que...*) en casos como *un estanque {en cuyo centro ~ en el centro del cual} había un surtidor*. Apenas se usa *cuyo* en los registros informales; casi ha desaparecido de la lengua oral, e incluso de la periodística en algunos países.

> Se percibe una marcada tendencia en los registros informales a sustituir *cuyo* por la combinación formada por *que* y un posesivo –uso que se denomina QUESUISMO– o un artículo: *Tengo un amigo que {a su ~ al} padre le gusta escribir*, en lugar de *Tengo un amigo a cuyo padre le gusta escribir*, opción que se recomienda. *n*

RELATIVOS ADVERBIALES

Características. Los ADVERBIOS RELATIVOS aportan los significados genéricos 'lugar', 'tiempo' y 'modo'. Forman oraciones de relativo especificativas y explicativas con antecedente nominal (*la cancha donde juegan, los momentos cuando más se deprime, la manera como nos mira*) o adverbial (*allí donde nos lleve la vida; Ahora, cuando estaba bien, se cae; Lo describo así como lo veo*).

Cuando carecen de antecedente explícito, introducen relativas libres y, dentro de ellas, contraen normalmente la función de complemento circunstancial. Así, el adverbio relativo *donde* es CC de *encontraron* en *Se quedaron a vivir donde encontraron agua y buenos pastos.*

Donde. Los únicos adverbios relativos de lugar que se conservan son *donde* y su compuesto *adonde ~ a donde*. Sus antecedentes suelen tener sentido espacial, que a veces se obtiene de un modo figurado: *Es un relato donde hay un solo protagonista.*

- Se recomienda evitar expresiones como *proyectos donde* (por *en los que*), *en decisiones políticas donde* (por *en las que*), etc., pues en ellas *donde* aparece con antecedente no locativo.
- Aun siendo redundante, la combinación *en donde* se considera correcta para expresar ubicación: *Te metes en donde no te llaman*. Para indicar el término de una trayectoria, alternan *donde, adonde* y *a donde* (*Acababa de llegar {donde ~ adonde ~ a donde} me habían citado*). Por ello, no es justificable el uso de *adonde* o *a donde* con sentido de ubicación, como en *El libro estaba adonde lo había dejado*, en lugar de la correcta *El libro estaba donde lo había dejado*.

n

Cuando. El adverbio relativo *cuando* equivale aproximadamente a 'en el tiempo o en el momento en que'. Se emplea mucho más encabezando relativas libres (*Lo haré cuando pueda*) que con antecedente expreso: *Recuerdo aquellos veranos cuando íbamos a la playa*. Con todo, la presencia de antecedente es más habitual en las relativas explicativas, como en *ni siquiera ahora, cuando ya ha acabado todo.*

Como. Este adverbio relativo encabeza sobre todo relativas libres: *Lo dice como lo diría una princesa*. En las relativas con antecedente expreso, este suele limitarse a los sustantivos *forma, manera* y *modo* (*Aprendió la forma como opera*) o los adverbios *así, tal* e *igual* (*Lo hizo tal como le enseñaron*). En construcciones como *Hay que terminar pronto, como dice el director*, el antecedente es la oración subrayada.

EL CUANTIFICADOR RELATIVO *CUANTO*

Expresa una cantidad, equivalente a la manifestada por *tanto* o *todo*, sus posibles antecedentes. Con variación de género y de número (*cuanto/-a/-os/-as*), puede ser determinante (*Recibe a cuantos alumnos se lo piden*) o pronombre (*Desprecia cuanto ignora*). Como forma invariable, es adverbio (*Habló cuanto quiso*). Presenta equivalencia con «artículo determinado + *que*» (más frecuente en el uso que *cuanto*): *Recuerda {cuanto ~ lo que} le dijimos; Gracias por {cuanto ~ lo que} nos has hecho reír.*

RELATIVOS INESPECÍFICOS

Los RELATIVOS INESPECÍFICOS son palabras compuestas formadas por un relativo y la forma verbal gramaticalizada *-quiera*. Integran el paradigma *quienquiera, comoquiera, dondequiera* (con su variante arcaizante *doquiera*), *adondequiera* y *cuandoquiera*. También *cualquiera* cuando va seguido de una relativa especificativa (*cualquiera que lo sepa*), pero no en otros casos (*Eso lo sabe cualquiera*). Suelen denotar personas o cosas no identificadas y su significado equivale aproximadamente a 'sea quien sea', 'sea como sea', etc.

El segmento *-quiera* que integra estos compuestos no se escribe nunca separado (*dondequiera que viva*, no *donde quiera que viva*). La escritura en dos palabras equivale a una forma del verbo *querer* precedida de un adverbio relativo que introduce una relativa libre: *Que vaya donde quiera* (es decir, 'donde quiera ir'). *n*

Descripción de los interrogativos y exclamativos

LOS INTERROGATIVOS Y EXCLAMATIVOS *QUÉ*, *QUIÉN* Y *CUÁL*

Al igual que ocurre en el caso de las formas relativas correspondientes, cada uno posee sus propias peculiaridades.

Qué. Morfológicamente es invariable. En construcciones interrogativas, puede ser determinante (*¿Qué regalo quieres?; Dime qué libro prefieres*) o pronombre (*¿Qué deseas?; No sé qué hizo*). En expresiones exclamativas, no abundan los usos pronominales (*¡Qué dices!*); pero sí se registra como determinante (*¡Qué vida nos espera!; ¡Qué ilusión!; ¡Qué casa!*) y como adverbio (*¡Qué fácil parece!; ¡Qué lejos están ustedes!*).

Quién. Es un pronombre que se refiere a personas. Presenta flexión de número (*quién/quiénes*), pero no de género, aunque puede imponerlo en la concordancia con el atributo: *¡Quién fuera famosa!*

Cuál. Puede ser pronombre o determinante y tiene solo flexión de número (*cuál/cuáles*). En expresiones interrogativas, identifica una entidad entre las otras de su misma clase: *¿Cuál prefieres?; ¿Cuál torneo es más famoso?* Admite complementos partitivos: *cuál de ellos, cuál de las propuestas*. Casi se ha perdido su uso exclamativo, aunque pervive en fórmulas lexicalizadas como *¡Cuál no sería mi sorpresa!*

Son vulgares las formas de origen dialectal *cuálo* y *cuála*. *n*

ADVERBIOS INTERROGATIVOS Y EXCLAMATIVOS

Dónde. Es un adverbio interrogativo y exclamativo que puede sustituir a nombres o adverbios de lugar. Se une a preposiciones para referirse a los valores 'lugar de donde' (*de, desde*); 'lugar por donde' (*por*); 'lugar a donde' (*a, hacia, hasta, para*). Al igual que el relativo correspondiente, *dónde* alterna con *en dónde* para expresar ubicación (*¿Dónde vives?* ~ *¿En dónde vives?*), y con *adónde* y *a dónde* para indicar destino: *¿Dónde vas?* ~ *¿Adónde vas?* ~ *¿A dónde vas?*

Deben evitarse las combinaciones redundantes en las que el adverbio *adónde* va precedido de otra preposición que indique dirección o destino, como en *¿Hacia adónde nos dirigimos?*, en lugar de *¿Hacia dónde nos dirigimos?* *n*

Cuándo. El adverbio interrogativo-exclamativo *cuándo* es análogo en muchos aspectos a su equivalente relativo *cuando*, pero se diferencia de él por la mayor facilidad con la que admite otros tiempos verbales, ya que se puede construir con futuro (*¿Cuándo llegará?*) y con el pretérito perfecto compuesto (*¿Cuándo ha venido?*), tiempos mucho más restringidos con el adverbio *cuando* (*Lo llamaré cuando {*llegará ~ llegue}*), aunque se registran algunos casos: *El martes es cuando llegará.*

Cómo. El interrogativo-exclamativo *cómo* aporta normalmente sentido de MODO O MANERA (*¿Cómo lo hace?; Aún no sé cómo lo hace; ¡Cómo se puso!; No sabes cómo se puso*). Puede tener valor causal, visible sobre todo en ciertas interrogativas negativas: *¿Cómo llegas tan tarde?* En cuanto adverbio exclamativo, suele expresar cantidad, con sentido cercano a *cuánto*: *¡Cómo corre!*

Existen casos de posible incertidumbre a la hora de usar *como* o *cómo*. Así, en *Ya verás {como ~ cómo} se queja*, puede entenderse que la subordinada es una sustantiva declarativa, y entonces se usa sin acento (*como* casi equivalente a *que*), pero también una interrogativa indirecta ('de qué manera se queja'). Se admiten las dos opciones. *n*

EL CUANTIFICADOR INTERROGATIVO Y EXCLAMATIVO *CUÁNTO*

Se usa como determinante (*¿Cuántas veces?; ¡Cuánto tiempo!*), como pronombre (*No sé cuánto te habrá contado; ¡Cuánto hemos leído!*) y como adverbio (*¿Cuánto duerme?; ¡Cuánto nos hemos reído!*).

La forma apocopada *cuán* se emplea ante adjetivos o adverbios, y da lugar a expresiones exclamativas en registros elevados: *¡Cuán confundida estás!; ¡Cuán lejos estamos!* Hoy es más común usar *qué* en su lugar: *¡Qué lejos estamos!* El uso de *cuán* en las interrogativas es hoy algo más frecuente en el español americano: *No sabemos cuán poderoso es.*

14

El adverbio

Caracterización

El ADVERBIO constituye una clase de palabras muy heterogénea. Lo que en la clasificación tradicional era un conjunto léxico que se distinguía por su carácter invariable y por su función de modificador verbal (*ad verbum*) se fue incrementando hasta constituir un amplio conjunto de unidades (tanto de forma como de función) al que es difícil asignar propiedades comunes.

La categoría alcanza mayor homogeneidad si se separan de este conjunto dos clases de palabras que presentan un comportamiento singular: los llamados ADVERBIOS DE FOCO (*incluso, aun, hasta, ni siquiera...*) y los CONECTORES DISCURSIVOS. Ambos serán estudiados en otros capítulos (→ págs. 10 y 71-72) porque comparten numerosas propiedades con expresiones no adverbiales. Excluidas estas clases, la categoría adverbial se puede definir con diferentes criterios:

a) Desde el punto de vista morfológico, carece de flexión. Se aproxima en este sentido a las preposiciones, conjunciones e interjecciones.

b) Desde el punto de vista fónico, los adverbios son palabras tónicas, hecho que los diferencia de preposiciones y conjunciones.

c) Desde el punto de vista sintáctico, el adverbio puede formar GRUPOS ADVERBIALES. Los adverbios y los grupos que forman están capacitados para modificar a diferentes categorías sintácticas: verbos (*camina despacio*), adjetivos (*excesivamente estrecho*) y otros adverbios (*muy cerca*), así como a grupos nominales (*más amigos*), adjetivales (*muy contento del resultado*), adverbiales (*bastante lejos de su casa*) y preposicionales (*casi sin esfuerzo*). Pueden actuar también como atributos (*Estás estupendamente; Te veo mejor*). El adverbio aparece en posiciones periféricas especialmente usado como tópico (*Humanamente, deja mucho que desear*), adverbio del enunciado (*Probablemente, son ya las cuatro*) o adverbio de la enunciación o de verbo enunciativo tácito (*Sinceramente, no sé nada*). Los grupos adverbiales, al igual que los nominales, adjetivales y verbales, tienen la posibilidad de convertirse en enunciados independientes (*¡Arriba!; ¡Muy bien!; —¿Cuándo vendrán? —Hoy*).

d) Desde el punto de vista del significado, con independencia de que su número sea en algunos casos limitado y cerrado, los adverbios son unidades léxicas dotadas de valor semántico representativo y de capacidad referencial: *aquí, entonces, nunca, ya, mal, sí, quizás...*

Existen distintos criterios para clasificar los adverbios. Los principales son su significado, su estructura morfológica, su naturaleza gramatical y su incidencia sintáctica. Los criterios de clasificación no son excluyentes y dan lugar con frecuencia a clases que se cruzan. Un mismo adverbio puede pertenecer a varias subcategorías en función de las propiedades que se estén evaluando. Así, *nunca* y *jamás* son adverbios de tiempo, como *cuando*, y de negación, como *tampoco*, pero también son indefinidos, al igual que *alguno* o *ninguno*.

Clases de adverbios según su significado

En la siguiente tabla se clasifican los adverbios en función de su significado. A lo largo de la sección se describirá cada una de estas clases. Los de afirmación, negación y duda se estudian en el capítulo 24.

Clasificación semántica de los adverbios	
CANTIDAD	*más, menos, tanto (tan), nada, algo, mucho (muy), poco, todo, demasiado, cuan(to), cuán(to)*
LUGAR	*aquí (acá), ahí, allí (allá); lejos, cerca; (a)dentro, (a)fuera; (a)donde, (a)dónde; arriba, abajo; encima, debajo; (a)delante, detrás*
TIEMPO	*antes, ahora, después, luego, primero, entonces, ayer, hoy, mañana, siempre, nunca, jamás, temprano, pronto, presto, enseguida, mientras, cuando, cuándo*
ASPECTO	*ya, todavía, aún*
MODO O MANERA	*así, bien, mal; mejor, peor, tal;* advs. en *–mente;* advs. adjetivales

Clasificación semántica de los adverbios	
AFIRMACIÓN, NEGACIÓN	*sí, también, claro, efectivamente, cierto; no, tampoco*
DUDA, POSIBILIDAD	*quizá(s), acaso, igual, probablemente, posiblemente*

ADVERBIOS DE CANTIDAD

Expresan cantidad, grado o intensificación. Son, prototípicamente, los únicos adverbios que pueden modificar al adjetivo (*más elegante*) y a otro adverbio (*menos lejos, suficientemente ancho*). Se distinguen varias subclases:

a) Los adverbios INDEFINIDOS, que se corresponden con determinantes, adjetivos y pronombres indefinidos: *algo, bastante, demasiado, nada, poco, más, menos, suficiente, cuanto, mucho*. Estas voces se consideran determinantes o adjetivos cuando modifican a los sustantivos y los grupos nominales (*bastantes problemas; Son bastantes*) y adverbios cuando modifican a otras categorías: adjetivo (*bastante listo*), adverbio (*muy despacio*) o verbo (*sonreír mucho*). Con los verbos transitivos pueden comportarse como pronombres (*No había leído mucho*); con los intransitivos son adverbios (*Viaja mucho; Sufre bastante*). Con algunos verbos son posibles los dos valores: *mucho*, en *Corrió mucho*, puede ser pronombre ('muchos kilómetros') o adverbio ('con gran velocidad').

b) Los que expresan gradación o intensificación: *sobremanera, bien, regular*. Los dos últimos, cuyo sentido originario es de modo, cuando actúan como modificadores: *Es bien rico; No come mucho, solo regular*.

c) Muchos adverbios terminados en *-mente*, como *considerablemente, escasamente, extremadamente, notablemente*.

d) Locuciones adverbiales con significados ponderativos o evaluativos: *a más no poder, al máximo, a mares, a todo pulmón*, etc.

ADVERBIOS DE LUGAR

Se agrupan en dos clases: los ADVERBIOS DEMOSTRATIVOS (*aquí, ahí, allí, acá, allá*, etc.) y los ADVERBIOS DE RELACIÓN LOCATIVA (*delante/detrás, adelante/atrás*, etc.). Los primeros poseen carácter deíctico, es decir, orientan su referencia en relación con las personas del discurso, propiedad que comparten con los pronombres (*yo, tú, él*).

Los adverbios de relación locativa se subdividen en dos grupos, según su significado. Los del primer grupo (A en la tabla) expresan ubicación (*Estoy detrás de la pared*), pero también destino o término (*Lo lanzó detrás de la pared*). Los del segundo (grupo B), dirección o destino:

A (ubicación)	B (dirección)
delante/detrás	adelante/atrás
encima/debajo	arriba/abajo
dentro/fuera	adentro/afuera

- Los adverbios de dirección u orientación se usan también con valor de ubicación en muchas variedades del español americano, por lo que pueden llevar complementos: *adelante de la casa, arriba de la escalera, adentro de la estación.* En los registros formales del español europeo se evita esta construcción y se prefieren los adverbios del grupo A con complemento: *delante de la casa, encima de la escalera, dentro de la estación.*
- Se recomienda evitar la forma *alante,* variante incorrecta de *adelante.*

Los adverbios locativos de ubicación se caracterizan por el hecho de que se construyen con complementos: *El perro estuvo toda la noche {fuera/ dentro/encima/debajo...} de la casa.* Establecen, por tanto, una relación locativa entre dos entidades. En el ejemplo anterior, dicha relación se da entre *el perro* y *la casa.* El complemento del adverbio puede estar implícito si es recuperable por el contexto: *Lo dejé delante (de la casa).*

ADVERBIOS DE TIEMPO

Atendiendo a su significado, los adverbios de tiempo se suelen clasificar en adverbios de referencia temporal, de duración y de frecuencia.

Según su significado		
	Responden a los interrogativos	
REFERENCIALES	*¿cuándo?*	*ayer, hoy, mañana, actualmente, antiguamente, recientemente*
DE DURACIÓN	*¿cuánto (tiempo)?*	*brevemente, largamente, siempre*
DE FRECUENCIA	*¿cada cuánto (tiempo)?*	*cotidianamente, habitualmente, nunca, semanalmente, siempre*

Los adverbios temporales REFERENCIALES localizan en el tiempo la acción, proceso o estado, denotados bien a partir del tiempo gramatical del predicado sobre el que inciden (*Llegaremos antes*), bien a partir del tiempo que señala su complemento (*antes de las diez* y *después de la misa*). Estas relaciones pueden ser de ANTERIORIDAD (*antes, anteriormente, previamente*),

POSTERIORIDAD (*después, luego, posteriormente*) o COINCIDENCIA (*simultáneamente, a la vez*).

> Cuando *antes* y *después* se usan como adjetivos y modifican a sustantivos temporales (*día, noche, semana, mes*), se considera innecesario anteponer la preposición *de*. Se prefiere, por tanto, *el día antes* a *el día de antes*. n

Los adverbios DE DURACIÓN expresan el tiempo que permanece la situación denotada por el predicado al que modifican, desde su inicio hasta su fin.

Los adverbios DE FRECUENCIA indican la cadencia del proceso verbal sobre el que inciden. Se dividen en adverbios de frecuencia imprecisa (*a menudo, de vez en cuando, esporádicamente, frecuentemente*, etc.) y adverbios de frecuencia precisa (*a diario, bienalmente, diariamente, semestralmente*, etc.). Los adverbios de esta clase ocupan con facilidad posiciones preoracionales, con una interpretación asimilable a los adverbios de tópico (→ pág. 142).

ADVERBIOS ASPECTUALES

No expresan propiamente tiempo, sino más bien ASPECTO, los adverbios que aluden a la REPETICIÓN de un suceso, como *de nuevo* u *otra vez* (*He perdido las llaves otra vez*), así como los que hacen referencia a alguna de sus FASES, sea anterior o posterior, caso de *ya* y *todavía*. Así, *todavía* en *Todavía vive allí* indica la persistencia actual de una situación anterior (*Vivía allí*). Por su parte, en *Ya conozco a Javier* se supone que la situación denotada por el predicado (*conocer a Javier*), que se da ahora, no se daba en un tiempo anterior.

ADVERBIOS DE MODO O MANERA

Pertenecen a esta clase el demostrativo *así* (*No me gusta que se comporte así*); los adverbios *bien, mal, regular, mejor, peor, despacio, deprisa, aprisa* (*Suena regular*); numerosos adverbios en *-mente* (*Actuó inconscientemente; Se marchó tranquilamente*); muchos adverbios adjetivales (como *alto* en *No hables tan alto*), y muchas locuciones adverbiales (*a gatas, a escondidas, a pies juntillas, a dos carrillos, punto por punto*...).

Clases de adverbios según su estructura morfológica

Según este criterio, los adverbios pueden ser simples, como *bien, mal, cerca, lejos, aquí, siempre, luego*, o formados por derivación u otro recurso morfológico. Entre estos últimos, destacan los creados sobre la pauta A-*mente* (*ciertamente, irremediablemente, tranquilamente*). Poseen la forma de los adjetivos masculinos los llamados ADVERBIOS ADJETIVALES, que proceden de la recategorización de algunos adjetivos calificativos (*caer bajo, comer sano, jugar limpio*).

ADVERBIOS EN *-MENTE*

Constituyen la clase más numerosa y heterogénea de adverbios. Se forman sobre la base femenina singular de muchos adjetivos calificativos (*fijamente*) y, en menor grado, de adjetivos relacionales (*matrimonialmente*). Constituyen una clase abierta, ya que el paradigma que constituyen se adapta con facilidad a las necesidades expresivas y comunicativas. Estos adverbios poseen doble acento de intensidad, uno en el adjetivo y otro en el elemento compositivo (*libremente*). Conservarán la tilde del adjetivo de base, si este la tuviere (*difícilmente, cortésmente*). En la coordinación de varios de ellos, es común la supresión del segmento *-mente* en los adverbios que preceden al último: *lisa y llanamente; rotunda, radical y definitivamente.*

ADVERBIOS ADJETIVALES

Los ADVERBIOS ADJETIVALES tienen la forma de la variante masculina singular de un adjetivo o un participio. Al igual que los demás adverbios, carecen de flexión. Son, por tanto, adverbios adjetivales los subrayados en *Las golondrinas vuelan bajo; Las espinacas saben raro*. En cambio, son adjetivos que funcionan como complementos predicativos los marcados en *Las golondrinas vuelan bajas; Las espinacas saben raras*. Estos últimos, al ser adjetivos, concuerdan con el nombre del que se predican.

Los adverbios de este grupo, más frecuentes en el español americano, se forman únicamente con ciertos adjetivos. Entre ellos, constituyen un grupo amplio los que expresan evaluación positiva de la manera de actuar: *bárbaro* (*Jugó bárbaro*), *bonito* (*Que te vaya bonito*), *rico* (*Cantan rico*), *genial* (*Se portó genial*), *sabroso* (*Conversaron sabroso*). Pueden aludir a dimensiones espaciales (*alto, bajo, hondo, profundo*) o a diversas formas de percibir algo (*recio, quedo*), entre otras nociones. Poseen ciertas restricciones combinatorias, ya que solo modifican a verbos (no a adjetivos ni a otros adverbios) y aparecen normalmente junto al verbo modificado. Entre las construcciones *Hablar claro sobre una cuestión* y *Hablar sobre una cuestión claro*, se prefiere la primera. También presentan restricciones léxicas, ya que tienden a aparecer solo con ciertos verbos: se apunta *alto* o *bajo*; se juega *limpio* o *sucio;* se hila *fino, delgado, basto...*

Clases de adverbios según su naturaleza gramatical

De acuerdo con este criterio, los adverbios se dividen en LÉXICOS y GRAMATICALES. Los primeros forman una clase abierta a la creación o incorporación de nuevas unidades, constituida sobre todo por los terminados en *-mente*, aunque no solo por ellos (*bien, deprisa, temprano*). Los adverbios gramaticales, en cambio, forman paradigmas cerrados (→ pág. 7) y pueden clasificarse a su vez en:

a) DEMOSTRATIVOS (*aquí, ahora, así*). Se analizan en esta obra con los determinantes y pronombres demostrativos (→ cap. 11).

b) IDENTIFICATIVOS O REFERENCIALES (*antes/después, encima/debajo*). Se estudian entre los adverbios de tiempo y de lugar, pues son estos los significados que suelen expresar.

c) CUANTIFICATIVOS INDEFINIDOS (*algo, demasiado, suficiente*), incluidos en la clase de los adverbios de cantidad (→ pág. 138).

d) RELATIVOS (*cuando, cuanto, como, donde*).

e) INTERROGATIVOS (*cuándo, cuánto, cómo, dónde*) y EXCLAMATIVOS (*cuándo, cuánto, cómo, dónde, qué*). Coinciden formalmente, aunque existen diferencias semánticas entre ellos (→ cap. 13).

Clases de adverbios según su incidencia sintáctica

Este criterio agrupa los adverbios de acuerdo con las relaciones sintácticas a las que dan lugar, ya sea en funciones centrales o en posiciones marginales; ya afecten a expresiones verbales, ya a segmentos adjetivales o adverbiales. Desde este punto de vista, los adverbios o los grupos adverbiales pueden ser:

a) ARGUMENTALES. Están seleccionados por un predicado (*Pon el libro ahí; Mide muy poco*).

b) ATRIBUTOS. Realizan la función de atributo (*La encontré divinamente*).

c) MODIFICADORES de adjetivos (*muy tontos, menos atrevidos, nada fácil*) y de adverbios (*harto lejos, demasiado dentro*).

d) ADJUNTOS O CIRCUNSTANCIALES: *Viven muy lejos.*

e) ADVERBIOS DE TÓPICO, que incluyen los ADVERBIOS DE PUNTO DE VISTA: (*Aquí, sí lo saben*; *Artísticamente, es digno*).

f) Adverbios del enunciado: *Verdaderamente, fue un caos.*

g) Adverbios de la enunciación (o del verbo enunciativo): *Sencillamente, estamos de acuerdo; Sinceramente, ¿quién lo ha roto?*

Las locuciones adverbiales

Son expresiones fijas constituidas por varias palabras que equivalen a un adverbio. Algunas admiten paráfrasis con adverbios en *-mente* (*en secreto ~ secretamente*), pero la mayor parte expresan significados más específicos. En la tabla siguiente se recogen las principales pautas sintácticas que dan lugar a locuciones adverbiales en español:

<table>
<tr><th colspan="7">Locuciones adverbiales</th></tr>
<tr><th>PAUTAS SINTÁCTICAS</th><th colspan="6">EJEMPLOS DE LOCUCIONES</th></tr>
<tr><td>«prep. + sust. sing.»</td><td colspan="6">a bocajarro, a gusto, de día, de reojo, en secreto, sin duda</td></tr>
<tr><td>«prep. + sust. pl.»</td><td colspan="3">a trozos, a pedazos, a cachos</td><td colspan="3">a gatas, a saltos, a tientas</td></tr>
<tr><td>« prep. + sust. (lat.)»</td><td colspan="6">ex aequo, in memoriam, in situ</td></tr>
<tr><td>«prep. + grupo nominal»</td><td colspan="2">a la fuerza, al azar, a primera vista</td><td colspan="2">a grito pelado, a salto de mata</td><td colspan="2">de una vez, de un trago</td></tr>
<tr><td>«prep. + adj./part.»</td><td colspan="3">a diario, en serio</td><td colspan="3">a ciegas, a oscuras</td></tr>
<tr><td>«prep. + art. + adj.»</td><td colspan="3">a la larga</td><td colspan="3">a lo grande</td></tr>
<tr><td>correlación de preps.</td><td colspan="6">de un momento a otro, de ahora en adelante, de vez en cuando</td></tr>
<tr><td>grupos nominales</td><td colspan="2">una barbaridad, una eternidad</td><td colspan="2">horrores, montones</td><td colspan="2">acto seguido</td></tr>
<tr><td>esquemas coordinados</td><td colspan="6">más tarde o más temprano, ni más ni menos</td></tr>
</table>

15

El verbo

Los morfemas verbales. Concepto de tiempo verbal

La flexión verbal expresa en español dos tipos de información:

a) La de NÚMERO y PERSONA, que viene impuesta por el sujeto con el que el verbo concuerda.

b) La de TIEMPO, ASPECTO y MODO, que caracteriza a la oración en su conjunto, y no solo a alguno de los participantes que intervienen en ella.

El tiempo verbal es una categoría gramatical DEÍCTICA, como los demostrativos, y, como tal, permite localizar los sucesos en relación con el momento en que se habla:

El tren salió puntualmente (la salida es anterior al momento del habla)
El tren saldrá puntualmente (la salida es posterior al momento del habla)
El tren sale lentamente (la salida es simultánea con el momento del habla)

El aspecto. Sus clases

DEFINICIÓN

El ASPECTO VERBAL informa sobre la organización interna de las situaciones en relación con el tiempo. Indica, por ejemplo, si una situación comienza (*Empezó a comer*), se repite (*Casi siempre come a las dos*) o se muestra en un punto de su desarrollo (*Está comiendo*). También es aspectual la diferencia que existe entre *Llegó a Caracas*, que designa una acción puntual, y *Vivió en Caracas*, que indica una situación durativa.

El aspecto, al contrario que el tiempo, no proporciona información deíctica, en el sentido de que no se interpreta en relación con el momento del habla.

Se distinguen tres clases de aspecto: el MORFOLÓGICO, el LÉXICO Y el SINTÁCTICO, que se manifiesta a través de ciertas perífrasis verbales (págs. → 160-162).

EL ASPECTO MORFOLÓGICO

Se expresa a través de las desinencias verbales. Fundamentalmente, permite representar una situación como acabada (ASPECTO PERFECTIVO), o bien sin hacer referencia a su inicio o a su fin (ASPECTO IMPERFECTIVO). Así, mientras que en *Luis pintó la valla* (aspecto perfectivo) se entiende que la acción de pintar Luis la valla se completó, no cabe afirmar lo mismo de *Luis pintaba la valla* (aspecto imperfectivo). El aspecto morfológico permite distinguir en la tradición gramatical entre TIEMPOS PERFECTIVOS Y TIEMPOS IMPERFECTIVOS.

EL ASPECTO LÉXICO O MODO DE ACCIÓN

El aspecto léxico depende del significado de los predicados, así como del de las construcciones que estos forman. Atendiendo a su aspecto léxico, los predicados se suelen agrupar en cuatro clases:

1. ACTIVIDADES: *ganar dinero, llorar, llover, manejar un auto, trabajar.*
2. REALIZACIONES: *comer un platillo, construir un dique, recitar un poema.*
3. LOGROS O CONSECUCIONES: *alcanzar la cima, llegar, perder las llaves.*
4. ESTADOS: *merecer un premio, residir en un lugar, ser alto, tener dinero.*

Los predicados verbales de estas clases se distinguen por la presencia o ausencia de algunos rasgos, como 'durativo', 'limitado' o 'dinámico'. Los procesos durativos se extienden en el tiempo y son compatibles con CC introducidos por *durante* (*Estudiaba durante la noche*). Los procesos delimitados poseen un término o fin y son compatibles con CC de tiempo introducidos por la preposición *en* (*en un año, en diez horas*). Los predicados dinámicos expresan progresión de una situación en curso.

a) Las actividades son predicados durativos (*Llovió durante dos horas*), no delimitados (**Llovió en dos horas*) y dinámicos (*Siguió lloviendo*).

b) Las realizaciones son durativas (*Escribió un artículo durante dos horas*), delimitadas (*Escribió un artículo en dos horas*) y dinámicas.

c) Los logros no son durativos (**Llegará a casa durante una hora*), pero se presentan como procesos limitados (*Llegará a casa en una hora*) y dinámicos.

d) Los estados carecen de límite (**Residió en Colombia en dos años*), son durativos (*Residió en Colombia durante dos años*), pero no se muestran como una actividad dinámica, por lo que no son admisibles construcciones como **Está siendo alta.*

Tiempos verbales del español

DEFINICIÓN

Se llaman TIEMPOS VERBALES las formas de la conjugación que expresan gramaticalmente las informaciones de tiempo, modo y aspecto. Cada tiempo verbal constituye un paradigma flexivo. En el cuadro siguiente aparecen los tiempos verbales del español con la terminología académica. El imperativo no se incluye porque no da lugar a oposiciones temporales. Se usa el verbo *cantar* en primera persona del singular como modelo para identificar fácilmente los tiempos verbales:

Tiempos verbales

	TIEMPOS SIMPLES		TIEMPOS COMPUESTOS	
MODO INDICATIVO	presente	CANTO	pretérito perfecto compuesto	HE CANTADO
	pretérito perfecto simple	CANTÉ	pretérito anterior	HUBE CANTADO
	pretérito imperfecto	CANTABA	pretérito pluscuamperfecto	HABÍA CANTADO
	futuro simple	CANTARÉ	futuro compuesto	HABRÉ CANTADO
	condicional simple	CANTARÍA	condicional compuesto	HABRÍA CANTADO
MODO SUBJUNTIVO	presente	CANTE	pretérito perfecto compuesto	HAYA CANTADO
	pretérito imperfecto	CANTARA O CANTASE	pretérito pluscuamperfecto	HUBIERA O HUBIESE CANTADO
	futuro simple	CANTARE	futuro compuesto	HUBIERE CANTADO

CLASIFICACIÓN

Los tiempos verbales se clasifican según los siguientes criterios:

a) El modo. Opone indicativo, subjuntivo e imperativo.

b) La estructura morfológica. Diferencia tiempos simples y compuestos.

c) El aspecto. Distingue tiempos perfectivos e imperfectivos (*canté/cantaba*).

d) El punto de anclaje temporal. Este criterio distingue entre los TIEMPOS ABSOLUTOS y los TIEMPOS RELATIVOS. Los absolutos se orientan a partir del momento del habla (en *El tren salió puntual* se dice que salió antes del momento del habla); los relativos orientan la referencia de forma indirecta (en *El revisor anunció que el tren saldría tarde* se expresa que la salida es posterior al anuncio, que a su vez es anterior al momento del habla).

Tiempos verbales del modo indicativo

EL PRESENTE (CANTO)

Expresa la coincidencia de la situación designada como el momento del habla. Esta coincidencia puede ser puntual (*En este instante el delantero sale al campo*) o más amplia (*Su prima vive ahora en Lima*). El PRESENTE GENÉRICO extiende mucho tal duración, hasta convertirla en propiedad permanente. Los diferentes usos del presente reciben a menudo denominaciones específicas: el PRESENTE HABITUAL describe acciones repetidas (*Lo visita a diario*); el llamado PRESENTE CARACTERIZADOR O DESCRIPTIVO alude a situaciones estables (*Quito es la capital del Ecuador*); el PRESENTE GNÓMICO es propio de los axiomas o enunciados normativos (*El dolor se palia con analgésicos*). En cualquier caso, es importante resaltar que estas variedades no constituyen tiempos diferentes, sino interpretaciones contextuales diversas de un mismo tiempo verbal. El presente puede usarse, además, con el significado que corresponde a otros tiempos:

a) Con valor de pretérito: PRESENTE HISTÓRICO (*Sarmiento muere en 1888*); PRESENTE NARRATIVO (*Ayer va mi jefe y me dice...*).

b) Con valor de futuro: PRESENTE PROSPECTIVO (*Llegan mañana; Me las pagas*); PRESENTE DE MANDATO (*Vos salís de aquí ahora mismo*).

EL PRETÉRITO PERFECTO COMPUESTO (HE CANTADO)

Este tiempo admite dos significados fundamentales:

a) En uno de ellos se usa para hacer referencia a situaciones pretéritas que tienen lugar en un intervalo que se inicia en el pasado y se prolonga hasta el momento del habla.

b) En la segunda de las interpretaciones, propia del español boliviano y de otras zonas, HE CANTADO adquiere el significado que corresponde a CANTÉ, como en *Ha muerto hace dos meses*, donde *ha muerto* debe entenderse en el sentido de *murió*.

EL PRETÉRITO PERFECTO SIMPLE (CANTÉ). LA OPOSICIÓN CANTÉ / HE CANTADO

CANTÉ localiza una situación en un punto de la línea temporal anterior al momento del habla: *Llegaron ayer; Cuando era joven, vivió en Barcelona durante diez años; El año pasado trabajé de camarero.*

La oposición CANTÉ / HE CANTADO es pertinente solo en los supuestos en los que HE CANTADO expresa el significado señalado en *a* en el apartado anterior. En estos casos, existe coincidencia casi general en que HE CANTADO hace referencia a hechos pretéritos que se incluyen en un lapso que se prolonga hasta el momento del habla, mientras que CANTÉ denota hechos pasados ocurridos en un período que no abarca el momento del habla: *He trabajado de camarero* (en algún momento a lo largo de un intervalo que comienza en el pasado e incluye el momento del habla: *este año...*); *Trabajé de camarero* (en algún momento a lo largo de un intervalo que se localiza completamente en el pasado: *cuando era joven...*).

Existen grandes áreas lingüísticas en las que todos o parte de los valores atribuidos a HE CANTADO se expresan habitualmente mediante CANTÉ: *Nunca lo vi* ~ *Nunca lo he visto*. Ocurre, por ejemplo, en gran parte de la Argentina, Chile, noroeste de España y Canarias. En México, buena parte de Centroamérica y algunos países caribeños, como Venezuela, CANTÉ se usa para referirse a acciones acabadas en el pasado, aunque sea reciente (*Hoy estuvo más tranquilo*), y HE CANTADO para expresar situaciones que continúan o siguen abiertas en el presente (*María no ha llegado*).

EL PRETÉRITO IMPERFECTO (CANTABA). LA OPOSICIÓN CANTÉ/CANTABA

CANTABA localiza la situación en un momento anterior al momento del habla y sin relación con él: *De niño, jugaba en la playa*. Se opone a CANTÉ en que expresa aspecto imperfectivo, por lo que presenta las situaciones en su curso sin aludir a su comienzo ni a su final: *Leí el periódico* (la acción de leer ha terminado en el momento al que nos referimos) ~ *Leía el periódico* (no se dice si la acción de leer ha terminado en ese momento). CANTABA puede indicar por sí solo reiteración o hábito: *Se acostaba temprano* (sin la presencia de otros modificadores), frente a *Se acostó temprano todos los días*.

Se denominan *usos modales* de CANTABA los que evocan un alejamiento o distanciamiento del plano actual. Se pueden explicar a partir de la noción tradicional de COPRETÉRITO. Incluyen interpretaciones como las siguientes: el IMPERFECTO ONÍRICO O DE FIGURACIÓN (*Soñé que aprobaba*); el IMPERFECTO LÚDICO (*Juguemos a los piratas: Yo era el capitán*); el IMPERFECTO DE CORTESÍA (*Quería pedirte un favor*) o el IMPERFECTO PROSPECTIVO, que expresa hechos posteriores a una situación pretérita (*Habíamos llegado a la estación, pero el tren no salía hasta las cinco*). El IMPERFECTO NARRATIVO no es, por excepción, un tiempo imperfectivo, puesto que caracteriza acciones pasadas y completadas: *Tuvo un grave accidente en la carretera y poco después moría en un hospital*.

EL FUTURO SIMPLE (CANTARÉ)

Localiza una situación en un punto temporal posterior al momento del habla: *El libro se presentará mañana*. Los enunciados que llevan este tiempo se pueden entender como órdenes (*Comprarás el más barato*), advertencias (*Te caerás*) o amenazas (*Me las pagarás*), entre otros valores posibles. El FUTURO DE CONJETURA introduce una suposición relativa al presente: *Ahora mismo serán las ocho*.

EL CONDICIONAL SIMPLE (CANTARÍA)

Localiza un estado de cosas en una situación no actual, sea esta pretérita o hipotética. En el primer caso, designa una situación posterior a otra del pasado: *Anunció* (situación pretérita) *que se jubilaría* (situación posterior) *al año siguiente*. En el segundo caso, la situación hipotética se puede expresar, entre otras maneras, mediante construcciones de significado condicional: *Yo, en tu lugar, iría*. Se consideran variantes el llamado CONDICIONAL DE ATENUACIÓN (*Convendría salir pronto*) y el denominado CONDICIONAL DE CORTESÍA (*Desearía pedirle un favor*). El CONDICIONAL DE CONJETURA introduce alguna suposición del hablante relativa a una situación pretérita (*Tendría entonces veinte años*).

TIEMPOS COMPUESTOS RELATIVOS

Tal como se explicó, se orientan desde un punto temporal a su vez orientado en relación con el acto de habla. Son los siguientes:

a) El pretérito pluscuamperfecto (HABÍA CANTADO). Designa una situación anterior al momento del habla, la cual, a su vez, es anterior a otra también pasada: *Vi que alguien había cerrado la puerta* (es decir, «cierre < visión < momento del habla», donde '<' expresa la relación de anterioridad).

b) El pretérito anterior (HUBE CANTADO). Denota una situación pasada anterior a otra igualmente pasada, y siempre delimitada. Aparece introducido por las expresiones *apenas, cuando, después (de) que, en cuanto, luego que, una vez (que)* y algunas más, siempre en alternancia con CANTÉ: *Apenas hubo cenado, se marchó* (es decir, «cena < marcha < momento del habla»). Hoy suele estar restringido a la lengua escrita.

c) El futuro compuesto (HABRÉ CANTADO) y el condicional compuesto (HABRÍA CANTADO) comparten la propiedad de denotar una acción futura anterior a otra también futura. Si la acción denotada es futura respecto del momento del habla, se usa el futuro compuesto: *Cuando llegue, habrán salido* (es decir, «salida < llegada; llegada > momento del habla», donde '>' expresa posterioridad); si lo es, en cambio, respecto de una acción pretérita, se emplea el condicional compuesto: *Dijo que, cuando llegara, habrían salido* (es decir, «salida < llegada; llegada > comunicación; comunicación < momento del habla»).

Tiempos verbales del modo subjuntivo

CARACTERÍSTICAS GENERALES

El español establece menos distinciones temporales en el modo subjuntivo que en el indicativo. Así, los nueve tiempos del indicativo (no se incluye el pretérito anterior porque no establece correspondencias) que son posibles en el contexto *Creo que...* se corresponden con solo cuatro tiempos del subjuntivo (tras *No creo que...*), puesto que los futuros hoy carecen prácticamente de uso, como se observa en el siguiente cuadro:

Indicativo		Subjuntivo	
	Creo que...		*No creo que...*
presente	*... Eva viene*	presente	*... Eva venga*
futuro simple	*... Eva vendrá*		
pretérito perfecto compuesto	*... Eva ha venido*	pretérito perfecto compuesto	*... Eva haya venido*
futuro compuesto	*... Eva habrá venido*		
pretérito perfecto simple	*... Eva vino*		
pretérito imperfecto	*... Eva venía*	pretérito imperfecto	*... Eva {viniera ~ viniese}*
condicional simple	*... Eva vendría*		
pretérito pluscuamperfecto	*... Eva había venido*	pretérito pluscuamperfecto	*... Eva {hubiera ~ hubiese} venido*
condicional compuesto	*... Eva habría venido*		

Todos los tiempos del subjuntivo pueden expresar acciones futuras en alguna de sus interpretaciones.

LOS TIEMPOS Y SUS SIGNIFICADOS

a) El presente (CANTE) abarca tanto el presente como el futuro. Los complementos temporales permiten determinar cuál es su valor en cada caso: *Le disgusta que su hijo esté de viaje {hoy ~ mañana}.*

b) El pretérito perfecto compuesto (HAYA CANTADO) posee una interpretación retrospectiva, propia de HE CANTADO, como en *Dudo que haya estado en México en su vida,* y otra prospectiva, equivalente a HABRÉ CANTADO: *Dudo que haya terminado el próximo lunes.*

c) El pretérito imperfecto (CANTARA O CANTASE) expresa los significados temporales de CANTÉ, CANTABA Y CANTARÍA, de modo que *No creí que {llegara ~ llegase}* es la oración negativa correspondiente a *Creí que {llegó ~ llegaba ~ llegaría}*. Es frecuente, sobre todo en la lengua periodística, el empleo de CANTARA por HABÍA CANTADO y por CANTÉ: *Ayer falleció el que {fuera ~ había sido}...; el discurso que {pronunciara ~ pronunció} ayer; Como {dijera ~ dijo} el general...* Este uso está casi restringido a las oraciones de relativo, de manera que *convenciera* no equivale a *había convencido* en *Me dijo que la convenciera.*

CANTARA, pero no CANTASE, alterna con CANTARÍA con los verbos modales *poder* y *deber*, y también con el auxiliar *querer: {Pudiera ~ Podría ~ *Pudiese} ser como dices; {Quisiera ~ Querría ~ *Quisiese} pedirle un favor.*

> Se recomienda evitar el uso de CANTARÍA por CANTARA en otros contextos. Se consideran incorrectas las expresiones *Si llovería, no iría; Lo hizo para que sería más cómodo; Le avisaría cuando lo vería*, que corresponden a las variantes correctas *Si lloviera* (o *lloviese*), *no iría; Lo hizo para que fuera* (o *fuese*) *más cómodo; Le avisaría cuando lo viera* (o *viese*). n

d) El pretérito pluscuamperfecto (HUBIERA O HUBIESE CANTADO) corresponde a los tiempos del indicativo HABÍA CANTADO, HABRÍA CANTADO. Así, la oración *No creyó que Arturo {hubiera ~ hubiese} llegado* constituye la negación de *Creyó que Arturo había llegado*, cuya subordinada denota una situación pasada, y de *Creyó que Arturo habría llegado*, cuya subordinada expresa una situación irreal.

e) El futuro simple (CANTARE) y el futuro compuesto (HUBIERE CANTADO) han caído en desuso en la lengua oral de todas las áreas lingüísticas y han sido reemplazados por otras formas: el futuro simple por CANTARA (también por CANTE) y el futuro compuesto por HUBIERA O HUBIESE CANTADO. Se registran, en cambio, como rasgo arcaizante, en textos jurídicos y administrativos: *las prácticas que tuvieren por objeto...; para recuperar la fianza que se hubiere depositado*. Son restos del futuro simple las expresiones *Adonde fueres, haz lo que vieres; Sea lo que fuere.*

Modo y subordinación

INTRODUCCIÓN

El MODO VERBAL, como manifestación de la MODALIDAD (→ cap. 24), informa sobre la actitud del hablante ante lo que dice. En general, el modo pone de manifiesto que los estados de cosas se presentan como conocidos, imaginados, ciertos, deseados o negados, entre otras posibilidades. No obstante, la selección del modo por un predicado es solo una de las formas en las que esos contenidos pueden expresarse.

En las oraciones subordinadas de relativo, el indicativo puede hacer que un grupo nominal posea referencia específica (*un libro que me resulta útil*), mientras que el subjuntivo hace que sea inespecífica (*un libro que me resulte útil*).

En español, las oraciones no subordinadas se construyen generalmente en indicativo, por lo que este se considera el modo no seleccionado (o modo por defecto). Las subordinadas, en cambio, pueden construirse también en subjuntivo, ya se trate de subordinadas sustantivas (*Dudo que venga*), de relativo (*El que llegue pronto ganará*) o de otro tipo (*Aunque no lo creas, te aprecio*).

El modo puede ser dependiente e independiente. El MODO DEPENDIENTE aparece en presencia de algún elemento gramatical llamado INDUCTOR (*ojalá, quizás, en caso de que, con tal de que*); el MODO INDEPENDIENTE no requiere inductor alguno. Combinando la dependencia y la obligatoriedad se obtienen los cuatro grupos siguientes:

a) Subjuntivo dependiente y obligatorio. Aparece sin alternancia modal: *Quiero que {vengas ~ *vienes}; sin que lo {sepa ~ *sabe}; con tal de que {llegue ~ *llega}.*

b) Subjuntivo dependiente y no obligatorio. Aparece con alternancia modal: *un estudiante que {hable ~ habla} tres idiomas.*

c) Indicativo dependiente y obligatorio. No existe alternancia modal: *Sé que {está ~ *esté} preparada; y eso que {son ~ *sean} amigos.*

d) Subjuntivo independiente: *En gloria esté; Que te diviertas; Pudiera ser como dices; Quisiera llegar pronto.*

LOS INDUCTORES MODALES

Funcionan como inductores modales los verbos (*Ya veo que no {está ~ *esté} usted bien*); los adjetivos (*cansado de que todo le {*parece ~ parezca} mal*); los sustantivos (*la sospecha de que la {siguen ~*sigan}*); los adverbios (*antes de que {*aterriza ~ aterrice}; Me parece bien que {*practica ~ practique} más*); las preposiciones o locuciones prepositivas (*para que {*estás ~ estés} contenta; en vez de que nos {*llama ~ llame} usted; a fin de que se {*recupera ~ recupere} pronto*).

Además de los anteriores, pueden inducir el subjuntivo la negación (*Cree que viene* frente a *No cree que {*viene ~ venga}*), la interrogación (*¿Ves algo que te guste?*) y la exclamación (*¡Quién estuviera allí para verlo!*).

Las formas no personales del verbo

Las FORMAS NO PERSONALES DEL VERBO (también NO CONJUGADAS O VERBOIDES) son el INFINITIVO (*cantar*), el GERUNDIO (*cantando*) y el PARTICIPIO (*cantado*). Las tres carecen de la flexión de persona, de tiempo y de modo y, salvo el participio, también de número. Sus marcas formales son *-r* para el infinitivo, *-ndo* para el gerundio y *-do* (*-a*/*-os*/*-as*) para los participios regulares, precedidas por la vocal del tema correspondiente de cada conjugación. El infinitivo y el gerundio admiten formas compuestas (*haber cantado* y *habiendo cantado*); no así el participio. En cuanto al aspecto, el participio tiene valor perfectivo y el gerundio, durativo, mientras que el infinitivo es neutro en este sentido.

El infinitivo

En la tradición se ha considerado el infinitivo como una categoría híbrida, en cuanto que presenta a la vez propiedades nominales y verbales. En la actualidad se suele aceptar que los infinitivos son verbales o nominales, según la forma en que se construyan. Así, en *Rocío deseaba comprar una casa,* el infinitivo *comprar* se comporta como verbo porque lleva un complemento directo: *una casa.* En cambio, en *el lento caminar de la gente,* tiene carácter nominal, puesto que lleva modificadores y complementos nominales: *lento, de la gente.*

LOS INFINITIVOS NOMINALES

Pueden ser de dos tipos: infinitivos de naturaleza léxica y de naturaleza sintáctica.

Infinitivos nominales de naturaleza léxica. También llamados FALSOS INFINITIVOS, aparecen como nombres en los diccionarios y como tales se comportan. Reciben modificadores nominales (*el inmenso poder de la prensa*) y pueden formar plural (*estos amaneceres*). Pertenecen a este grupo, en su uso nominal, *amanecer, andar, anochecer, atardecer, cantar, haber, parecer, pesar, poder, querer,* entre otros.

Los infinitivos nominales de naturaleza sintáctica. No forman plurales, pero se construyen como grupos nominales. Así, en la secuencia *Aquel continuo ladrar de los perros resultaba molesto,* el carácter nominal de la construcción se manifiesta en el determinante *aquel*, en el complemento encabezado por *de* y en el modificador adjetivo *continuo.* Son muy frecuentes los de los verbos que expresan acción continua, movimiento, acaecimiento, aparición o desaparición (*aparecer, caminar, correr, ir, morir, nacer, pasar, venir, vivir*).

LOS INFINITIVOS VERBALES

Forman grupos verbales, por lo que se construyen con los complementos propios de un verbo (directos, indirectos, de régimen, circunstanciales); incluso pueden aparecer con sujeto explícito y admiten formas compuestas, pasiva y perífrasis: *al haber encendido* [tiempo compuesto] *él* [sujeto] *la luz* [CD].

Interpretación. Semánticamente, los infinitivos verbales se asemejan a los sustantivos deverbales formados con *-ción, -miento* y otros sufijos, ya que denotan acciones, propiedades o estados. En lo que respecta al tiempo, dado que el infinitivo no lo expresa por sí mismo, se interpreta en función de las palabras a las que se subordina. Así, la interpretación es prospectiva en *Tiene necesidad de viajar,* mientras que en *Lo vi llegar* es simultánea.

El sujeto del infinitivo

a) El sujeto del infinitivo suele ser tácito. En tal caso, concierta con algún argumento del verbo principal. Así, en *María lamentó haberlo llamado,* el sujeto del verbo *lamentó* comparte referente con el sujeto tácito del infinitivo, mientras que en *Le permitió acompañarlo,* el sujeto tácito de *acompañar* posee el mismo referente que el complemento indirecto del verbo conjugado.

b) El infinitivo puede llevar sujeto expreso, normalmente pospuesto. Este sujeto es característico de los infinitivos que aparecen en el complemento de ciertos adverbios (*Después de irse Isabel, sucedió todo*) o en el interior de grupos nominales (*En el momento de llegar nosotras, llovía*). También aparece en construcciones introducidas por otras partículas (*al salir el sol*) y en oraciones independientes (*¿Reírme yo?*).

Construcciones de infinitivo verbal. Además de participar en las perífrasis, los infinitivos verbales pueden hacerlo en las siguientes construcciones:

a) Grupos verbales dependientes que no constituyen oraciones subordinadas. Con verbos de percepción (*ver, oír*) y causación (*hacer, dejar*), el infinitivo forma un grupo verbal que funciona como complemento predicativo: *Vieron a Guadalupe llorar.*

b) Oraciones subordinadas sustantivas. Las construcciones de infinitivo pueden ser subordinadas sustantivas enunciativas (*Espero no equivocarme*) e interrogativas indirectas (*No les expliqué cómo llegar*). Como es esperable, desempeñan funciones sintácticas análogas a las propias de las sustantivas de verbo flexionado: sujeto (*Le encanta pasear*), complemento directo (*Desea recuperar el tiempo perdido*) o término de preposición (*Se olvidó de llamarnos*).

c) Oraciones subordinadas de relativo. El infinitivo también aparece en oraciones de relativo, con antecedente (*Buscaba a alguien con quien hablar*) o sin él (*No tiene donde ir*).

d) La pauta «*al* + infinitivo» expresa valor causal (*Al perder los documentos, no pudo realizar el trámite bancario*) o temporal (*Al vernos, se acercó*), y la combinación «*de* + infinitivo», valor condicional (*De haberlo sabido, habría ido*).

e) Oraciones independientes. Son frecuentes como respuestas a preguntas con el verbo *hacer* (*—¿Qué hacen? —Correr*). Se usan también en algunas construcciones exclamativas (*¡Esperar todo el día para esto!*), interrogativas (*Y ahora, ¿adónde ir?*) e imperativas (*A dormir*).

Se recomienda evitar el uso del infinitivo con los verbos *decir, señalar, indicar* y otros similares en los contextos en los que se introduce alguna información dirigida a alguien, como en *Señores, informarles (de) que...* o *Por último, decir que...*, en lugar de *Señores, les informo (de) que...* o *Por último, quisiera decir que...* n

El gerundio

CARACTERÍSTICAS MORFOLÓGICAS

El gerundio se forma mediante la adjunción de la desinencia *-ndo* a la vocal temática del verbo: *-a-* en la primera conjugación; *-ie-* en la segunda y en la tercera. Puede ser simple (*cantando*) o compuesto (*habiendo cantado*), y carece de marcas de número, persona, tiempo y modo.

PROPIEDADES SINTÁCTICAS

El gerundio se construye habitualmente como verbo y, como tal, admite sujeto (expreso o tácito) y complementos (directo, indirecto, de régimen, circunstancial o atributo).

a) Con sujeto tácito, se suele interpretar que la acción, el estado o el proceso descrito por el gerundio se atribuye a alguna entidad ya mencionada (normalmente, la denotada por el sujeto de la oración principal): *Mamá siempre se dormía escuchando la radio.* También es posible que el sujeto tácito reciba una interpretación inespecífica: *Los problemas se resuelven abordándolos fríamente.*

b) Si el sujeto se halla expreso, aparece normalmente pospuesto: *Esto solo se soluciona hablando tú con él.*

USOS Y FUNCIONES

a) El gerundio puede formar perífrasis verbales: *Seguía mirándola.*

b) Forma complementos predicativos, frecuentemente con verbos de percepción: *Lo recuerdo mirándome; Las vi alejándose.*

c) Funciona como adjunto o circunstancial del verbo: *Redactó el trabajo poniendo todo el cuidado del mundo.*

No se considera correcto el uso del gerundio como modificador restrictivo del nombre, que aparece frecuentemente en el lenguaje periodístico y administrativo: *Nueva ley reformando las tarifas aduaneras.* Se recomienda utilizar una oración de relativo o un grupo preposicional: *Nueva ley que reforma..., Nueva ley para reformar...* n

d) También aparece como tópico, separado del resto por pausas, en posición inicial o intermedia: *Subiéndose a la grada, pudo ver el espectáculo.* En ocasiones, el gerundio hace referencia al propio acto verbal (*Resumiendo, ...; Cambiando de tema, ...*).

INTERPRETACIÓN

El gerundio es una categoría verbal imperfectiva. El contenido expresado por el gerundio simple se interpreta habitualmente como simultáneo a la acción o proceso del verbo principal: *Llegaremos caminando.* No obstante, también puede expresar anterioridad inmediata: *Después se mete en el horno, calentándolo previamente.* El gerundio compuesto indica anterioridad, sea inmediata o no: *Habiendo llegado al final de la vida, me dispongo a hacer testamento,* lo que no obsta para que sea también compatible con la interpretación causal.

Se considera incorrecto el uso del gerundio para indicar una pura relación de posterioridad: *Estudió en Madrid, yendo* (en lugar de *... y fue*) *después a Buenos Aires.* n

A la relación temporal expresada por el gerundio se unen otros contenidos, como el de modo o manera (*Abrió la puerta introduciendo una tarjeta por la ranura*), y también los de causa (*Conociéndolo, no me extraña su reacción*), condición (*Solo terminarás el trabajo dedicándole toda la semana*) y concesión, este último con el adverbio *aun* (*Aun hablando, no se entendieron*). Expresa en ocasiones un valor ilativo o copulativo: *Se murió joven, dejándole a su esposa un futuro difícil.*

El participio

CARACTERÍSTICAS MORFOLÓGICAS

El participio se forma adjuntando el segmento *-do* al tema de perfecto de las tres conjugaciones: *amado, temido, partido*. A diferencia del gerundio y del infinitivo, posee flexión de género y número (*leído/leída/leídos/leídas*) en todos sus usos, con la excepción del participio de los tiempos compuestos. Algunos presentan formas irregulares (*abierto, dicho, escrito*), que alternan a veces con las regulares en ciertos contextos (*freído ~ frito*). Carece de formas compuestas (**habido destruido*) y rechaza los pronombres clíticos (**entregádole el premio*).

INTERPRETACIÓN

El participio posee aspecto perfectivo, por lo que la situación que designa se suele interpretar como un estadio alcanzado con anterioridad al punto indicado por el verbo principal: *La policía encontrará a los rehenes atados a un árbol.* Expresa simultaneidad cuando el participio se forma sobre un verbo no delimitado: *un edificio custodiado por la policía.*

USOS Y FUNCIONES

Los participios de los verbos transitivos e inacusativos (→ pág. 222) pueden aparecer en los siguientes contextos:

a) Intervienen en la formación de perífrasis: *Tengo escrita la carta.*

b) Se usan como modificadores nominales: *el candidato elegido por los militantes; Las disputas surgidas provocaron la ruptura.*

c) Funcionan como atributos, sea en oraciones copulativas (*Está muy crecido para su edad*), como complementos predicativos (*Se quedó paralizado*) o en cláusulas absolutas (*Terminado el trabajo, se fue*).

PARTICIPIO Y ADJETIVO

Semejanzas. Además de sus características flexivas, muchos participios comparten con los adjetivos las diversas construcciones propias de los elementos predicativos:

a) Modificadores del nombre: *un partido {ganado ~ emocionante}*.

b) Atributos en las oraciones copulativas: *Estaba {rota ~ nueva}*.

c) Complementos predicativos: *Acabó {destrozada ~ loca}*.

d) Construcciones absolutas: *una vez {concluido el debate ~ sola}*.

Diferencias

a) Los participios designan acciones o procesos y reciben complementos verbales, como el agente o el predicativo, mientras que los adjetivos señalan propiedades. Así, el lugar del participio *considerada* no puede ser ocupado por un adjetivo en *una persona considerada culpable por el juez*.

b) Los adverbios *mucho, poco, bastante, demasiado* y otros similares se posponen a los verbos, y normalmente también a los participios, pero se anteponen siempre a los adjetivos. Contrastan así *La puerta fue abierta demasiado* y *Su actitud fue demasiado abierta*.

c) Los participios solo admiten sufijación apreciativa en determinados contextos, mientras que los adjetivos admiten esta sufijación sin restricciones contextuales.

ADJETIVOS PERFECTIVOS O RESULTATIVOS

El participio está muy cercano a los ADJETIVOS PERFECTIVOS O RESULTATIVOS (*contento, enfermo, junto, maduro, tenso* y otros relacionados con raíces verbales).

Estos adjetivos expresan, como los participios, el resultado de un proceso, por lo que pueden formar construcciones absolutas (*Una vez lleno el vaso...*). Sin embargo, no se refieren al proceso mismo, por lo que rechazan los complementos agentes (*una mesa {*limpia ~ limpiada} por el mesero*), los complementos instrumentales, los adverbios de modo o manera (*un almacén cuidadosamente {*vacío ~ vaciado}*) y el adverbio *recién* (*recién {llenado ~ *lleno}*), a diferencia de los participios. Son raros los adjetivos que admiten construcciones absolutas sin pertenecer a este grupo: *Una vez sola, lo llamó por teléfono.*

Las perífrasis verbales

CARACTERIZACIÓN. CLASES DE PERÍFRASIS

Se denominan PERÍFRASIS VERBALES las combinaciones en las que un verbo auxiliar se une a un verbo auxiliado, construido en forma no personal, sin dar lugar a dos predicaciones distintas: *No puedo* [auxiliar] *entrar* [auxiliado]; *Nos iremos* [auxiliar] *conociendo* [auxiliado]; *Lo llevo* [auxiliar] *aprendido* [auxiliado].

El VERBO AUXILIAR aporta a la perífrasis la información ligada a la flexión verbal y, a veces, datos relacionados con el modo de acción. El VERBO AUXILIADO selecciona los argumentos y establece relación con los adjuntos. En *María suele quejarse de su hermana,* el auxiliar *suele* aporta los morfemas verbales, mientras que el verbo auxiliado *quejarse* selecciona el complemento de régimen (*de su hermana*).

Entre el verbo auxiliar y el auxiliado media a veces una preposición o la conjunción *que,* como en «*empezar a* + infinitivo» o «*tener que* + infinitivo».

La cohesión que se establece en las perífrasis entre las dos formas verbales permite que los pronombres átonos que complementan a la segunda se puedan anteponer a la primera, de modo que son posibles *Voy a decírselo* y *Se lo voy a decir*. Aun así, auxiliar y auxiliado mantienen cierta independencia, de manera que se pueden introducir palabras entre ellos: *No podía yo imaginármelo; Empezó inmediatamente a trabajar.*

Se distinguen tres tipos de perífrasis: DE INFINITIVO, DE GERUNDIO y DE PARTICIPIO.

PERÍFRASIS DE INFINITIVO

Perífrasis modales. Expresan obligación, posibilidad, necesidad u otras manifestaciones de la actitud del hablante:

a) Manifiestan obligación «*haber de* + infinitivo» (*Hemos de intentarlo una vez más*), «*haber que* + infinitivo» (*Hay que salir a las cinco y media*) y «*deber* + infinitivo» (*Juan debe callarse ya*).

b) «*Deber de* + infinitivo» indica conjetura: *Deben de ser hermanos.*

> Aunque una y otra se documentan en ambos usos, se recomienda el empleo de «*deber* + infinitivo» y «*deber de* + infinitivo» con los valores señalados. No obstante, el uso de «*deber* + infinitivo» con valor de conjetura está hoy sumamente extendido, incluso entre escritores de prestigio. *n*

c) «*Tener que* + infinitivo» expresa obligación (*Tienes que ayudar a tus hermanos*), necesidad (*Tienen que volver mañana*) o inferencia de lo que se tiene por cierto (*Tiene que haber sido un error*).

d) «*Poder* + infinitivo» manifiesta capacidad o permiso (*Ya puedo mover la mano; Puedes pasar*) y también conjetura (*Podía haber cien personas*).

Perífrasis tempoaspectuales

a) En algunas perífrasis de infinitivo predominan los rasgos temporales: «*ir a* + infinitivo» ('posterioridad': *Vas a caerte*); «*soler* + infinitivo» ('repetición': *Suelen madrugar*); «*acostumbrar (a)* + infinitivo» ('repetición': *Acostumbran a venir por la tarde*); «*volver a* + infinitivo» ('repetición': *Volvió a soñar*).

b) En otras se destaca una fase concreta de la situación designada por el núcleo verbal y sus complementos. Hacen referencia a la fase preparatoria o de inminencia las perífrasis «*estar por* + infinitivo» o «*estar a punto de* + infinitivo». Se consideran de fase inicial o incoativos los esquemas «*empezar a* + infinitivo», «*comenzar a* + infinitivo» y «*ponerse a* + infinitivo». Son perífrasis de interrupción «*dejar de* + infinitivo», «*cesar de* + infinitivo» y «*parar de* + infinitivo». Entre las perífrasis de fase final destacan «*acabar de* + infinitivo» y «*terminar de* + infinitivo».

c) En otras, finalmente, se alude a alguno de los estadios de un proceso, pero ordenándolos implícitamente en una jerarquía: «*empezar por* + infinitivo» (*empezar por leer el texto,* frente a *empezar a leer el texto*); «*acabar por* + infinitivo», «*terminar por* + infinitivo», «*venir a* + infinitivo» y «*llegar a* + infinitivo», entre otras.

PERÍFRASIS DE GERUNDIO

Son aspectuales y muestran una acción, un proceso o un estado de cosas presentados en su curso. Gran parte de los auxiliares de las perífrasis de gerundio (*andar, ir, seguir, venir...*) tienen usos independientes como verbos de movimiento, sentido que se altera en buena medida al gramaticalizarse como auxiliares. Las principales son:

a) «*Estar* + gerundio» presenta una situación en su desarrollo, es decir, comenzada pero no concluida. Tiene, por tanto, sentido progresivo: *Está escribiendo una novela.*

b) «*Ir* + gerundio» expresa la idea de que el proceso se realiza en etapas sucesivas que pueden acumularse hasta alcanzar un final: *Iba alejándose poco a poco.* Es, pues, progresiva y acumulativa.

c) «*Venir* + gerundio» describe un proceso que se desarrolla a partir de una situación retrospectiva: *Nos viene ocultando sus intenciones.*

d) «*Andar* + gerundio» presenta situaciones que se efectúan con interrupciones o de modo intermitente. Se trata, pues, de una perífrasis frecuentativa: *Anda preguntando por ti.*

Otras perífrasis de gerundio son las formadas con los auxiliares *llevar* (*Llevo viviendo aquí diez años*), *seguir* (*Siguió jugando después de la lesión*) y *continuar* (*Continúa siendo el candidato a pesar de todo*).

PERÍFRASIS DE PARTICIPIO

Las perífrasis de participio muestran concordancia de género y número con el sujeto o con el objeto directo. Los esquemas perifrásticos se restringen a los auxiliares *estar* (*Las cartas están escritas con tinta azul*), *tener* (*Tengo archivados los documentos*) y *llevar* (*Lleva publicadas cinco novelas*).

16

La preposición. La conjunción. La interjección

La preposición

DEFINICIÓN

Las PREPOSICIONES constituyen una clase cerrada de palabras, normalmente átonas y dotadas de valor relacional, que introducen un complemento que se denomina TÉRMINO con el que forman grupo sintáctico y al que pueden caracterizar sintáctica y semánticamente.

CARACTERÍSTICAS SINTÁCTICAS

a) La preposición y su término forman un GRUPO PREPOSICIONAL O PREPOSITIVO: *a México, con su ayuda, tras la casa.*

b) Pueden ser término de preposición los grupos nominales y pronominales (*desde la casa, con ella*), los adjetivales (*pasar por tonto*), los adverbiales (*hasta aquí mismo*) y los preposicionales (*de entre los arbustos*). También las oraciones subordinadas sustantivas en sus diferentes variedades (*la noticia de que habían llegado, la incertidumbre de si estará vivo o no*).

c) Los pronombres personales precedidos de preposición adoptan normalmente el caso oblicuo (→ pág. 100) *para mí* (no **para yo*), *sin ti, de sí* (pero *de él*), etc. No rigen caso oblicuo *entre* (*entre tú y yo*) y *según* (*según tú*).

CARACTERÍSTICAS SEMÁNTICAS

Desde una perspectiva semántica, las preposiciones se dividen en dos grupos:

a) Preposiciones con significado gramatical o funcional. No tienen significado léxico y constituyen marcas de función. Aunque de diversas formas, contribuyen a señalar la relación sintáctica que media entre un núcleo y su complemento (*Vio a los artistas, la ira de los dioses*).

b) Preposiciones con significado léxico. Algunas preposiciones expresan también significados léxicos, habitualmente contenidos locativos y temporales (*bajo, desde, sobre*...).

El significado de las preposiciones es relacional, pues ponen en contacto dos elementos: el elemento del que depende el grupo y el término de la preposición. En *Lo pintó con Inés*, la preposición *con* contribuye a indicar que el referente de su término (*Inés*) aporta la noción de 'compañía' al proceso que representa *pintó*.

Las preposiciones que tienen contenido léxico pueden restringir semánticamente su término. Así, *durante* introduce sustantivos que denotan sucesos o unidades temporales: *durante la {guerra ~ primavera ~ *casa}*. Igualmente, suelen establecer relaciones de oposición entre sí: *bajo/sobre* (*bajo la mesa / sobre la mesa*), *con/sin* (*con leche / sin leche*), *desde/hasta* (*desde Chile / hasta Perú*).

LAS PREPOSICIONES DEL ESPAÑOL

En la actualidad, forman la clase de las preposiciones del español *a, ante, bajo, cabe, con, contra, de, desde, durante, en, entre, hacia, hasta, mediante, para, por, según, sin, so, sobre, tras, versus* y *vía*.

Precisiones acerca del inventario. Algunos de los componentes de la lista anterior poseen características especiales:

CABE y *SO*. Ya no se usan en el español hablado, aunque *so* se integra en algunas locuciones (*so pena de*). *Cabe* equivale a *junto a*, y *so*, a *bajo*.

DURANTE y *MEDIANTE*. En su origen, eran participios de presente de los verbos *durar* y *mediar*, uso que se conserva en la expresión *Dios mediante*. En la actualidad, han perdido su tonicidad y la posibilidad de concordar (ya no se dice **durantes dos días*), y se han convertido en preposiciones: *durante dos días, mediante su ayuda*.

HASTA. Hay que diferenciar la preposición *hasta* del adverbio homónimo, que significa 'incluso'. Cuando el término es un pronombre personal, la preposición *hasta* rige caso oblicuo (*Vino hasta {mí ~ *yo}*), mientras que el adverbio se antepone a pronombres en caso recto (*Iré hasta yo* 'incluso yo', donde *yo* no es un sujeto preposicional). Como preposición, *hasta* indica habitualmente el límite de un proceso, un espacio o una situación (*Caminó hasta el muelle; Se quedó hasta el día siguiente*).

Según. Significa 'conforme a' (*según la ley*), 'en función de' o 'dependiendo de' (*según quien venga*). Es la única preposición tónica y, como se ha explicado, rechaza el caso oblicuo (*según {tú ~ *ti}*).

Versus. Es una preposición latina que ha entrado en el español a través del inglés (*el conflicto del campo versus la ciudad*). Según el contexto, equivale a *contra* o a *frente a*, que se consideran preferibles a *versus*.

Vía. Procede de un sustantivo e introduce el lugar por el que se pasa (*Volaron a la Argentina vía París*). También indica medio: *Se transmitirá vía satélite*.

Admiten usos preposicionales o cuasipreposicionales los adverbios relativos DONDE y CUANDO si preceden a ciertos grupos nominales: *donde su madre, cuando la guerra*.

Principales usos y valores de las demás preposiciones. Dado que son muy numerosos, se presentará una síntesis de los más frecuentes:

A. Introduce el complemento indirecto (*Se lo dije a Manuel*) y en ocasiones el directo (*He visto a tu hijo*). Puede introducir, entre otros, complementos de destino y término (*Iremos a Managua; Llegaremos a fin de mes*), de dirección u orientación (*La fachada daba a poniente*), de ubicación temporal (*Llegó a las cuatro*), de finalidad (*Viene a que la escuches*) y de modo o manera (*callos a la madrileña*).

Ante. Indica localización con significados cercanos a *delante de* (*Se situó ante la puerta*) y *en presencia de* (*Se arrodilló ante ella*). También puede equivaler a *en vista de* (*ante la gravedad de los hechos*).

Bajo. Su término expresa 'lugar inferior', bien en sentido físico (*bajo el puente*), bien figurado (*bajo control, bajo su tutela, bajo pretexto*).

Con. Introduce complementos de compañía (*Está con su novio*), de instrumento (*Abrió con la llave*), de medio (*Se lava con agua; Lo transporta con un carro*), de modo o manera (*Comía con gula*), de adición (*café con leche*) y de simultaneidad o coocurrencia (*Viajé con mucha lluvia*).

Contra. Expresa fundamentalmente oposición o enfrentamiento (*delitos contra la salud*). También puede indicar ubicación (*Se apoyó contra la pared*) y destino o término (*Se estrelló contra un árbol*).

De. Es, junto con *a*, la preposición más usada. Introduce complementos que indican origen, sobre todo espacial (*Procede de Colombia*). Expresa buena parte de la información que en latín señalaba el genitivo, con valores como el agente (*la decisión del director*), el paciente (*la lectura de una novela*), el poseedor (*la casa de mi padre*), el todo del que procede una parte (*la pata de la mesa*), lo caracterizado por una propiedad (*el azul del cielo*), el contenido (*un vaso de agua*), la materia (*campanas de bronce*), el destino o propósito de algo (*traje de ceremonia*), etc.

> No son correctos algunos usos en los que *de* ocupa el lugar que corresponde a otras preposiciones, como en *ser adicto de algo* (por ... *a algo*), *hacer algo de urgencia* (por ... *con urgencia*) o *perder de quince puntos* (en lugar de ... *por quince puntos*).

Desde. Expresa origen o punto de partida, sea de una trayectoria (*La ruta va desde Rosario hasta Mendoza*) o de una situación (*Está así desde el verano*).

En. Manifiesta ubicación, bien espacial (*en el cajón, en Venezuela*), bien temporal (*en verano, en 1983*). Indica, asimismo, el término de un movimiento o un proceso (*Entró en el salón; Se convirtió en un monstruo*); lapsos de tiempo, en equivalencia con *a lo largo de* (*lo logrado en un año*), y el tiempo que se tarda en alcanzar algo (*En doce horas lo termino*).

Entre. Expresa la localización de algo en medio de dos o más cosas (*entre mayo y junio*), pero también en el interior de algún conjunto (*entre la gente*) o de lo denotado por ciertas materias (*entre el ruido, entre el humo*). Introduce predicativos que expresan cooperación múltiple (*Los hermanos lo pagaron entre todos* = 'así'). Se combina a distancia con la conjunción *y* para expresar suma (*Entre autos y motos había cien*).

Hacia. Indica dirección u orientación (*Iban hacia Valparaíso; Se orientaba hacia el mar*). Manifiesta, asimismo, ubicación aproximada en el espacio (*Ese lugar cae hacia Santiago*) o en el tiempo (*Llegaremos hacia las tres*).

Para. Expresa destino en sentido espacial (*Voy para allá*) y temporal (*Estará hecho para mañana*). Indica, asimismo, finalidad (*Se encogió para protegerse*), utilidad (*un remedio para la artrosis*), orientación (*Estudia para maestro*) y destinatario (*Lo compré para mi hermana*).

Por. Introduce el complemento agente (*Fue rescatado por los bomberos*) y también los complementos de causa (*Cerrado por vacaciones*). En sentido espacial, indica trayecto o vía (*Circulaba por la carretera*) y ubicación aproximada (*Viven por la zona del puerto*), que puede ser temporal (*Vuelve a casa por Navidad*). Expresa, además, aquello a favor de lo que se actúa (*Lucha por sus ideas*), el medio por el que se remite o transmite algo (*Lo envié por fax*), la cantidad por la que se vende o se compra (*Lo adquirió por doscientos pesos*) y lo que se busca o se persigue (*Fue por agua a la fuente*), entre otros valores.

Es característica de España la combinación *a por* (*Fue a por agua*), que se percibe como anómala en América. *n*

SIN. Posee sentido negativo y expresa privación (*Lo hizo sin ayuda*). Ello le otorga valores opuestos a los de *con* (*una habitación {con ~ sin} ventana, un paseo {con ~ sin} compañía*).

SOBRE. Indica 'lugar superior' en sentido físico (*Está sobre la mesa*) o figurado (*Creía estar sobre el bien y el mal*). Puede expresar también el asunto sobre el que versa algo (*un libro sobre la lucha de clases*), así como el carácter aproximado de un cómputo (*Andaba sobre los cuarenta años*).

Se considera incorrecto el empleo de la preposición *sobre* en lugar de *hacia, a* o *contra* (*tirar sobre puerta, falta sobre un contrario*), propio del lenguaje deportivo. Tampoco se recomienda usarla en lugar de *de* para expresar un número del que se toma una parte. Se prefiere, pues, *Votaron a favor cinco de veinte participantes* a ... *cinco sobre veinte...* *n*

TRAS. Alterna con *detrás de* y expresa que algo se sitúa a continuación de otra cosa (*El ocho viene tras el siete; La casa estaba tras un montículo*). Con términos temporales, equivale a *después de* (*Firmaron tras varios días de debates*).

LAS LOCUCIONES PREPOSICIONALES O PREPOSITIVAS

Son agrupaciones de palabras que adquieren el significado y el funcionamiento gramatical de las preposiciones. Como todas las clases de locuciones, forman una serie de muchos miembros y se aproximan, por ello, a un paradigma ABIERTO.

La pauta más productiva en la formación de estas locuciones es «preposición + sustantivo + preposición». Las preposiciones que suelen aparecer con más frecuencia en posición inicial son las siguientes:

A: *a base de, a cargo de, a costa de, a falta de;*
CON: *con arreglo a, con respecto a, con excepción de;*
DE: *de cara a, de conformidad con, de parte de;*
EN: *en aras de, en atención a, en bien de, en lugar de;*
POR: *por causa de, por conducto de, por culpa de.*

Se considera incorrecta la locución *en base a.* Se recomienda sustituirla por expresiones como *basándonos en, con base en, sobre la base de, con apoyo en...* *n*

La conjunción

DEFINICIÓN

Las CONJUNCIONES constituyen una clase de palabras invariables y generalmente átonas, cuya función es establecer relaciones entre palabras, grupos sintácticos u oraciones.

CLASES DE CONJUNCIONES

Las conjunciones se dividen en dos grandes grupos, según el tipo de conexión que se establece entre los segmentos que relacionan:

a) CONJUNCIONES COORDINANTES. Vinculan elementos sin establecer relaciones jerárquicas entre ellos: *María y tú, antes o después*. Pueden ser COPULATIVAS, DISYUNTIVAS O ADVERSATIVAS.

b) CONJUNCIONES SUBORDINANTES. Vinculan elementos estableciendo entre ellos relaciones de dependencia: *Saben que perderán*.

LAS CONJUNCIONES COPULATIVAS

Los grupos coordinados con estas conjunciones se interpretan como conjuntos cuyos elementos se suman.

La conjunción *y*. Es la conjunción copulativa más característica. Cuando precede a palabras que empiezan por *i-* o *hi-*, toma la forma *e* (*Fernando e Isabel; madre e hija*). Cuando el segundo término comienza por diptongo, adopta la forma *y* (*matas y hierbas*); pero si entre las vocales hay hiato en lugar de diptongo, se transforma en *e*, como en *diptongo e hiato, moléculas e iones*.

La conjunción *ni*. Suma dos o más elementos negados. Exige siempre alguna negación previa: *Nunca escribe ni llama*. Puede aparecer ante cada uno de los miembros o bien solo ante el segundo: *Jamás hablaba (ni) de su familia ni de su trabajo*.

Conjunciones discontinuas o correlativas. Constan de varios componentes, cada uno de los cuales se sitúa ante uno de los miembros coordinados: *tanto... como...* (*Tanto su familia como sus amigos la apoyaron*), *tanto... cuanto...* (*Son importantes tanto la prudencia cuanto la justicia*), *igual... que...* (*Pueden participar igual niños que niñas*), *lo mismo... que* (*Aquí residen lo mismo cazadores que turistas*), *ni... ni...* (*No llegaron ni el novio ni la novia*), *no solo..., sino también* (*No solo lo presenció el público, sino también los televidentes*).

LAS CONJUNCIONES DISYUNTIVAS

La más característica es *o*, que puede aparecer como enlace simple (*carne o pescado*) o discontinuo (*o carne o pescado*). Cuando la palabra siguiente comienza por *o-* u *ho-*, adopta la forma *u* (*siete u ocho, mujeres u hombres*), incluso cuando aparece ante el primer elemento de una coordinación discontinua (*u hombres o mujeres*).

Valores. La conjunción *o* adquiere en el uso diferentes valores:

a) Valor EXCLUSIVO. Se opta necesariamente por una de las posibilidades que se presentan. Este valor es el propio del uso discontinuo (*Llámame o a las cuatro o a las cinco*). En el uso simple, junto a la interpretación exclusiva es posible también la INCLUSIVA, en la que la elección indicada no se impone: *En su mesa nunca faltaban las sopas especiadas o los suculentos asados.*

b) La interpretación exclusiva puede desembocar en la interpretación ABIERTA, en la que las opciones señaladas se presentan como ejemplo de otras posibles e intermedias. Así, en *Tenía veinticinco o treinta años,* se da a entender que cualquier edad entre estas dos es posible.

c) Equivalencia DENOMINATIVA. Une dos expresiones con idéntico valor denominativo: *Cervantes o el manco de Lepanto; Los médicos estudian la dispepsia o digestión lenta.*

Las conjunciones disyuntivas discontinuas. Se denominan también DISTRIBUTIVAS. Indican alternancia y se usan, sobre todo, en contextos formales. Las más conocidas son *bien... bien..., ya... ya..., ora... ora..., sea... sea..., fuera... fuera...: Vendrá, sea hoy, sea mañana.*

Acercamiento entre las copulativas y las disyuntivas. La conjunción copulativa *y* y la disyuntiva *o* son aparentemente antagónicas, pero el hecho de que la segunda pueda tener valor inclusivo llega a producir un acercamiento entre sus respectivos valores: *Se puede entrar por esta puerta {y ~ o} por aquella.* Suelen usarse indistintamente en enumeraciones equivalentes a una ejemplificación que no agota todas las posibilidades: *Borges, Cortázar {y ~ o} Sábato son grandes escritores argentinos.*

LAS CONJUNCIONES ADVERSATIVAS

La conjunción *pero*. Mediante ella se contraponen dos ideas, una de las cuales —y a veces las dos— no se formula de manera expresa, sino que se infiere de lo que se dice. De este modo, si acerca de la eventual contratación de un jugador de fútbol se dice *Es muy bueno, pero tiene muchas lesiones,* se deducen dos ideas contrarias: de *Es muy bueno* se infiere

'Deberíamos contratarlo', y de *tiene muchas lesiones,* 'No deberíamos contratarlo'. Puede introducir oraciones (*Es tarde, pero llegaremos a tiempo*) y grupos sintácticos diversos (*Es listo, pero algo vago*).

La conjunción *mas,* equivalente a *pero,* es propia de la lengua escrita en estilo formal y arcaizante: *Acudí pronto, mas no te hallé.*

La conjunción *sino.* Da lugar a construcciones adversativas de otra naturaleza. El primer segmento es negativo y refuta una opinión expresa o implícita. El segundo segmento introduce una corrección o matización. Así, en el ejemplo *Iván no es inteligente, sino listo,* la primera parte rechaza la opinión de quien sostiene o podría sostener que Iván es inteligente. El segundo segmento, al tiempo que corrige, matiza la cualidad de Iván.

La corrección puede efectuarse sobre distintos grupos: nominales (*No fue Pedro, sino su hermano*), adjetivos (*No es azul, sino gris*) o adverbiales (*No sucedió ayer, sino anteayer*). Cuando se corrigen oraciones de verbo en forma personal, *sino* se antepone en el español actual a la conjunción *que* (*No lo hago por capricho, sino que es una necesidad para mí*).

LAS CONJUNCIONES SUBORDINANTES

Enlazan únicamente dos elementos, de forma que hacen depender aquel al que preceden de otro, generalmente oracional. El verbo de la oración que introducen presenta forma personal: *Te llamé porque quería hablarte; Pasearemos aunque {llueva ~ *llover}.*

Clasificación. Las conjunciones subordinantes se clasifican en función de su significado y del tipo de oraciones subordinadas que introducen. Estas son las más representativas de cada clase:

a) COMPLETIVAS: *que* (*Creo que es la hora*); *si* (*Nadie sabe si vendrá*).

b) CONDICIONALES: *si* (*Si tienes tiempo, ven*); *como* (con subjuntivo: *Como no asistas a clase, no lo aprenderás*).

c) CAUSALES: *porque* (*Lo creo porque tú lo dices*); *como* (con indicativo: *Como era nuevo, no entendía nada*).

d) CONCESIVAS: *aunque* (*Aunque vive lejos, viene caminando*); *si bien* (*Si bien no es la mejor solución, la aceptaremos*).

e) TEMPORALES: *luego que* (*Luego que lo examinó, regresó a casa*).

f) CONSECUTIVAS: *que* (*Hacía tanto frío que no se podía salir de casa*).

g) ILATIVAS: *luego* (*Pienso, luego existo*); *conque* (*Es tarde, conque apúrate*).

h) Comparativas: *que* (*Ahora hay más gente que antes*); *como* (*Hemos tenido tantos aciertos como errores*).

Locuciones conjuntivas. La mayor parte de las conjunciones subordinantes son en realidad locuciones conjuntivas y constan, por tanto, de más de una palabra. Se estudian a continuación los tipos más frecuentes:

a) «Preposición + *que*». Se trata de combinaciones como *porque* o *para que*: *Lo hizo porque no quería trabajar; Le hablaba para que estuviera tranquila.*

b) «Adverbio + *que*». Se forman con esta pauta *aunque, ahora que, bien que, mientras que...*

c) «Participio + *que*». Se ajustan a este esquema las locuciones conjuntivas causales *dado que, puesto que, visto que.*

d) «Preposición + sustantivo o grupo nominal + *que*». Entre otras, *a medida que, de forma que, de manera que.* No suelen introducir oraciones subordinadas de infinitivo: *a medida que {llegan ~ *llegar}.*

e) «Preposición + sustantivo + *de* + *que*». Se incluyen en este grupo *a causa de que, a fin de que, en razón de que, en vista de que.*

Los conectores discursivos

Se trata de unidades lingüísticas que vinculan semánticamente grupos sintácticos, oraciones o partes de un texto: *Estudió Medicina y, además, Filosofía.* Constituyen un grupo heterogéneo en el que se encuadran adverbios, grupos preposicionales y conjuntivos, además de otros tipos de construcciones. En la gramática tradicional se suelen considerar conjunciones, pues a ellas se asemejan en función y significado; pero no lo son. Así, aunque el adverbio *consecuentemente* establezca un vínculo discursivo, no pertenece al grupo de las conjunciones. Entre los conectores adverbiales y las conjunciones se establecen principalmente las diferencias siguientes:

a) Los conectores son normalmente tónicos (*además, asimismo*) y, a veces, presentan una forma compleja (*no obstante, ahora bien*).

b) Aparecen entre pausas (*... y, sin embargo, te quiere*) y algunos admiten complementos (*Además de médico, es abogado*).

c) Suelen poseer movilidad dentro de la secuencia a la que enlazan: *Es poderoso, pero (con todo) no es (con todo) soberbio (con todo).*

d) Pueden coexistir con conjunciones de significado compatible, pero no se anteponen a ellas: *Tienes fiebre y, en consecuencia, debes acostarte.*

e) A pesar de su tonicidad, no son autónomos. No desempeñan ninguna función sintáctica ni se convierten en enunciados independientes.

Los conectores del discurso se agrupan por su contenido en clases que guardan relación con los tipos de conjunciones:

a) ADITIVOS. Aportan el significado de suma y son compatibles con la conjunción copulativa *y*. Son conectores aditivos *además, asimismo, encima, es más.*

b) CONTRAARGUMENTATIVOS O ADVERSATIVOS. Se ubican en el segundo término de una construcción binaria y expresan, como las conjunciones adversativas, oposición o contraposición de ideas. Unos aportan un significado equiparable al de *sino* (*en cambio, al contrario, todo lo contrario, por el contrario, antes bien*) y otros al de *pero* (*sin embargo, no obstante, con todo, así y todo, ahora bien, eso sí*): *Ese canal de televisión carece de programas interesantes; sin embargo, tiene una gran audiencia.*

c) ILATIVOS. En una construcción bimembre, favorecen la interpretación del segundo término como consecuencia del primero. Son conectores consecutivos *por (lo) tanto, así pues, entonces, en consecuencia, consecuentemente, consiguientemente, por consiguiente.*

La interjección

CARACTERIZACIÓN

La INTERJECCIÓN es una clase de palabras capaz de formar por sí misma enunciados, generalmente exclamativos. Se emplea para comunicar sentimientos e impresiones, poner de manifiesto diversas reacciones afectivas o inducir a la acción. No se utiliza para describir contenidos, sino para llevar a cabo acciones tales como saludar (*¡Buenos días!*), animar (*¡Adelante!*), brindar (*¡Salud!*), manifestar sorpresa (*¡Ahí va!*) o contrariedad (*¡Lástima!*), entre otras muchas posibilidades. Así, el que dice *¡Chitón!* no describe la orden de mandar callar, sino que la da. Se destacan además dos rasgos de esta clase de palabras:

a) Las interjecciones suelen pronunciarse con una línea tonal y una intensidad particulares, pronunciación que se refleja en la escritura.

Algunas alternan la entonación exclamativa (*¡Eh, tú!*) y la interrogativa (*¿Eh?*). Muchas son monosilábicas y presentan particularidades fonéticas que raramente aceptan otras voces, como la /f/ en posición final: *puaf, uf.*

b) Desde el punto de vista sintáctico, las interjecciones no modifican ni determinan a las demás clases de palabras, sino que forman enunciados por sí solas (*¡Adiós!; ¡Caramba!; ¡Vaya!*), o bien concatenadas (*¡Bueno, bueno!; ¡Eh, cuidado!*).

CLASIFICACIÓN GRAMATICAL

Desde el punto de vista gramatical, se distinguen dos grupos de interjecciones:

a) Interjecciones propias. Se emplean únicamente como interjecciones (*epa, oh, olé*), exceptuando los usos nominalizados (*los olés*).

b) Interjecciones impropias. Son formas creadas a partir de sustantivos (*cielos, hombre, Virgen Santa*), verbos (*arrea, venga*), adverbios (*adelante, fuera*) y adjetivos (*bravo, bueno, claro*).

No se consideran interjecciones los sustantivos y los grupos nominales que se utilizan para solicitar algo (*¡Café, por favor!*) ni tampoco los adjetivos que expresan valoración (*¡Chévere!*) o que poseen usos apelativos (*Tranquilo, señor*).

CLASIFICACIÓN SEMÁNTICA

Se diferencian los siguientes tipos:

a) Interjecciones apelativas o directivas. Están orientadas hacia el oyente, es decir, se dirigen a un destinatario con la intención de moverlo a la acción o provocar alguna reacción emocional en él, pero también tienen alguna función social, como saludar, despedirse, brindar, etc.: *hola, adiós, chao, gracias, de nada, ojo, cuidado, órale, ánimo.* Algunas interjecciones apelativas se dirigen a los animales: *arre, pitas, so, zape.*

b) Interjecciones expresivas o sintomáticas. Se orientan hacia el hablante, en el sentido de que manifiestan sus sensaciones, sentimientos y otros estados de ánimo: *ajá, ay, caramba, lástima, maldición.*

LOCUCIONES INTERJECTIVAS

Se llaman locuciones interjectivas las expresiones acuñadas que realizan la misma función que las interjecciones, pero que están formadas por dos o más palabras: *ahí va, cómo no, en fin, hasta luego,* etc.

No se deben confundir las locuciones interjectivas con los grupos sintácticos interjectivos, constituidos por una interjección y su complemento (*ay de mí, cuidado con el perro...*).

LOS GRUPOS INTERJECTIVOS

A veces, las interjecciones se integran en segmentos mayores. Pueden ir seguidas de los elementos siguientes:

a) De un grupo nominal (*¡Vaya, qué sorpresa!*), que puede ser un vocativo, como en *Eh, tú, sal de ahí.*

b) De un grupo preposicional: *¡Adiós a las vacaciones!; ¡Lástima de comida desperdiciada!; ¡Caray con la mosquita muerta!*

c) De una oración: *¡Ojalá (que) gane el partido!; ¡Así se muera!; ¡Mira que eres bobo!*

III

Sintaxis

IIIa Estructuras sintácticas simples

17. El grupo nominal
18. Los grupos adjetival, preposicional y adverbial
19. El sujeto
20. Complemento directo. Complemento indirecto. Complemento de régimen
21. Adjuntos. Complementos circunstanciales
22. El atributo
23. Oraciones activas, pasivas, impersonales y medias
24. La modalidad. La negación

IIIb Estructuras sintácticas complejas

25. Oraciones subordinadas sustantivas
26. Oraciones subordinadas de relativo
27. Construcciones comparativas, superlativas y consecutivas
28. Construcciones causales, finales e ilativas
29. Construcciones condicionales y concesivas

17

El grupo nominal

El grupo nominal

DEFINICIÓN

El GRUPO NOMINAL (también SINTAGMA NOMINAL O FRASE NOMINAL) es un grupo sintáctico cuyo núcleo es un sustantivo. Este admite modificadores y complementos que matizan, restringen o amplían su significado. El grupo, en su conjunto, recibe las propiedades fundamentales de su núcleo, por lo que desempeña funciones sintácticas características del nombre, como las de sujeto o complemento directo, entre otras.

COMPONENTES DEL GRUPO NOMINAL

El grupo nominal está constituido a veces únicamente por un sustantivo (*Me gusta mayo; Entra aire; Llamó Marta*), pero también puede presentar una estructura compleja (*el fresco aire otoñal que entraba por la ventana, esos cuatro bellos cuadros de Klee*). Los elementos que pueden añadirse al núcleo son los siguientes:

a) Determinantes: *el profesor, esta autora, mis libros, algunas fechas.*

b) Grupos adjetivales y participios: *aire muy frío, los boletos reservados.*

c) Grupos nominales: *el doctor García; Raúl, el mejor jefe.*

d) Grupos preposicionales construidos con grupos nominales o con oraciones sustantivas como término de la preposición: *lazos de colores, ladrones sin escrúpulos, viaje al círculo polar ártico, la idea de que te vayas otra vez.*

e) Oraciones subordinadas de relativo: *objetos que faltan; el gato, que seguía allí.*

ESTRUCTURA DEL GRUPO NOMINAL

Los grupos nominales, como el resto de los grupos sintácticos, tienen estructura interna. Los distintos modificadores inciden sobre el núcleo de forma jerarquizada, es decir, subordinados unos a otros. Así, la secuencia *tres hermosos libros de poemas* se estructura de la siguiente manera:

a) El núcleo del grupo es *libros*, al que se une *de poemas* para formar un primer grupo nominal: *libros de poemas*.

b) El adjetivo *hermosos* no modifica únicamente a *libros*, sino a *libros de poemas*. Así pues, *hermosos libros de poemas* es un grupo nominal que contiene otro en su interior.

c) El numeral *tres* modifica al grupo nominal *hermosos libros de poemas*, no solo a *libros*.

En los siguientes apartados se explican los modificadores del núcleo nominal, prestando mayor atención a aquellos cuya relación con el sustantivo no ha sido descrita en otros capítulos.

Los determinantes

Los DETERMINANTES son una clase de palabras que se anteponen al nombre y sus complementos para reducir la extensión significativa del segmento al que afectan y formar expresiones referenciales. Son determinantes los artículos, así como algunos demostrativos, posesivos, cuantificadores, relativos, interrogativos y exclamativos: *la novela, este dolor, mi perro, ciertos rumores, siete días, cuya paciencia, ¿Cuánto dinero cuesta?, ¡Qué angustia!* Constituyen los componentes más externos del grupo nominal (→ caps. 8-13).

Complementos argumentales y adjuntos del nombre

Según el tipo de relación semántica que se establece entre el núcleo y sus complementos, se distinguen dos tipos de modificadores nominales: los COMPLEMENTOS ARGUMENTALES y los ADJUNTOS.

Los complementos argumentales están seleccionados por el significado de ciertos nombres. Así, el sustantivo *lectura* reclama una expresión que precise su significado (*lectura de algo*). Por tanto, en *la lectura de un libro* el complemento *de un libro* es de carácter argumental. Aun siéndolo, estos complementos pueden omitirse ocasionalmente si el contexto lo permite, como en *Interrumpió la lectura* (*del libro*).

La presencia de los adjuntos no está determinada semánticamente por el núcleo nominal, por lo que mantienen con él una relación menos estrecha. Así, en *la lectura de un libro por la mañana* puede comprobarse que el segmento subrayado aporta información temporal de naturaleza circunstancial. Los adjuntos pueden pertenecer a distintas categorías gramaticales: grupos adjetivales (*decisión acertada*), grupos preposicionales (*pastel de chocolate*), grupos nominales (*su aparición el martes pasado*) o adverbiales (*la llegada ayer mismo de los participantes en la regata*), oraciones de relativo (*el resultado que esperamos*).

Tipos de adjuntos del nombre

Los adjuntos pueden ser clasificados atendiendo a varios criterios:

a) Por la categoría a la que pertenecen: adjetivos, sustantivos...

b) Por su valor clasificativo o calificativo.

c) Por la circunstancia que aportan: lugar, tiempo, cantidad, posesión...

d) Por su carácter especificativo o explicativo.

Estas clasificaciones no son excluyentes entre sí, sino que pueden cruzarse. Los adjetivos calificativos, por ejemplo, podrán aparecer como especificativos (*Los perros nerviosos ladraban*) o como explicativos (*Los perros, nerviosos, ladraban*). Asimismo, encontramos aposiciones especificativas y aposiciones explicativas (*Su abuelo ministro nació aquí* / *Su abuelo, el ministro, nació aquí*).

COMPLEMENTOS DE INTERPRETACIÓN CLASIFICATIVA Y DE INTERPRETACIÓN CALIFICATIVA O EVALUATIVA

Los primeros añaden al significado del núcleo una propiedad clasificatoria. Suelen ser adjetivos relacionales (→ pág. 70) o grupos preposicionales cuyo término es un grupo nominal sin determinante: *una pasta {dentífrica ~ de dientes}*. Forman con el sustantivo una unidad solidaria que normalmente admite la paráfrasis 'un tipo de' (*un submarino nuclear* es 'un tipo de submarino') y que puede llegar a constituir una locución nominal. Expresan, entre otros, los siguientes significados: finalidad o uso (*coches de alquiler, cuchillo de cocina*), precio o valor (*zapatos de cien dólares*), funcionamiento (*barco de vela, estufa de gas*), materia o contenido (*pastel de queso*).

Los del segundo grupo aportan una cualidad evaluable y son, principalmente, adjetivos calificativos (*árboles robustos, crudo invierno*) y grupos preposicionales cuyo término es un grupo nominal, a menudo sin determinante: *argumentos de peso, objetos de gran valor.*

COMPLEMENTOS ESPECIFICATIVOS Y EXPLICATIVOS

Complementos especificativos. Delimitan un subconjunto en lo denotado por el grupo nominal. Así, en *los libros rojos,* la presencia del adjetivo *rojos* establece un subconjunto de libros: aquellos que son rojos. Expresan esta restricción los adjetivos, los grupos preposicionales y las oraciones de relativo llamadas *especificativas* o *restrictivas* (→ págs. 243-244): *los televisores modernos, los edificios de la plaza, los médicos que trabajan en este centro*. Los grupos nominales con complementos especificativos pueden estar determinados (*el libro azul, las flores del jardín*) o no estarlo (*Aquí hay libros de colores*).

Desde el punto de vista del significado, los complementos especificativos expresan varias nociones: pertenencia o posesión (*la casa de Ana*), cualidad (*la casa nueva*), oficio (*el chico de los recados*), lugar (*la gente de aquí*), tiempo (*la excursión que hicimos ayer*), cantidad (*el viaje de dos días*), finalidad o uso (*gafas {de ~ para} bucear*), entre otros. Suelen permitir la sustitución por posesivos o por demostrativos:

La casa *de Eva* > *Su* casa	La casa *de la esquina* > *Esa* casa
Las botas *de Luis* > *Sus* botas	Las botas *de la tienda* > *Esas* botas

Complementos explicativos. Son incisos que proporcionan informaciones adicionales, a menudo aclaraciones o justificaciones. A diferencia de los modificadores especificativos, no introducen restricción en el significado del núcleo. Así, en *Los niños, cansados, se retiraron,* la expresión *los niños* se refiere a la totalidad de los niños de los que se está hablando. Sin embargo, en *Los niños cansados se retiraron,* el verbo *se retiraron* se predica solo de un subconjunto de tales niños, los que estaban cansados. Pueden funcionar como modificadores explicativos los adjetivos calificativos y los participios o sus grupos sintácticos (*Los montañeros, muy contentos, aplaudieron a su jefe*), los grupos preposicionales (*Laura, con gesto preocupado, nos lo comunicó*), y las oraciones de relativo denominadas *explicativas* (→ págs. 243-244): *María, que es muy intuitiva, lo adivinará.*

LA APOSICIÓN

La APOSICIÓN O CONSTRUCCIÓN APOSITIVA es una secuencia en la que un sustantivo o un grupo nominal (B) incide sobre otro (A): *el rey* (A) *Lear* (B). En sentido amplio, también se utiliza el término *aposición* para algunas construcciones en las que los dos segmentos nominales están separados por la preposición *de* («A *de* B»): *el problema* (A) *del tráfico* (B). Se usa asimismo la voz *aposición* para aludir únicamente al segundo elemento de la construcción, que actúa como modificador del primero: *el rey* (A) *Lear* (B).

Se distingue tradicionalmente entre la aposición especificativa y la explicativa. La APOSICIÓN ESPECIFICATIVA incide sobre el nombre o grupo nominal, normalmente sin pausa interpuesta. La APOSICIÓN EXPLICATIVA lo hace en una construcción parentética, es decir, en un inciso. Dentro de la primera, se distinguen dos tipos, RESTRICTIVA y ATRIBUTIVA, en función de la relación semántica que mantienen con su núcleo.

La aposición especificativa restrictiva. El elemento apositivo realiza una especificación o restricción sobre lo denotado por el núcleo. Dicho núcleo puede ser un nombre propio (*Isabel la Católica, Madrid capital*) o un nombre común (*el rey poeta*).

La aposición especificativa atributiva. En ella, el modificador no acota el significado del núcleo, sino que identifica su referente o señala la clase a la que pertenece. Se pueden parafrasear a través de estructuras atributivas en las que el primer segmento (A) es el atributo y el segundo (B) es el sujeto: *el poeta Salinas* («A B») 'Salinas es poeta' («B es A»). En cuanto a su estructura, esta aposición puede adoptar dos formas:

a) El segundo miembro se une directamente al primero. Esta pauta ofrece varias posibilidades combinatorias:

- «Nombre común + nombre propio», como los casos en los que el núcleo designa parentesco y relación social (*la abuela Ana*), formas de tratamiento (*el señor Domínguez, la infanta Leonor*) o una denominación geográfica (*el río Paraná*).
- «Nombre común + nombre común»: *el hueso escafoides*. A este tipo pertenecen las aposiciones cuyo segundo término es una expresión metalingüística (*la palabra convenimos, el adverbio sí*).

b) El segundo constituyente se une al primero mediante la preposición *de*, que a veces es obligatoria (*el problema de la droga, el arte de la fotografía*) y a veces opcional: *la calle (de) Goya, el cabo (de) San Vicente, el año (de) 1923*. Tienen valor enfático construcciones como *el tonto de mi cuñado* o *una maravilla de película*.

En los casos señalados como alternantes, el uso de una u otra opción es sumamente variable, pero ambas son igualmente correctas: *la calle Alcalá* o *la calle de Alcalá, el año 1953* o *el año de 1953*. *n*

La aposición explicativa. Se denomina así porque, como los complementos explicativos, el segundo término aparece normalmente en inciso, separado del primero por pausas. El elemento apositivo posee dos formas:

a) Una expresión no definida (sin determinante o con artículo indefinido), que aporta propiedades del núcleo: *Ataúlfo, hijo primogénito, heredó la corona; Don Julio, un ejemplo de honestidad, renunció al cargo.*

b) Una expresión definida (con determinante), que ayuda a identificar el referente del núcleo: *D. Tomás, el director de nuestro colegio, se jubila; Viajó a San José, la capital de Costa Rica; Teresa, su mejor amiga, no ha venido.*

Los argumentos nominales

Los complementos argumentales son, como se ha visto, modificadores seleccionados por el núcleo. Se distinguen al menos dos tipos de nombres que, por motivos diferentes, requieren argumentos: las NOMINALIZACIONES y los NOMBRES CON SIGNIFICADO DE RELACIÓN.

NOMINALIZACIONES

Son sustantivos, derivados de verbos o de adjetivos, que heredan ciertas propiedades sintácticas de su base, entre ellas sus argumentos. De este modo, en *la donación de Inés de un lote de libros a la biblioteca*, el sustantivo *donación* hereda los argumentos de la base verbal *donar (Inés donó un lote de libros a la biblioteca)*, en forma de complementos. Los grupos sintácticos introducidos por la preposición *de* representan, respectivamente, el COMPLEMENTO SUBJETIVO, que está relacionado con el sujeto del verbo que aporta la base (*Inés*), y el COMPLEMENTO OBJETIVO, vinculado con el objeto directo (*un lote de libros*).

A partir de los verbos que se construyen con complemento de régimen, se forman nombres que heredan el mismo tipo de modificador. Tales sustantivos requieren un complemento de régimen introducido por la misma preposición: *la carencia de medios, su aspiración al cargo.*

VERBO	NOMBRE	VERBO	NOMBRE
carecer (de)	carencia (de)	acceder (a)	acceso (a)
depender (de)	dependencia (de)	aludir (a)	alusión (a)
abusar (de)	abuso (de)	renunciar (a)	renuncia (a)
insistir (en)	insistencia (en)	luchar (por)	lucha (por)

Los sustantivos deverbales que se construyen con argumentos se dividen en cuatro grupos:

a) DE ACCIÓN. Son nombres que designan una actividad (*acoso, explicación, lectura, subida*, etc.). Heredan con facilidad los argumentos del verbo del que proceden. En *la rendición de los rebeldes*, el segmento subrayado denota el agente (*Los rebeldes se rindieron*) y, en *la conclusión de los trabajos*, el paciente (*Los trabajos fueron concluidos*). A veces, ambas interpretaciones son posibles: en *la elección del delegado* puede entenderse que cierto delegado elige algo, pero también que es elegido por alguien. Estos nombres admiten varios argumentos si el verbo del que derivan también lo hace: *el envío de medicamentos a los damnificados*.

b) DE EFECTO. Denotan el resultado de la acción verbal. El complemento con *de* suele identificarse con el agente: *el escrito de los huelguistas* (donde se entiende que los huelguistas escriben algo). Muchas nominalizaciones pueden ser de acción o de efecto, según el contexto. Así, *construcción* pertenece al primer grupo en *La construcción duró un año*, pero al segundo en *La construcción es sólida*.

c) DE AGENTE. Denotan al individuo que realiza la acción expresada por la base léxica, como en *el comprador* ('el que compra') o *la traductora* ('la que traduce'). Pueden ir acompañados del "paciente", que se expresa a través de un complemento con *de* o de un posesivo: *el comprador del cuadro, su traductora* (= 'la traductora de la obra').

d) DE ESTADO. Suelen aludir a sensaciones, impresiones, emociones o actitudes: *el deseo de vacaciones, el recuerdo de su padre*.

A partir de adjetivos se forman nombres DE CUALIDAD, que expresan propiedades. Sus complementos argumentales identifican los seres de los que se predican tales propiedades: *la amabilidad del anfitrión, la aspereza del corcho, la sordera del abuelo*.

NOMBRES DE RELACIÓN Y DE SENTIMIENTO

Algunos nombres expresan significados de relación. Se trata de nociones que establecen un vínculo con alguien o con algo, que se expresa mediante un complemento argumental. Así, no puede concebirse la noción expresada por el sustantivo *sobrino* sin pensar en otra persona con la que se establecerá tal relación de parentesco. El grupo nominal que designa a esta persona se considera un argumento del sustantivo: *el sobrino de Javier*. Entre los nombres relacionales se hallan los de parentesco (*cuñada, padre*), los de representación (*cuadro, estatua*), los que denotan relaciones sociales (*amigo, colega*) y los que expresan relaciones parte-todo (*cabeza, final*).

Ciertos sustantivos (no necesariamente derivados de verbos) que expresan afección, así como determinados movimientos del ánimo y otras nociones psíquicas, admiten argumentos asimilables a los complementos de régimen. El término de la preposición denota el ser sobre el que se proyecta dicho sentimiento, como en *el miedo al fracaso, la aversión a los cambios, su interés por la música*. En algunos casos son compatibles dos preposiciones: *su afición {a ~ por} la bebida*.

Grupos nominales y locuciones nominales

Una LOCUCIÓN NOMINAL es un grupo de palabras que constituye una sola pieza léxica y que equivale a un nombre. Se diferencia de un grupo nominal en distintos aspectos.

Un grupo nominal:

a) Se forma combinando un sustantivo con sus complementos y modificadores de acuerdo con las reglas de la gramática. Tiene, por tanto, una estructura interna: *la edad de la niña, las orejas del gato*.

b) Su significado se obtiene del significado de las piezas léxicas que lo componen, así como del modo en que estas se combinan.

c) El núcleo del grupo nominal es el nombre.

d) Cuando contiene como complemento un grupo preposicional, este se puede sustituir normalmente por un posesivo o un demostrativo: *la edad de la niña* > *su edad, los vinos de Chile* > *esos vinos*.

Una locución nominal:

a) Tiene forma de grupo nominal: *caballo de batalla, diente de león, ojo de buey, oveja negra, pata de gallo*. El significado de la locución no se obtiene de la combinación de sus componentes. Así, la locución *pata de gallo* no significa 'la pata del gallo', sino que denota 'arrugas de la comisura de los ojos'.

b) El núcleo del grupo en estos ejemplos es un sustantivo complejo (*ojo de buey, pata de gallo*), que coincide, por tanto, con la locución. Este núcleo puede admitir modificadores: *las típicas patas de gallo*. En cambio, no es posible que los elementos constitutivos de las locuciones reciban modificadores independientemente: *patas de (* este) gallo*.

c) El grupo preposicional no es en ellas independiente, sino que forma parte del núcleo complejo. En consecuencia, no se sustituye por un posesivo: **su ojo, *su pata*.

A menudo es el contexto el que permite establecer si se trata de un grupo nominal o de una locución, puesto que muchas expresiones pueden admitir ambos análisis. Así, *mesa redonda* es grupo nominal en *Compré una mesa redonda*, pero locución en *Convoqué una mesa redonda*, donde denota un tipo de reunión, no de mesa. En el primer caso sería posible un grupo nominal con el núcleo elidido (*Compré una redonda*), a diferencia del segundo (**Convoqué una redonda*), donde el núcleo no es *mesa*, sino *mesa redonda*.

La construcción de las locuciones nominales puede obedecer a distintas pautas:

a) «sust. + adj.»: *cabo suelto, caja fuerte, carta blanca, llave inglesa, manga ancha, pez gordo, sentido común;*

b) «adj. + sust.»: *malas artes, media naranja;*

c) «sust. + *de* + sust. o grupo nominal complejo»: *alma de Dios, arreglo de cuentas, botón de muestra, caza/cacería de brujas, golpe de suerte, mal de ojo, palos de ciego, paño de lágrimas;*

d) «det. + sust. + *de* + N propio o grupo nominal»: *las cuentas del Gran Capitán, el amo del cotarro, el chocolate del loro, la cresta de la ola, la ley del embudo, la manzana de la discordia;*

e) fórmulas coordinadas: *alfa y omega, cara y cruz* (también *cara o cruz*), *carros y carretas, dimes y diretes, duelos y quebrantos, el oro y el moro, santo y seña, sapos y culebras, tira y afloja.*

18

Los grupos adjetival, preposicional y adverbial

El grupo adjetival

DEFINICIÓN

El GRUPO ADJETIVAL (también SINTAGMA ADJETIVAL O FRASE ADJETIVAL) es una construcción sintáctica cuyo núcleo es un adjetivo que puede recibir modificadores y complementos. Contrae las funciones de modificador nominal (*las manzanas muy verdes*) y de atributo, en todas sus variedades (*Las manzanas están muy verdes; Las veo muy verdes*).

COMPONENTES DEL GRUPO ADJETIVAL

Como en el caso del grupo nominal, el grupo adjetival puede estar constituido por un solo elemento: el propio adjetivo (*Vio calles estrechas*); pero, en ocasiones, presenta una estructura compleja (*Hizo los cada vez más imprescindibles cambios; Estaba plenamente satisfecha de su nueva vida*).

ESTRUCTURA DEL GRUPO ADJETIVAL

Los componentes del grupo adjetival se relacionan entre sí de manera jerarquizada, es decir, subordinados unos a otros. Así, en *demasiado cansado de esperar* se puede señalar la siguiente estructura:

a) El núcleo del grupo es *cansado*, al que se une *de esperar* para formar un primer segmento.

b) El cuantificador de grado *demasiado* modifica a *cansado de esperar*.

La secuencia es, por tanto, *cansado* > *cansado de esperar* > *demasiado cansado de esperar*. Los elementos que inciden sobre el adjetivo son de dos clases: MODIFICADORES Y COMPLEMENTOS.

LOS MODIFICADORES DEL ADJETIVO

Suelen aparecer en la posición inicial del grupo y son, generalmente, intensificadores de grado y adverbios que se les asimilan, aunque también ejercen esta función adverbios de otros tipos, como los de punto de vista, los de modalidad y los de foco:

a) Intensificadores. Modifican a adjetivos graduables y determinan la medida en la que se atribuye la propiedad denotada por el adjetivo. Inciden sobre el grupo formado por el adjetivo y sus complementos. Desempeñan esencialmente este papel los adverbios de grado y algunos en *-mente* que se les asimilan (*muy, poco, algo, bastante, demasiado, bien, excesivamente, sumamente...: muy bueno, demasiado difícil*), así como los cuantificadores comparativos (*más, menos, tan: tan barato como este*) y consecutivos (*tan: tan frío que no se podía beber*).

b) Adverbios de punto de vista. Muestran equivalencia con 'desde el punto de vista...': *países lingüísticamente heterogéneos.*

c) Adverbios de modalidad. Muestran la actitud del hablante en relación con el significado que expresa el adjetivo: *escena lamentablemente cotidiana, funcionarios indudablemente preparados.*

d) Adverbios de foco. Resaltan un adjetivo: *un riesgo específicamente económico.*

LOS COMPLEMENTOS DEL ADJETIVO

Se trata de grupos preposicionales y pueden ser de dos tipos: complementos ARGUMENTALES y ADJUNTOS.

Complementos argumentales. Son complementos cuya presencia está prevista en el significado del adjetivo, lo que no impide que puedan quedar tácitos en contextos particulares. Algunos van encabezados por preposiciones pedidas por el propio adjetivo: *fiel a sus principios, digna de lástima, harto de comer, contenta con su suerte, apta para estudiar, incompatible con la vida, llena de luz.* Otros, encabezados siempre por *de*, proceden de la transformación del CD de un verbo transitivo en el complemento de un adjetivo que deriva de dicho verbo: *amante de la música* (*ama la música*), *causante de la crisis* (*causa la crisis*), *deseoso de contarlo* (*desea contarlo*), *estudiosa de su obra* (*estudia su obra*), *merecedora del premio* (*merece el premio*).

Complementos adjuntos. Los adjetivos admiten también complementos que no exige su significado, es decir, adjuntos: *feliz durante unos meses, torcido hasta la punta, lleno hasta la mitad.* Estos complementos pueden coaparecer con los argumentales, como en los siguientes ejemplos: *la persona más próxima a mí en el vagón, fiel a sus principios hasta la muerte* (el adjunto se marca con subrayado continuo, y el argumento, con subrayado discontinuo).

El grupo preposicional

DEFINICIÓN

El GRUPO PREPOSICIONAL es una construcción sintáctica formada por una preposición y su término o complemento, conjunto sobre el que ocasionalmente inciden algunos modificadores. Los términos de la preposición, que nunca se omiten, aparecen inmediatamente a continuación de ella (*Vengo de la calle* ~ **Vengo la calle de*).

EL TÉRMINO DE LA PREPOSICIÓN

Se registran como término de preposición los siguientes elementos:

a) Grupos nominales y pronominales: *desde la casa, con ella, de sí*.

b) Grupos adjetivales: *pasar por tonto, pecar de impulsivos*.

c) Grupos adverbiales: *hasta aquí, desde enfrente de la casa*.

d) Grupos preposicionales: *de entre los arbustos, tras de ti*.

e) Oraciones subordinadas sustantivas, con verbo en forma personal o en infinitivo, sean declarativas (*la noticia de que se había producido una explosión, la razón de cambiar de trabajo*) o interrogativas indirectas (*la incertidumbre de si estaría vivo o no*).

LOS MODIFICADORES DEL GRUPO PREPOSICIONAL

En algunos contextos, los grupos preposicionales admiten modificadores, normalmente antepuestos. Así, en *muy hacia el sur* aparece el cuantificador *muy*, que incide sobre todo el grupo. Pueden desempeñar esta función:

a) Adverbios y locuciones adverbiales que expresan precisión o aproximación: *exactamente por esa razón*. A estos pueden añadirse otros adverbios focalizadores, como *incluso, hasta, aun, solo, ni siquiera: incluso en el siglo pasado, hasta por la carretera, aun sin su trabajo, solo por eso*.

b) Grupos cuantificativos de medida: *dos metros sobre el suelo*.

c) Adverbios de cantidad o de grado: *más hacia la derecha*.

FUNCIONES DEL GRUPO PREPOSICIONAL

Los grupos preposicionales aparecen como argumentos o como adjuntos de algún núcleo, y también como atributos y predicativos.

Complementos argumentales. Los grupos preposicionales constituyen la realización más genuina de los complementos de régimen. Contraen dicha función en dependencia de verbos (*contar con su ayuda*), de sustantivos (*miedo al fracaso*) o de adjetivos (*paralelo al río*).

Complementos adjuntos. En este caso, el grupo preposicional no se halla seleccionado por el núcleo. Se diferencian distintas clases de adjuntos preposicionales, según la relación semántica que mantienen con el núcleo: clasificativos (*avión de combate, libro de música*), especificativos (*las noticias de la tele, el auto de Marta*) o circunstanciales (*Salen con amigos*), entre otros.

Atributos y complementos predicativos. Algunos grupos preposicionales aparecen como atributos (*Este sombrero es de fieltro; Laura es de Caracas*) o como complementos predicativos (*La pintó con gafas; Déjanos en paz*).

El grupo adverbial

DEFINICIÓN

El GRUPO ADVERBIAL tiene como núcleo un adverbio, que puede aparecer solo (*Lo hizo cuidadosamente*) o con modificadores y complementos (*Llegaron un poco antes de las cuatro*), aunque la presencia de estos elementos cuenta con restricciones.

ESTRUCTURA DEL GRUPO ADVERBIAL

Los componentes del grupo se interrelacionan de manera jerarquizada, subordinados unos a otros. Así, en *un poco antes de las cuatro* se observan los siguientes elementos:

a) Un núcleo, *antes*, al que se une el complemento *de las cuatro* para formar un primer grupo adverbial.

b) El cuantificador de grado *un poco* no modifica solo a *antes*, sino a *antes de las cuatro*. Forma, pues, un segundo grupo adverbial que contiene el anterior.

La secuencia es, por tanto, *antes* > *antes de las cuatro* > *un poco antes de las cuatro*.

LOS MODIFICADORES DEL ADVERBIO

Aparecen en la posición inicial del grupo y suelen ser otros adverbios. Los que más frecuentemente se prestan a recibir modificadores son los adverbios de lugar, de tiempo y de modo. Entre los modificadores destacan los siguientes:

a) Cuantificadores de grado: *muy lejos, demasiado lejos.*

b) Cuantificadores comparativos y consecutivos: *más tarde que ayer, tan lejos que no se ve.*

c) Adverbios de foco: *casi bien, solo hoy, precisamente aquí.*

d) Ciertos grupos nominales cuantificativos: *dos horas después, varios metros delante de la casa.*

Los adverbios terminados en *-mente* no se suelen combinar entre sí. Se prefiere, en efecto, *solo políticamente* a *solamente políticamente;* mientras que resulta normal *asombrosamente fácil,* se rechaza *asombrosamente fácilmente.*

n

LOS COMPLEMENTOS DEL ADVERBIO

Los adverbios, sobre todo los temporales y los locativos, pueden recibir también complementos preposicionales: *antes de las cuatro, lejos de casa.*

19

El sujeto

La oración. Sujeto y predicado

La oración es una construcción formada normalmente por la unión de dos funciones sintácticas: el SUJETO y el PREDICADO (→ págs. 9-10).

SUJETO	PREDICADO
La lluvia	arrecia
Eduardo	me las ha regalado
La primavera	ha venido tarde

Por extensión, se aplican también las denominaciones de sujeto y predicado a los grupos sintácticos que contraen tales funciones. Así, se dice que *La lluvia* es sujeto del predicado *arrecia*.

Sujeto y predicado se definen por rasgos formales como la concordancia. En la tradición era frecuente asociar las nociones de "sujeto" y "agente". En la actualidad se reconoce, por el contrario, que hay verbos que no tienen sujetos agentes, pues no denotan acciones (*caber, descansar, gustar, merecer, sufrir*). Se denominan SUJETOS PACIENTES los de las oraciones pasivas, sean de participio (*El barco fue avistado*) o reflejas (*Se venden pisos*).

Categorías sintácticas que ejercen la función de sujeto

Desempeñan la función de sujeto las siguientes unidades sintácticas:

a) GRUPOS NOMINALES, simples o complejos, tanto en posición preverbal como posverbal: *Javier trabaja bien; Falta sal; Los invitados disfrutan de la fiesta*. Se asimilan a este paradigma los pronombres y sus grupos sintácticos: *Nosotras nos oponíamos; Nada de la función me ha gustado*. También se consideran grupos nominales las RELATIVAS LIBRES (*Quien bien te quiere te hará llorar*) y las RELATIVAS SEMILIBRES (*Ganará el que mejor juegue*).

b) SUBORDINADAS SUSTANTIVAS, ya sean declarativas con verbo en forma personal (*Me sorprendió que quisiera venir*), construcciones de infinitivo (*No le importa comer cualquier cosa*) o interrogativas y exclamativas indirectas, tanto si el verbo es conjugado como si está en infinitivo (*No se sabe si llegará pronto; No le importaba quién era yo; Me gusta cómo lo expresa*).

Entre las categorías y construcciones que pueden ejercer la función del sujeto no figuran los GRUPOS PREPOSICIONALES. No constituyen excepción los grupos introducidos por *hasta, entre* y *según*. *Hasta* no es preposición, sino adverbio, cuando equivale a *incluso* (*Hasta los niños protestaban*). *Entre* sí es preposición en oraciones como *Lo trajeron entre todos*, pero existe hoy acuerdo general en que el grupo preposicional subrayado no ejerce la función de sujeto, sino la de COMPLEMENTO PREDICATIVO. Prueba de ello es que la oración puede admitir otro sujeto (*Los compañeros lo trajeron entre todos*) y que el predicativo puede ser sustituido por un adverbio de manera o modo (*Lo trajeron así*).

No es grupo preposicional el que encabeza la partícula *según* en oraciones como *Según tú sostienes*. El que alterne con *Según sostienes tú* lleva a pensar que *según* es conjunción subordinante o bien adverbio relativo ('como', 'tal como') en estos casos.

Posición sintáctica. Sujeto y determinación

En posición anterior al verbo, el español exige que el sujeto sea una expresión referencial (un nombre propio, un pronombre o un nombre común determinado): *Iván ha vencido; Ustedes no estaban allí; Los soldados sofocaron el fuego;* pero **Niños vinieron*. Los grupos coordinados, especialmente en plural, prescinden con frecuencia del determinante, ya que la coordinación aporta en sí misma esa capacidad referencial: *Patronos y obreros coincidieron en la fiesta*.

En relación con la posposición del sujeto, pueden distinguirse dos casos:

a) En las oraciones activas, los verbos INACUSATIVOS (→ pág. 222), sobre todo los de significado presentativo o existencial, admiten grupos nominales sin determinante en función de sujeto: sustantivos no contables en singular (*Brotaba agua en abundancia*) o contables en plural (*Llegaban clientes todos los días*). Con los demás verbos suele requerirse algún determinante en los grupos nominales que ejercen esta función (*Lo abrazó el ministro*).

b) Las oraciones pasivas, sean reflejas o perifrásticas, admiten generalmente como sujeto grupos nominales sin determinante: *Han sido observadas deficiencias en la construcción; Ahora apenas se escriben cartas.*

Sujetos expresos y sujetos tácitos

Al igual que la mayor parte de las lenguas románicas, el español admite SUJETOS TÁCITOS, es decir, sujetos que carecen de expresión fónica. Suele suponerse que estos sujetos tácitos (que se representan con el signo *Ø*) tienen propiedades pronominales, ya que permiten la concordancia de número y persona con el verbo, y la de género y número con adjetivos y participios: *Ø estaban cansadas; Ø llegaron molestas; Ø no se soportaban*. El ANTECEDENTE de este elemento tácito pronominal se recupera a partir del texto precedente. Así, en *Los ladrones actuaron como si Ø estuviesen solos*, el antecedente del sujeto elidido es *los ladrones*.

La concordancia entre sujeto y verbo

El sujeto y el núcleo del predicado concuerdan en número y persona. Es el sujeto el que impone estos rasgos al verbo. En los sujetos tácitos se recuperan los rasgos de número y persona, como en *Ø* [3.ª pers., pl.] *estaban* [3.ª pers., pl.] *allí*. El género y el número del sujeto elidido provocan la concordancia con adjetivos y participios en los atributos y complementos predicativos: *Ø* [fem., pl.] *estaban contentas* [fem., pl.]; *Ø* [fem., pl.] *regresaron cansadas* [fem., pl.].

LA CONCORDANCIA DE PERSONA

Las personas gramaticales, que son las que intervienen en la concordancia, no siempre coinciden con las personas del discurso, sino que se producen a veces algunas asimetrías entre unas y otras. Por ejemplo, al pronombre personal *usted* y a los grupos nominales que expresan respeto o cortesía (*su excelencia, su ilustrísima, su majestad, su señoría, vuestra excelencia, vuestra ilustrísima...*) les corresponde la segunda persona del discurso, pero la tercera de las personas gramaticales, lo que da lugar a la concordancia que se observa en *Usted* [3.ª pers., sing.] *tiene* [3.ª pers., sing.] *suerte.*

Se emplea también la tercera persona cuando el que habla se refiere a sí mismo en expresiones como *uno, el abajo firmante, (un) servidor,* etc.: *Uno hace lo que puede.*

Si se coordinan un pronombre de primera persona y uno de segunda o tercera en función de sujeto, el verbo presenta la flexión de la primera persona: *Lo haremos* [1.ª] *{tú ~ vos}* [2.ª] *y yo* [1.ª]; *Lo haremos* [1.ª] *él* [3.ª] *y yo* [1.ª]. Pero si la coordinación es entre un pronombre de segunda y otro de tercera, el verbo mostrará la flexión de la segunda persona en las zonas en que se usa *vosotros: Lo haréis* [2.ª] *tú* [2.ª] *y ella* [3.ª], y de tercera en las zonas donde no se usa: *Lo harán* [3.ª] *{tú ~ vos}* [2.ª] *y ella* [3.ª] (pág. → 97).

Cuando la función de sujeto está desempeñada por grupos en plural que designan personas (*los habitantes, las madres, los docentes, los cuatro, todos*), y el hablante se considera incluido en la clase designada por el sujeto, el verbo aparece en primera persona del plural: *Los ladrones somos gente honrada.* En cambio, si el emisor considera que quien está incluido en dicha clase es el destinatario, el verbo aparecerá en segunda persona del plural: *Los profesores sois gente honrada* (*Los profesores son gente honrada,* en las zonas donde no se usa *vosotros*). En el caso de que ni el hablante ni el oyente estén incluidos en ella, la concordancia se realiza en tercera persona del plural: *Los profesores son gente honrada.* Por tanto, la variante con *son* tiene dos sentidos: los correspondientes a *ellos* y a *ustedes,* respectivamente.

LA CONCORDANCIA DE NÚMERO EN SUJETOS COORDINADOS

Los grupos nominales coordinados que desempeñan la función de sujeto concuerdan con el verbo en plural (*La computadora y la impresora se estropearon esta mañana; Ni él ni su mujer escondieron el dinero*), con las excepciones que se indican a continuación:

a) Pueden concordar en singular cuando el hablante entiende que las dos expresiones forman una sola construcción compleja, sea compartiendo artículo (*Será autorizada la carga y descarga de mercancías*) o con determinantes diferentes (*Les encanta el sol y la playa*). Con los grupos nominales pospuestos son frecuentes las dos opciones: *Les encantan el sol y la playa; Le {faltaba ~ faltaban} tiempo y paciencia.*

b) Los grupos nominales coordinados mediante la conjunción *ni* admiten en posición posverbal la concordancia en singular (*No llegó la fruta ni la verdura*), pero si uno de los elementos coordinados presenta rasgos de primera o segunda persona, se exige el plural de dicha persona: *No tenemos compostura ni ella ni yo*.

c) En la coordinación de grupos con género neutro predomina el singular: *Me gusta lo uno y lo otro*. Se registran, sin embargo, usos en plural, sobre todo con predicados que se atribuyen necesariamente a grupos o conjuntos: *Conviven lo privado y lo público*.

d) Las oraciones subordinadas sustantivas coordinadas que desempeñan la función de sujeto concuerdan con el verbo en singular, como en *Es preferible que uno salga y que el otro se quede* o en *Me gusta viajar y conocer otras culturas*.

LA CONCORDANCIA EN CONSTRUCCIONES PARTITIVAS Y PSEUDOPARTITIVAS

Las CONSTRUCCIONES PARTITIVAS seleccionan una parte de un conjunto mayor. Están constituidas por dos grupos nominales unidos mediante la preposición *de*. El primero designa la parte y puede estar formado por un nombre o un pronombre con significado de cantidad: *la mitad, la cuarta parte, alguno, siete*. El segundo es un grupo definido, delimitado, que denota el todo: *la mitad de* <u>*los papeles*</u>, *dos de* <u>*estos atletas*</u>, *algunos de* <u>*mis amigos*</u>. Cuando una construcción partitiva funciona como sujeto, el verbo puede concordar en singular (con el núcleo) o en plural (con el complemento): *La mitad de los estudiantes no {conoce ~ conocen} al rector*.

Las CONSTRUCCIONES PSEUDOPARTITIVAS se asemejan externamente a las partitivas, pero se diferencian de ellas en ciertos aspectos formales y en el significado. El primer elemento está constituido por un nombre cuantificativo (*conjunto, grupo, montón, puñado*) o uno clasificativo (*clase, especie, género, tipo*) (→ pág. 68); sin embargo, no indica una parte de un conjunto, sino que aporta una cuantificación (*un montón de libros* significa 'muchos libros'). El segundo elemento de la construcción carece de determinantes (*un enjambre de* <u>*periodistas*</u>, *un sinfín de* <u>*problemas*</u>). Cuando el primer grupo no es definido, el verbo puede concordar en singular (con el primer nombre) o en plural (con el segundo): *Un grupo de estudiantes {recorrió ~ recorrieron} la avenida*. En cambio, si el primer grupo es definido, deja de ser cuantificador e impone su concordancia al verbo: *Este grupo de estudiantes {recorrió ~ *recorrieron} la avenida*.

LA CONCORDANCIA EN LAS CONSTRUCCIONES COPULATIVAS

El sujeto de las oraciones copulativas concuerda con el verbo en número y persona, y con el atributo en género y número: *Las cas*<u>*as*</u> [3.ª pers., pl., fem.] *estaban* [3.ª pers., pl.] *desiert*<u>*as*</u> [pl., fem.]. Sin embargo, se observan aparentes casos de discordancia entre el sujeto y el verbo en las copulativas construidas con *ser* cuando el sujeto es un nombre cuantificativo al que modifica un complemento partitivo expreso o tácito: *Hubo dos preguntas interesantes. El resto Ø eran tonterías* (*Ø = de las preguntas*). En estos casos, el atributo suele atraer la concordancia.

Los rasgos de plural de los sustantivos en función de atributo se imponen en el verbo copulativo a los del sujeto neutro, como en *Todo eran habladurías.* Sin embargo, la alternancia es frecuente cuando desempeñan la función de sujeto los grupos nominales no neutros, como en *Su mayor ilusión {sería ~ serían} unas vacaciones en el Caribe.*

El verbo aparece en plural y en tercera persona en las RELATIVAS SEMILIBRES introducidas por la preposición *de* que se incluyen en oraciones copulativas, como en *Tú eres de los que apoyan esa propuesta,* pero en ocasiones el verbo aparece en 3.ª persona del singular reproduciendo los rasgos de un posible indefinido tácito *uno: Tú eres (uno) de los que apoya esa propuesta.*

> En las relativas semilibres, se considera incorrecta la variante que presenta el verbo en primera o segunda persona, en correspondencia con el sujeto de la principal. Por tanto, no debe decirse *Tú eres de los que apoyas esa propuesta* o *Yo soy de los que digo siempre la verdad,* sino *Tú eres de los que apoyan esa propuesta* y *Yo soy de los que dicen siempre la verdad.* n

20

Complemento directo. Complemento indirecto. Complemento de régimen

El complemento directo (CD)

DESCRIPCIÓN Y CATEGORÍAS

Descripción. El COMPLEMENTO DIRECTO (CD) es una FUNCIÓN SINTÁCTICA ARGUMENTAL, es decir, seleccionada por el significado del verbo, que se halla estrechamente ligada a los pronombres de acusativo (*lo, la, los, las*) y que contribuye a delimitar y completar el significado del verbo.

Categorías sintácticas que desempeñan la función de CD. Contraen esta función:

a) Los grupos nominales: *Tomó su mano; Defiende lo justo; Gasté todo lo que tenía*. A ellos se asimilan las oraciones de relativo sin antecedente expreso: *Ayuda a quien se lo pide*.

b) Las oraciones subordinadas sustantivas:

- Declarativas, sean de infinitivo (*Desea entrar*) o con verbo en forma personal: *Quiere que vengas*.
- Interrogativas indirectas, ya sean de infinitivo (*No sabemos cómo solucionarlo*) o con verbo en forma personal, totales o parciales: *No sabe si llegará a tiempo; Nos dijo quién lo había hecho*.

PROPIEDADES GRAMATICALES DEL COMPLEMENTO DIRECTO

El CD presenta unos rasgos formales propios que se utilizan como pruebas para poder diferenciarlo de otras funciones sintácticas e identificarlo frente ellas. Se presentan a continuación.

Sustitución por pronombres átonos. Los grupos nominales en función de CD se sustituyen por los pronombres átonos de acusativo *lo/la/los/las*.

La forma *le*, de origen dativo, se utiliza también para sustantivos en masculino singular que designan seres animados (leísmo: → pág. 105):

Necesitan ayuda → *La* necesitan
Recorren ese camino → *Lo* recorren
Reconoció a su hijo → {*Lo* ~ *Le*} reconoció

Esta propiedad es la que mejor caracteriza al CD, pero presenta algunas limitaciones como criterio de identificación:

a) Los pronombres átonos *me, te, nos* y *os* son comunes al complemento directo y al indirecto. Para identificar su función, basta con sustituirlos por átonos de tercera persona, que sí distinguen ambos complementos:

Aquella bruja *nos* encantó ~ Aquella bruja *los* encantó [CD] (= 'hechizó')
Aquel regalo *nos* encantó ~ Aquel regalo *les* encantó [CI] (= 'gustó')

b) El pronombre átono presenta resistencia a sustituir a los grupos indefinidos inespecíficos: *Esa noche escribí mucho* > **Lo escribí*. Sin embargo, tales grupos se pueden recuperar por medio de un pronombre átono en una oración posterior: *Esa noche escribí mucho, pero lo perdí.*

Duplicación de pronombres átonos. Cuando el CD se antepone al verbo, aparece también el pronombre átono: *El informe lo encuadernamos en la oficina*. El duplicado no se produce, sin embargo, si la anteposición se debe a razones enfáticas (→ pág. 9): *Eso dijo el profesor* (frente a *Eso lo dijo el profesor*). Cuando el CD es un pronombre personal tónico con la preposición *a*, es obligatoria la presencia del pronombre átono: *Vi a María* ~ **Vi a ella* ~ *La vi a ella* (→ pág. 104).

Presencia de la preposición *a*. Aunque existen excepciones, lo habitual es que el CD lleve la preposición *a* cuando su referente es específico y animado (*No encuentro mi libro* / *No encuentro a mi gato*). Si el referente es animado, pero no identificable, aparece generalmente sin preposición. Contrastan así *Busca (una) traductora* ('alguna, la que sea') y *Busca a una traductora* ('una en particular').

Tiende a suspenderse esta regla cuando es necesario evitar posibles ambigüedades:

a) Casos en los que un sujeto y un CD con referentes inanimados son permutables: *La virtud vence al vicio* ~ *El vicio vence a la virtud*. A veces, son posibles las dos variantes: *La columna tapa {el/al} cartel.*

b) Circunstancias en las que el CD con referente animado coincide con otro complemento que se construye con *a* (*Entregaron al culpable* /

Entregaron el culpable a la policía; Llevaron al niño / Llevaron el niño al pediatra).

La presencia y la ausencia de la preposición dependen también de la naturaleza semántica del verbo. Así, hay verbos, como *ayudar* o *servir*, que exigen siempre la preposición (*Ayuda a los enfermos*), mientras que otros, como los existenciales *haber* o *tener*, no la llevan nunca (*Hay muchas personas; Isabel tiene dos hijos*). Hay, incluso, verbos que cambian de significado en función de la presencia o ausencia de la preposición: *abandonar un pueblo* ('irse de él') ~ *abandonar a un pueblo* ('no cuidarlo').

CONSTRUCCIONES PARTICULARES

Verbos transitivos en uso absoluto. Los verbos transitivos llamados tradicionalmente ABSOLUTOS o en USO ABSOLUTO omiten su complemento, que se recupera a través del contexto o de la situación, como en *Los leopardos cazan de noche* (se entiende 'a sus presas') o en *Hace tiempo que no escribes* (se entiende 'cartas, literatura', etc.).

Complemento directo interno. Algunos verbos pasan a usarse como transitivos cuando permiten la presencia de un complemento directo con significado afín: *Lloran lágrimas de infortunio*. Cuando, además, el complemento es de su misma raíz, recibe el nombre de COGNADO: *Viven la vida; Soñarán sueños felices.*

Complementos directos lexicalizados o semilexicalizados. Algunos complementos directos han pasado a formar con el verbo una construcción semilexicalizada:

dar asco ~ asquear	prestar atención ~ atender
dar las gracias ~ agradecer	tener confianza ~ confiar
tener miedo ~ temer	tomar nota ~ anotar

Estos complementos directos no constituyen expresiones referenciales, no permiten la construcción pasiva y en algunos casos presentan resistencia a la pronominalización: *El secretario dio fe* ~ **El secretario la dio.*

El complemento indirecto (CI)

INTRODUCCIÓN

El COMPLEMENTO INDIRECTO es una función sintáctica relacionada con el caso dativo. Puede ser desempeñada por los pronombres átonos que presentan este caso o por grupos preposicionales encabezados por la preposición *a:* {*Le*/*Les*} *gusta el chocolate; Regaló un libro a sus amigos.* El grupo nominal que aparece como término de la preposición *a* puede ser definido o indefinido (*Pidió ayuda al profesor; Dio un beso a alguien*).

El CI posee gran número de interpretaciones semánticas. Puede designar a la persona o cosa a la que se destina o dirige algo (*Donó sus bienes a una sobrina:* "destinatario"); al que experimenta sensaciones o emociones (*Le dolían las muelas:* "experimentante o experimentador"); a la persona de la que procede algo (*Compró una casa a un constructor:* "origen"), o al que recibe el daño o provecho de la acción verbal (*¿Podrías coserme este botón?:* "beneficiario"), entre otras interpretaciones.

PROPIEDADES GRAMATICALES DEL COMPLEMENTO INDIRECTO

Los rasgos principales del CI se explican a continuación.

Los pronombres átonos de dativo. El CI es una función estrechamente relacionada con los pronombres del caso dativo (*le, les*). Los grupos sintácticos que presentan la estructura «*a* + grupo nominal» son indirectos cuando pueden ser sustituidos por dichos pronombres, como en *Envió un libro a Irene* > *Le envió un libro* (frente a *Recurrió a Irene* > *Recurrió a ella,* no **Le recurrió*).

Cuando el pronombre átono de CI precede al de CD y ambos presentan rasgos de tercera persona, *le* y *les* adoptan la forma *se:*

Vendió *los cuadros a un coleccionista* → *Se los* vendió
Entregarán *el premio al novelista* → *Se lo* entregarán

Duplicación de pronombres átonos. El CI puede aparecer DUPLICADO o DOBLADO por pronombres átonos de dativo. Cuando el CI va antepuesto, la duplicación es obligatoria: *A los contribuyentes Hacienda les devolverá poco dinero.* Cuando se pospone, es optativa en unos casos, como en *Hacienda (les) devolverá dinero a los contribuyentes,* pero obligatoria en otros: *El deporte no* {**Ø* ~ *le*} *gusta a Juan.* La duplicación es necesaria con cualquier verbo si el CI es un pronombre tónico: *Me entregó el paquete a mí* ~ **Entregó el paquete a mí.*

Presencia de la preposición *a*. Los grupos preposicionales de CI se forman siempre con la preposición *a.* En algunas obras tradicionales se consideraban complementos indirectos los grupos encabezados por *para* con valor de destinatario, pero dicha concepción carece de apoyo formal:

a) Los complementos con *para* no permiten la sustitución por los pronombres de dativo, ni pueden coaparecer con ellos para denotar un mismo referente: *Le compró flores para su mamá* [*le* ≠ *su mamá*].

b) En una misma oración pueden coexistir complementos indirectos y construcciones en las que *para* introduce un destinatario: *Le compró al librero* (CI) *una enciclopedia para su hijo; Le* (CI) *dio un regalo para su amiga* (frente a *Le dio un regalo a su amiga*).

COMPLEMENTOS INDIRECTOS ARGUMENTALES

Los complementos indirectos argumentales reciben ese nombre porque se hallan previstos en la ESTRUCTURA ARGUMENTAL del verbo (→ pág. 10). En el significado de verbos como *dar* o *prometer* se reserva un lugar para el CI: 'alguien da algo a alguien', 'alguien promete algo a alguien'. Generalmente van asociados a las funciones semánticas de "destinatario" y de "experimentante" y, en ocasiones, a las de "origen" y "término". Se construyen con CI argumental muchos verbos transitivos de TRANSFERENCIA (*comprar, conceder, dar, devolver, entregar, enviar, llevar, mandar...*) y de COMUNICACIÓN (*decir, comunicar, contar, contestar...*). También llevan CI argumental algunos usos de verbos intransitivos de AFECCIÓN o reacción afectiva (*admirar, agradar, alegrar, convencer, disgustar, divertir, encantar, impresionar, interesar, molestar, ofender, preocupar...*) y de ATINGENCIA O ASIGNACIÓN (*atañer, competer, corresponder, importar, incumbir...*).

COMPLEMENTOS INDIRECTOS NO ARGUMENTALES

Dativo de interés. Algunos verbos de los que no incluyen en su estructura argumental una posición para el complemento indirecto presentan un esquema abstracto del tipo «*alguien* + verbo + *algo*»: *Inés preparó un guiso; Gloria pintó un óleo*. Sin embargo, no es infrecuente que a estas acciones pueda agregarse un beneficiario, que se expresa por medio de un complemento indirecto. En tales casos, aparece un pronombre átono reduplicado: *Ana le reparó la radio a mi padre* (frente a la oración, más extraña, *Ana reparó la radio a mi padre*). Este proceso es frecuente con verbos de preparación, creación o destrucción, como *cocinar, copiar, coser, destruir, dibujar, encontrar, lavar, pintar, poner, preparar, reparar, romper...*

Otros pronombres dativos. Propiedades. Ciertos clíticos de dativo no son requeridos por la estructura argumental del verbo. Estos son sus rasgos más relevantes:

a) Pertenecen a dos paradigmas: el reflexivo o concordado y el no concordado.

	SINGULAR			PLURAL		
	1.ª pers.	2.ª pers.	3.ª pers.	1.ª pers.	2.ª pers.	3.ª pers.
DATIVO CONCORDADO	me	te, se	se	nos	os, se	se
DATIVO NO CONCORDADO	me	te, le	le	nos	os, les	les

El pronombre dativo *me* concuerda con el verbo en primera persona en *No me lo voy a estudiar todo* (dativo concordado), pero no lo hace en *Al niño no me lo molestes* (dativo no concordado).

b) Al no ser argumentales, su supresión no implica la pérdida de ninguna función referencial de la oración:

Hoy *nos* daremos un paseo → Hoy daremos un paseo
Se lo merece usted todo → Lo merece usted todo
Su hijo no *le* come nada → Su hijo no come nada
Mi computadora *me* falla → Mi computadora falla

c) Añaden énfasis de diversas formas, a la vez que aluden a la persona que se ve afectada, directa o indirectamente, por la acción verbal.

d) Los dativos pueden coexistir con otro complemento indirecto en una misma oración:

A mi marido ese policía *me* [dat.] *le* [CI] impuso una sanción

No *me* [dat.] *le* [CI] pongan ustedes la mano encima

Dativo concordado. Los dativos concordados presentan las siguientes propiedades:

a) Asumen la forma de los pronombres átonos reflexivos *me, te, se, nos, os, se,* que concuerdan en número y persona con el sujeto.

b) No se duplican en un grupo prepositivo: *Nos ganamos un premio* ~ **Nos ganamos un premio a nosotros.*

c) Son compatibles con dativos no concordados: *Se nos han comido la merienda.*

d) Mediante su uso, el hablante introduce énfasis en el proceso oracional: *leerse el periódico* (frente a *leer el periódico*).

e) Suelen indicar que el proceso durativo ha culminado en un cambio de estado, por lo que se denominan también DATIVOS ASPECTUALES: *Me recorrí todo el camino; Se ha estudiado toda la Química.*

f) Se aplican a eventos delimitados, lo que excluye los nombres sin determinante: **Inés se tomó yogur* ~ *Inés se tomó el yogur.*

Dativo no concordado. Como indica su nombre, no concuerda con el verbo. Expresa, según los contextos, diferentes valores:

a) Alude a la persona que resulta beneficiada, perjudicada o que posee interés en la acción expresada por el verbo (DATIVO ÉTICO), como en *¿Les llovió a ustedes durante el trayecto?* o en *Nos nació otro hijo.* Puede coincidir con el dativo concordado: *No te* [concordado] *me* [no concordado] *comas el pastel.* Son compatibles con un CI argumental: *A mi hijo me le dieron un premio.*

b) Se pueden referir al poseedor (DATIVO SIMPATÉTICO O POSESIVO), entendido en un sentido amplio, de lo designado por otro complemento: *Se le rompió un dedo; Se me fue el autobús.*

El complemento de régimen preposicional (CR)

DESCRIPCIÓN Y CATEGORÍAS

Definición. El COMPLEMENTO DE RÉGIMEN PREPOSICIONAL (abreviadamente, COMPLEMENTO DE RÉGIMEN) es una función sintáctica argumental desempeñada por un grupo preposicional seleccionado por el verbo, como en *depender de las circunstancias,* pero también por sustantivos y adjetivos (*dependencia de las circunstancias, dependiente de las circunstancias*).

El hecho de estar seleccionados los diferencia de los CC:

COMPLEMENTO DE RÉGIMEN	COMPLEMENTO CIRCUNSTANCIAL
Habló *sobre la gripe*	Habló *sobre la tarima*
Juan acabó *con la prisa*	Juan acabó *con prisa*
Confunde la presbicia *con la miopía*	Lo confunde *con su miopía*

Características. El CR presenta los siguientes rasgos:

a) Es una función representada por grupos preposicionales: *Se queja de la comida; Se abalanzó sobre ellos; Renuncia al cargo.*

b) Es una función argumental: se halla prevista en la estructura argumental o capacidad combinatoria del verbo, del sustantivo o del adjetivo.

c) La preposición está asimismo seleccionada por el núcleo: *{confiar ~ confianza} en los demás.* Algunos verbos son compatibles con varias preposiciones, unas veces con cambios notables en la significación (*proceder de ~ proceder a*) y otras con leves diferencias de sentido (*hablar de / sobre / acerca de...*).

d) Las preposiciones más frecuentes en el régimen preposicional son *a, con, contra, de, en, por.*

e) El término de la preposición puede ser un grupo nominal (*Depende de la ministra*), un pronombre (*Depende de nosotras*) o una subordinada sustantiva (*Depende de que la ministra esté de acuerdo*). El grupo nominal y la oración son conmutables por pronombres tónicos: *Depende de ella* y *Depende de ello,* respectivamente.

VERBOS QUE SE CONSTRUYEN CON COMPLEMENTO DE RÉGIMEN

Se distinguen fundamentalmente tres grupos de verbos que se construyen con complemento de régimen.

Verbos pronominales. Se forman con un pronombre del paradigma reflexivo (*me, te, se, nos, os, se*) y se construyen prototípicamente con complemento de régimen: *abalanzarse (sobre), adelantarse (a), adentrarse (en), alejarse (de), arrepentirse (de), atreverse (a), desprenderse (de), enterarse (de), esforzarse (en), exponerse (a), ocuparse (de), preocuparse (por), privarse (de), quejarse (de), reírse (de), vanagloriarse (de)...: Se desprendió de todas sus riquezas; Se adelantó a su tiempo.*

Verbos no pronominales. Existe un número considerable de verbos no pronominales que seleccionan un complemento de régimen, como en *Su familia carecía de recursos* o en *Arremetió contra los funcionarios.* Con algunos es obligatoria la presencia de esta función: *equivaler (a), versar (sobre).* Con otros, es optativa: *acceder (a), arremeter (contra), bastar (con), convencer (de), depender (de), desconfiar (de), desistir (de), influir (en), insistir (en), recurrir (a), renegar (de), renunciar (a).*

Verbos que se construyen con CD y CR. Un grupo no muy numeroso de verbos permite la coexistencia de un complemento directo y uno de régimen: *Dijo barbaridades del entrenador; Los libró de un castigo ejemplar; Te invito a cenar.* A este grupo pertenecen, entre otros, los verbos siguientes: *adecuar* CD *(a), comparar* CD *(con), confundir* CD *(con), decir* CD *(de), defender* CD *(de), informar* CD *(de), invitar* CD *(a), obligar* CD *(a), persuadir* CD *(de), someter* CD *(a).*

LOCATIVOS, TEMPORALES Y COMPLEMENTOS DE RÉGIMEN

La gramática tradicional establecía una estrecha correspondencia entre los complementos circunstanciales y los complementos que semánticamente denotan lugar o tiempo. Se solían identificar, de hecho, los complementos subrayados en *Se casó en Maracaibo* y *Residía en Maracaibo,* sin tener en cuenta que el primero es un adjunto añadido potestativamente y el segundo está exigido por el significado del verbo. Además de *residir*, pertenecen a este grupo los verbos *colocar, desembocar, permanecer, poner, suceder* o *vivir*, entre otros.

Los verbos *alejarse, apartarse, desviarse, distar, emanar, huir, proceder*... seleccionan la preposición *de*. En tales casos el grupo nominal se sustituye por un adverbio:

El ruido emana de *la fábrica* → Emana de *allí*
Sus ideas proceden de *la Antigüedad* → Proceden de *entonces*

Cuando el CR locativo o temporal indica 'lugar donde' o 'tiempo en el que', el adverbio incluye la preposición en el español general (*Viven en Arequipa* > *Viven allí*).

21

Adjuntos. Complementos circunstanciales

Definición

Los ADJUNTOS son modificadores opcionales, no previstos en el significado de su núcleo, que inciden sobre diferentes categorías léxicas y los grupos que forman. Los segmentos subrayados son adjuntos de un sustantivo (*un movimiento lento*, *gente con la que contar*), de un adjetivo (*irascible desde que perdió el trabajo*), de un adverbio (*lejos para siempre*) y de un verbo (*Se movían lentamente*).

Los adjuntos se oponen a los ARGUMENTOS, que sí están previstos en el significado de su núcleo. Se reserva la denominación de COMPLEMENTOS CIRCUNSTANCIALES (que constituirán el objeto fundamental de este capítulo) para los adjuntos del verbo o del grupo verbal.

Los complementos circunstanciales (CC) y los argumentos

RASGOS COMUNES

Los CC comparten con los argumentos (el sujeto, el CD, el CR y el CI argumental) ciertas características que, a su vez, los diferencian de los ADJUNTOS EXTERNOS (TÓPICOS, ADJUNTOS DEL ENUNCIADO Y ADJUNTOS DE LA ENUNCIACIÓN):

a) Responden a los interrogativos tónicos (*¿quién?*, *¿a quién?*, *¿qué?*, *¿dónde?*, *¿cuándo?*, *¿cómo?*, *¿por qué?*, *¿para qué?* y otros), pero los adjuntos externos, no:

Residen *en Lima* [CR] ¿*Dónde* residen?

Trabajan *en Lima* [CC]	¿*Dónde* trabajan?
En Lima, trabajan [adjunto externo]	*¿*Dónde* trabajan?

b) Los argumentos y los circunstanciales se pueden realzar por medio de construcciones copulativas enfáticas. Los adjuntos externos, no:

Residen *en Lima* [CR]	*En Lima* es donde residen
Trabajan *en Lima* [CC]	*En Lima* es donde trabajan
En Lima, trabajan [adjunto externo]	**En Lima* es donde trabajan

RASGOS DIFERENCIADORES

La diferencia fundamental entre argumentos y adjuntos es que solo los primeros son requeridos por el significado del núcleo. De ahí que la supresión de un argumento, pero no la de un circunstancial, pueda generar secuencias agramaticales: **Estos funcionarios carecen*; **El olor emana*; **La nueva ley afecta*. Existen además otras diferencias entre argumentos y adjuntos que tienen que ver con su compatibilidad con determinadas estructuras sintácticas:

a) La expresión *hacerlo* y sus variantes flexionadas pueden sustituir a un predicado verbal, con la inclusión de sus argumentos, pero no de los circunstanciales ni de algunos predicativos. Por consiguiente, todo lo que no quede incluido en dicha sustitución (con la excepción del sujeto, que queda al margen) no se considera argumento:

Envió un paquete a su hermana ayer	Lo hizo *ayer* [CC]

De esta prueba se deduce que *un paquete* y *a su hermana* son argumentos de *envió*, pues quedan englobados en la sustitución efectuada por *lo hizo*, mientras que *ayer*, al quedar fuera de dicha sustitución, se muestra como un adjunto o CC.

b) En la primera parte de las copulativas condicionales enfáticas aparece un indefinido que se corresponde con el segmento que realzan. Este indefinido es obligatorio cuando se trata de un argumento, como en los dos primeros ejemplos, pero suele ser optativo cuando representa a un complemento circunstancial, como en los dos últimos:

Lo sabe *tu profesor*	→ Si {*alguien*/*Ø} lo sabe es *tu profesor*
Se compró *un auto*	→ Si {*algo*/*Ø} se compró fue *un auto*
Lo dijo *por ignorancia*	→ Si {*por algo*/Ø} lo dijo fue *por ignorancia*
Lo rompió *con un palo*	→ Si {*con algo*/Ø} lo rompió fue *con un palo*

Categoría gramatical de los complementos circunstanciales

Pueden desempeñar esta función los siguientes grupos sintácticos y oraciones subordinadas:

a) Grupos preposicionales. Constituyen la forma de expresión más común en los CC: *Llegaron por el mar; Lo sabe desde la infancia; Lo cubrieron con pintura; Viaja con él*.

b) Grupos adverbiales. Inciden sobre los grupos verbales aportando circunstancias de lugar, tiempo, modo y cantidad: *Estudia aquí; Vendrán luego; Articulan bastante bien; He dormido muy poco*.

c) Grupos nominales. Pueden actuar como circunstanciales fundamentalmente los que indican tiempo: *Se fue el martes; Ven la tarde que quieras; Caía enfermo muchas veces*.

d) Oraciones subordinadas, como las causales y finales (*Lo sabe porque lo ha vivido; Lo hace para que le obedezcan*), y las relativas sin antecedente expreso introducidas por un adverbio (*La encontró donde la había dejado; Sucedió cuando llegábamos al teatro*).

Clasificación semántica de los complementos circunstanciales

Según su significado, se distinguen diferentes tipos de complementos circunstanciales.

DE LUGAR

Designan el espacio en el que se sitúa el proceso representado por el verbo. Se expresan por medio de grupos preposicionales o adverbiales, pero nunca nominales. Los grupos preposicionales que manifiestan esta noción vienen encabezados generalmente por diversas preposiciones: *a (a tu espalda), ante (ante la puerta), bajo (bajo la alfombra), contra (contra su pecho), de (de un sitio a otro), desde (desde mi casa), en (Lo compré en una tienda), hacia (hacia el norte), hasta (hasta el final del camino), para (Me voy para casa), por (por el camino), sobre (Lo puso sobre la mesa), tras (tras la reja)*. También pueden ser CC de lugar las relativas sin antecedente expreso precedidas por el relativo *donde* y sus derivados: *Estaban donde los habían dejado.*

Se identifican por su correspondencia con el adverbio *¿dónde?* en preguntas, por la posibilidad de ser sustituidos por los adverbios de lugar *aquí/ahí/allí* y por el uso de *donde* en construcciones enfáticas de relativo (*De Madrid es de donde vienen*). Recuérdese que una expresión de sentido locativo, además de CC (*Estudian en Asunción*), puede ser complemento argumental con algunos predicados (*Viven en Asunción*), adjunto externo (*En Asunción, estudian*) e incluso predicativo (*La recuerdo en Asunción*).

DE TIEMPO

Sitúan lo designado por el verbo en unas coordenadas temporales. La situación temporal que refieren permite diferenciar entre adjuntos temporales de LOCALIZACIÓN (*recientemente, por la mañana*), de DURACIÓN (*brevemente, para siempre*) y de FRECUENCIA (*diariamente, cada dos horas*). Pueden ser grupos adverbiales (*El tren sale más tarde*), grupos nominales (*Llegaremos el martes*) y grupos preposicionales (*Te esperamos desde las dos*). También las relativas sin antecedente expreso pueden construir complementos circunstanciales de tiempo: *Lo abracé cuando lo reconocí*.

Se identifican porque se corresponden con *¿cuándo?* en preguntas, con *entonces* (*ahora, siempre...*) en sustituciones y con *cuando* en enfáticas de relativo. Además de como CC (*Llegarán el lunes*), las expresiones temporales pueden funcionar como argumentos (*Procede de la Antigüedad*), como adjuntos externos (*El lunes, llegarán*) o como predicativos (*La imagino en la Antigüedad*).

DE MANERA O MODO

Aportan información sobre la forma en que tiene lugar el proceso al que hace referencia el verbo. Pueden funcionar normalmente como CC de manera los adverbios de modo (*así, cómo, como, bien, mal, regular, aprisa, deprisa, despacio...*), muchos de ellos derivados en *-mente* (*inteligentemente, suavemente*). También ejercen esta función los adverbios adjetivales (*afinado, alto, bajo, duro, fuerte, hondo, lento, lindo*), muchas locuciones adverbiales (*a ciegas, de memoria...*) y los grupos preposicionales (*con bastante prudencia*). La preposición *con* introduce complementos de manera cuando le siguen grupos nominales formados con sustantivos contables sin determinante (*traducir con diccionario, viajar con guardaespaldas*) o sustantivos abstractos que denotan cualidades, estados de ánimo u otras características similares de los individuos (*Actúa con temor; Habla con ironía*).

Responden a las preguntas *¿cómo?*, *¿de qué manera?*, *¿de qué modo?* y se pueden sustituir por el adverbio *así*. Los atributos que expresan cualidad responden también a estas pruebas; sin embargo, a diferencia de los

CC de modo, los atributos son muchas veces adjetivos y se predican siempre de un grupo nominal con cuyo núcleo concuerdan: *Dejó la casa* [grupo nominal] *muy bonita* [complemento predicativo]. Si el atributo es un grupo preposicional, la concordancia no se manifiesta: *Déjame con mis locuras* (frente a *tranquilo* o *tranquila*).

DE CANTIDAD O GRADO

Aportan al proceso verbal intensidad, ponderación o grado: *El verano nos gusta mucho; ¡Cuánto ha sufrido!* Estos circunstanciales están representados fundamentalmente por adverbios de cantidad y grado, y locuciones adverbiales. Expresa asimismo cantidad el adverbio interrogativo *cuánto*, a veces construido como término de preposición: *¿a cuánto?, ¿por cuánto?, ¿en cuánto?* También, las locuciones adverbiales constituidas por grupos nominales lexicalizados, como *un montón, una miseria, la mar de veces* y otras muchas.

Los complementos directos de medida responden también a la pregunta *¿cuánto?* Sin embargo, a diferencia de los circunstanciales de cantidad, pueden ser sustituidos por los pronombres átonos de CD (*lo, la, los, las*): *Mide dos metros (Los mide); Duró diez años (Los duró).*

DE COMPAÑÍA

Son circunstanciales cuyo grupo nominal denota un ser, generalmente animado, que acompaña al sujeto o participa con él en el desarrollo del proceso verbal: *María canta con nosotros; Pasea con su perro Fido.* Los CC de compañía se expresan por medio de grupos preposicionales encabezados por la preposición *con*, que alterna a veces con *junto con* o *juntamente con*.

El CC de compañía suele estar muy ligado semánticamente a un argumento del verbo (generalmente el sujeto). Se registran alternancias como las siguientes:

Inés pasea *con su novio*	Inés *y su novio* pasean juntos
Javier estudia *con un amigo*	Javier *y un amigo* estudian juntos

Están muy extendidas en el español americano las construcciones en las que la flexión verbal de primera persona del plural representa el conjunto formado por el hablante y el elemento designado por el término de la preposición: *Con José estuvimos hablando durante horas* ('José y yo estuvimos hablando durante horas').

DE INSTRUMENTO

Denotan el utensilio, el dispositivo o, en general, el recurso empleado por un agente para llevar a cabo la acción de la que se habla: *Lo escribió con su pluma*. Los adjuntos de instrumento se expresan por medio de grupos preposicionales introducidos por la preposición *con*. Se utiliza *sin* cuando se quiere expresar la ausencia del instrumento que se menciona: *No veía sin las gafas*. Carecen de expresión adverbial.

DE MEDIO

Estos adjuntos contienen grupos nominales que denotan entidades, animadas o no, que representan el canal o la vía a través de la cual se realiza la acción expresada por el verbo: *Se comunican por computadora; Lo envió por medio de su hijo*. Se manifiestan en grupos formados con las preposiciones *por, con, en* y *a*, además de las de nuevo cuño *mediante* y *vía*, y con locuciones prepositivas como *a través de* o *por medio de*. La noción de medio se emplea para referirse a un canal o medio de comunicación o de información (*Viaja en tren; Lo transmiten por radio; Se comunican a través de Internet*); una vía o medio de transporte (*Lo envían por avión*); un canal de percepción (*Perciben su huella a través del olfato*); un intermediario (*Me enteré por los vecinos; Lo consiguió por medio de un cuñado*); u otros recursos de los que se sirve alguien para lograr algo (*Se decidió por sorteo*).

DE MATERIA

Se refieren a la realidad, material o no, que sirve para elaborar, ocupar, tratar, modificar o transformar algo. Los complementos de materia son grupos preposicionales. Las preposiciones más comunes son *con* y *de*: *Lo pintó con tinta china; Estaba hecho de barro*. El uso de la preposición *sin* implica carencia, en este caso de materia: *Tuvo que hacer el panqué sin crema*. La materia se expresa mediante sustantivos no animados, contables y no determinados en plural (*Lo hicieron con palillos*), y no contables en singular (*Se fabrica con harina*).

DE FINALIDAD

Expresan el propósito u objetivo de la acción significada por el verbo. Están formados por grupos preposicionales encabezados por las preposiciones *a* y *para*, cuyo término es una expresión nominal de referente no animado (*Viene a su revisión anual; Lo hicimos para su provecho*) o una subordinada sustantiva con verbo en subjuntivo o en infinitivo (*Viene a que se le revise la presión arterial; Lo hice para que estuvieran contentos*). Como es esperable, el término de la preposición admite sustitutos pronominales no personales: *¿para qué?*, *¿a qué?* (en ambos casos con pronombre neutro), *¿con qué fin?*, *para ello*. Los complementos de finalidad suelen aparecer con verbos de acción y sujetos agentivos.

DE BENEFICIARIO

El término nominal de estos complementos preposicionales denota un ser prototípicamente animado que recibe el daño o el provecho de la acción representada por el verbo. Se expresan a través de un grupo introducido por las preposiciones *para* y *por* seguidas de una expresión nominal: *Trabajaba para un ciego; Lo hizo por todos nosotros*. El término de la preposición puede corresponder a diversos pronombres con rasgos de persona: *¿para quién?, ¿por quién?, por ella, para quienes,* como en *los directivos para quienes realizaba informes,* etc.

Aunque por su significado y su expresión se hallan cerca de los adjuntos finales, se distinguen de ellos en que el término de la preposición designa casi siempre seres animados en los complementos de beneficiario. También se relacionan por su significado con los CI, pero se diferencian en que estos siempre están introducidos por la preposición *a* y pueden ser sustituidos o duplicados por el pronombre de dativo:

Lleva un regalo *para su tía* [CC]   *Le* lleva un regalo *a su tía* [CI]

DE CAUSA

Expresan la causa, motivo o razón del proceso significado por el verbo. Se forman con las preposiciones *por, con, de* y las locuciones *a causa de* y *por causa de.* El término de la preposición puede ser nominal (*Entré por simple curiosidad; La suela de los zapatos resbala con el hielo; Se murió de pena*) u oracional (*Se marchó porque le dolía la cabeza; Sufrió una indigestión por comer demasiado*).

Adjuntos periféricos

RASGOS COMUNES

Existe una serie de adjuntos que se sitúan en una posición más externa que los complementos circunstanciales: los tópicos (→ págs. 8-10), los adjuntos del enunciado y los adjuntos de la enunciación. Se diferencian de ellos por las siguientes características:

a) Aparecen separados del resto de la oración por pausas: *De verdad, nada sabemos; Lógicamente, es una falacia.*

b) Rechazan los pronombres interrogativos: *En Cancún, descansa (*¿Dónde descansa?),* frente a *Descansa en Cancún (¿Dónde descansa?).*

c) Rechazan las relativas enfáticas. La estructura *En Cancún es donde descansa* realza el CC de *Descansa en Cancún*, pero no el adjunto periférico de *En Cancún, descansa.*

ADJUNTOS DEL ENUNCIADO

Expresan normalmente un juicio o una valoración del hablante respecto del enunciado en el que aparecen: *Por fortuna, todos llegaron bien; Ciertamente, es un campeón; Injustamente, fueron eliminados.* Admiten paráfrasis mediante una oración atributiva: *Verdaderamente, estuvo aquí* ('Es verdad que estuvo aquí'); *Desgraciadamente, no sé nada* ('Es una desgracia que no sepa nada').

ADJUNTOS DE LA ENUNCIACIÓN O DE VERBO ENUNCIATIVO

Son los adjuntos más externos, ya que no modifican al predicado ni a la oración, sino al acto de enunciación mismo. Así, en el ejemplo *Sinceramente, no lo hemos visto,* se comunica, a través del adverbio, la actitud del hablante hacia sus palabras. El enunciado se puede interpretar presuponiendo la existencia de un verbo enunciativo tácito (*digo*) al que modifica dicho adverbio: 'Digo sinceramente que no lo hemos visto'. Existen diferentes tipos de adjuntos de la enunciación o de verbo enunciativo, varios de los cuales corresponden a distintas clases de subordinadas, que se estudian en los capítulos correspondientes:

a) De MODO: Se concretan en expresiones como *honestamente, francamente, sinceramente, con toda franqueza, lisa y llanamente...*: *Honestamente, no puedo aceptar.* Preceden en el orden a los adjuntos del enunciado y a los tópicos. A diferencia de estos, se articulan con entonación descendente.

b) De TIEMPO: *Una vez más, por aquí no han pasado.*

c) De CAUSA: *Están en casa, porque hay luz en la ventana.* El que haya luz en la ventana es la causa por la que se dice que están en casa.

d) De CONCESIÓN: *Aunque no me creas, yo no fui.* La concesiva no afecta al predicado *fui*, sino al acto de decir: *Aunque no me creas, digo...*

e) De CONDICIÓN: *Si me permites, yo no estoy de acuerdo.* La condicional incide sobre el verbo enunciativo implícito: *Si me lo permites, digo...*

f) De FINALIDAD: *Para que te enteres, ese no es el director.* El adjunto final recae sobre la enunciación: *Para que te enteres, digo...*

22

El atributo

Características generales del atributo

DEFINICIÓN

Se denomina ATRIBUTO la función desempeñada por grupos sintácticos cuyo contenido se predica, normalmente a través de un verbo, del referente denotado por un grupo nominal o por una oración sustantiva. La atribución se realiza en distintos tipos de construcciones:

a) Con los verbos COPULATIVOS *ser, estar* y *parecer.* Son verbos que poseen escaso contenido léxico y que sirven de unión entre una predicación no verbal (→ págs. 10-11) y el sujeto: *Su hijo es encantador; La gente estaba contenta; La ciudad parece tranquila*. Estos atributos pueden ser sustituidos por el pronombre neutro *lo: Lo es; Lo estaba; Lo parece.*

b) Con verbos SEMICOPULATIVOS O PSEUDOCOPULATIVOS, es decir, verbos plenos que, al recibir el atributo, modifican su significado y sus propiedades gramaticales. Así se observa en estos pares:

VERBO PLENO	VERBO SEMICOPULATIVO
Anduvo todo el día	*Anduvo triste todo el día*
Se quedó en Madrid	*Se quedó sorprendido*

Los atributos de los verbos semicopulativos rechazan la sustitución por el pronombre *lo: Resulta original* > **Lo resulta.*

c) Con verbos PLENOS, es decir, verbos dotados de significado léxico cuya estructura argumental no requiere la presencia de un atributo: *Ingresó en la maestría muy bien preparado*. En este caso el atributo recibe el nombre de COMPLEMENTO PREDICATIVO.

d) En algunas estructuras bimembres no verbales, como las construcciones absolutas (*Concluidas las fiestas, todo el mundo regresó*) (→ pág. 219). También en algunos enunciados sin verbo (*Obama, presidente*).

e) En algunas estructuras nominales, la función de atributo puede relacionarse con el grupo nominal con el que concuerda a través de un sustantivo. Así, en *la búsqueda del asesino vivo o muerto*, el segmento *vivo o muerto* se relaciona con *el asesino* a través de *la búsqueda* (al igual que en *Buscan vivo o muerto al asesino* lo hace a través de *buscan*).

CATEGORÍAS GRAMATICALES QUE PUEDEN SER ATRIBUTO

Según los grupos sintácticos que los constituyen, los atributos pueden dividirse en adjetivales, nominales, preposicionales y adverbiales. Con más restricciones, también pueden ser atributo oraciones subordinadas de diversos tipos.

a) Atributos adjetivales. Son los más característicos. Aparecen en todas las manifestaciones de la atribución: *La mañana era soleada; El viajero parecía cansado; Los contratantes quedaron satisfechos; Los bueyes caminaban lentos; La encontraron contenta*. Sin embargo, no todos los adjetivos admiten esta función: **La visita fue presidencial; *El culpable es presunto.*

b) Atributos nominales. Se combinan con facilidad con los verbos copulativos *ser* y *parecer* (*Luis es médico; Parece un buen especialista*) y con los semicopulativos *hacerse, resultar* y *volverse* (*Se hizo aviador; Resultó la persona indicada*), pero rechazan, por lo general, el verbo *estar* y algunos semicopulativos, como *ponerse*.

c) Atributos preposicionales. Es frecuente que los atributos sean grupos preposicionales: *Estoy de vacaciones; El vestido parecía de seda*. En algunos de estos atributos, el término nominal de la preposición concuerda con el sujeto: *Ellos saldrán de delanteros.*

d) Atributos adverbiales. Pueden funcionar como atributos muchos adverbios de modo: *Estaba estupendamente, La encontré bien*. También el interrogativo *cómo* y algunos locativos: *¿Cómo era?; La puso delante.*

e) Atributos oracionales. Pueden realizar esta función las subordinadas sustantivas que aparecen en definiciones y explicaciones (*Ser famoso es que lo paren a uno por la calle; Vivir es sufrir*), y algunas relativas (*Los hay que no saben nada; Lo encontré como me lo imaginaba; Lo vieron que salía corriendo*).

CONCORDANCIA DEL ATRIBUTO

La concordancia con el sustantivo. El atributo concuerda con el sustantivo del que se predica siempre que la morfología lo permita. Así:

a) Los atributos adjetivales concuerdan en género y número: *Los guardias estaban dormidos; No veo claras sus intenciones.* Concuerdan también implícitamente con el sujeto tácito de los infinitivos: *Inés preferiría Ø estar sola.*

b) Los atributos nominales muestran en general esa misma concordancia (*Ernestina era su hija*), salvo si el sustantivo carece de flexión genérica: *La reunión fue un fracaso.*

c) Los pronombres que sustituyen a los atributos muestran género neutro: *Parece insegura, pero no lo es.*

La concordancia con el verbo. Lo normal es que el verbo concuerde con el sujeto en número y persona. No obstante, existen oraciones copulativas construidas con *ser* en las que el verbo parece no concordar con él, sino con el atributo. Ocurre esto sobre todo cuando el sujeto es un pronombre o está encabezado por el artículo neutro (*Todo eran imaginaciones; Aquello son molinos de viento; Lo anterior son malas noticias*).

El atributo en las oraciones copulativas

ATRIBUTOS CON *SER* Y *ESTAR*

Diferencia general entre *ser* y *estar*. Los atributos que se construyen con *ser* suelen designar propiedades, permanentes o no, que sirven para caracterizar a los individuos independientemente de cualquier situación concreta (*Es alto; Es diestro; Es mudo*). Los que se construyen con *estar* aluden a algunos de sus estados transitorios (*Está triste; Está solo*).

Como consecuencia de ello, los atributos construidos con *estar* exigen una vinculación temporal. Así, si se dice de alguien que *es* simpático, se entiende que lo es siempre o habitualmente, pero si se dice que *está* simpático, implica que lo es un momento o un período determinado. Se elige, por ello, *estar* para aludir al resultado de un cambio de estado (*El suelo está sucio*) o al comportamiento momentáneo o circunstancial de alguien (*El gobernador estuvo cruel en su discurso*).

Copulativas con atributos locativos. En función de su sentido general, *estar* es el verbo más adecuado para los atributos que sitúan algo en un lugar: *El jefe no está en su despacho; ¿Dónde estás?* No obstante, cuando se sitúan en el espacio o en el tiempo acciones o sucesos, se emplea *ser: La reunión es aquí.*

Copulativas con atributos nominales. Lo normal es que, cuando el atributo es un grupo nominal, se construya con *ser: Aquel hombre era {un desastre ~ cocinero ~ el jefe de Fernando}*. Pueden ser de dos clases:

a) CARACTERIZADORAS O ADSCRIPTIVAS. Con ellas se dice a qué clase pertenecen los seres: *Ese metal es cobre; Ángel es cocinero.* En todas ellas el atributo puede sustituirse por *lo* (*Ángel lo es*) o por un demostrativo neutro (*Ángel es eso, cocinero*), y se pregunta por él usando *qué: ¿Qué es Ángel?*

b) IDENTIFICATIVAS O ECUATIVAS. Expresan la identidad de personas o cosas. Así, al decir *Ana es la enfermera,* no se comunica una propiedad de Ana, sino que se señala quién es. El atributo de estas oraciones responde a los interrogativos *quién* o *cuál* (*¿Quién es Ana?; ¿Cuál es tu abrigo?*), y se sustituye por demostrativos no neutros (*Ana es esa; Mi abrigo es este*). En las oraciones identificativas, el atributo es un grupo nominal definido.

Copulativas con atributos adjetivales. Son las más habituales, y se construyen con *ser* o *estar* de acuerdo con su significado. Eligen *ser:*

a) Los adjetivos de relación que pueden ser atributos: *digital, geográfico, literario, musical, político...*

b) Los que expresan verdad o certeza: *cierto, evidente, obvio, seguro.* No obstante, algunos admiten también *estar: {Es ~ Está} claro.*

c) Los que expresan frecuencia o infrecuencia, predicados de situaciones o estados permantentes: *habitual, normal, raro...*

d) Los de valor causativo: *angustioso, preocupante, terrorífico...*

e) Muchos de naturaleza evaluativa, que admiten como sujeto subordinadas sustantivas: *Es posible que llueva.* No obstante, algunos de ellos se construyen con *estar: Está feo que lo diga yo.*

Eligen *estar:*

a) Los adjetivos formados sobre antiguos participios, como *contento, descalzo, desnudo, lleno, quieto, vacío...*

b) Los participios que expresan el resultado de un proceso de cambio: *Está {cansado ~ herido ~ prohibido}.*

En algunos adjetivos se perciben cambios de significado según se construyan con uno u otro verbo. Así ocurre, por ejemplo, con *ser listo* ('inteligente, despierto') ~ *estar listo* ('preparado'); *ser rico* ('adinerado') ~ *estar rico* ('sabroso'); *ser vivo* ('listo') ~ *estar vivo* ('con vida').

En la aparición de *ser* o de *estar* intervienen otros factores sintácticos y semánticos. Los dativos simpatéticos favorecen la presencia de *estar* (*Los zapatos son grandes / Los zapatos me están grandes ~ ... me quedan grandes*). Ciertas propiedades se predican con *estar* o con *ser* en función de que el sujeto designe o no un ser humano: *Su marido estaba grave*, frente a *La enfermedad {*estaba ~ era} grave.*

EL VERBO *PARECER*

Este verbo puede ser copulativo, pero también pertenecer a otras clases sintácticas. Estos son sus tres usos básicos:

a) Verbo copulativo (como *ser*). Se construye con un atributo nominal, adjetival o preposicional: *Jorge parece un buen escritor; Noelia parece segura de sí misma; Ustedes no parecen de Honduras*. El atributo admite la sustitución por el pronombre neutro *lo: Acaso estuvieran cansados, pero no lo parecían.*

b) Auxiliar de una perífrasis (como *poder*) (→ págs. 160-161). Cuando *parecer* va seguido de un infinitivo, como en *La tensión parecía disminuir*, no se comporta como un verbo copulativo típico, en cuanto que tiende a rechazar la sustitución por *lo*.

c) Verbo introductor de una aserción. *Parecer* puede construirse con una oración subordinada sustantiva introducida por *que*, como en *Parece que no me oye*. En estos casos, la subordinada actúa como sujeto (como en las oraciones correspondientes construidas con *suceder* o *resultar*), por lo que en estos usos *parecer* no se comporta como verbo copulativo.

Verbos semicopulativos

Se distinguen fundamentalmente tres tipos:

a) Verbos de cambio. Denotan el paso de un estado a otro. Los más usados son *hacerse, volverse, ponerse, quedar(se)*. Los dos primeros se corresponden con *ser* y los dos últimos con *estar: El cambio {era ~ se hacía ~ se volvía ~ *estaba ~ *se ponía ~ *(se) quedaba} inevitable; La muchacha {estaba ~ se quedó ~ se puso ~ *se volvió ~ *se hizo} contenta.* A ellos se añaden otros verbos semicopulativos de cambio, como *acabar (Los asistentes acabaron borrachos), caer (Al poco tiempo cayó* *enfermo)*, *resultar* (*El edificio resultó alcanzado*), *salir* (*Salió elegido por una amplia mayoría*), *terminar* (*Julio e Isabel terminaron casados*).

b) VERBOS DE PERMANENCIA, PERSISTENCIA O CONTINUIDAD. Indican que una situación está vigente. A este grupo pertenenen *andar* (*Julián anda enamorado*), *conservarse* (*Se conserva joven*), *continuar* (*Continúa enfermo*), *mantenerse* (*Se mantuvo firme*), *permanecer* (*Permaneció fiel*), *seguir* (*Sigue callada*).

c) VERBOS DE MANIFESTACIÓN O PRESENCIA DE ESTADOS O PROPIEDADES. Los principales son *encontrarse* (*Aquel día me encontraba enfermo*), *hallarse* (*La señora se hallaba indispuesta*), *mostrarse* (*Las medidas se mostraron ineficaces*), *presentarse* (*El negocio se presenta difícil*), *revelarse* (*El nuevo jefe se ha revelado como un perfecto inútil*).

Los complementos predicativos

DEFINICIÓN

Se aplica la denominación de COMPLEMENTOS PREDICATIVOS (o simplemente PREDICATIVOS) a un tipo de atributos que se construyen con verbos plenos: *Julio llegó radiante*. Obsérvese que en esta oración se dice que Julio llegó y que, cuando llegó, estaba radiante. Así pues, el predicativo añade a la predicación principal otra secundaria (→ págs. 10-11), a diferencia de los atributos examinados anteriormente. No admiten la sustitución por *lo*, con la excepción del verbo *llamar*: *A Lola la llamaban «la Faraona»* > *Se lo llamaban.*

TIPOS DE COMPLEMENTOS PREDICATIVOS

Los predicativos se pueden clasificar a partir de la función sintáctica del elemento del que se predican.

Complementos predicativos del sujeto. Suelen expresar, a través de un verbo pleno, estados circunstanciales de personas o cosas, como en *Noelia caminaba exhausta*, frente a *Noelia quedó exhausta*, con verbo semicopulativo.

Complementos predicativos del complemento directo. Pueden ser adjetivos (*Lo compraste caro*), sustantivos (*Lo eligieron alcalde*), grupos preposicionales (*Envió la carta sin estampilla*), adverbios de modo (*Te veo estupendamente*) o de lugar (*La quiero aquí*), locuciones adjetivas o adverbiales (*La llevaba en volandas*) y también oraciones (*Lo prefiero que tenga aire acondicionado*).

Complementos predicativos de otras funciones. Aunque no son muy frecuentes, existen predicativos de otras funciones:

a) Del complemento indirecto: *Le extrajeron la muela dormido.*

b) De complementos de régimen: *¿Se acuerdan ustedes de Enrique borracho?*

c) De un grupo nominal (casi siempre formado por sustantivos deverbales o de representación). Al igual que *cansado* es un complemento predicativo en *Enrique llegó cansado,* lo es también en *la llegada de Enrique cansado,* ahora dentro del grupo nominal. Otros ejemplos del mismo tipo son *el regreso de los exploradores heridos y aterrorizados* o *un retrato del marqués a caballo.*

Las construcciones absolutas

DEFINICIÓN

Las CONSTRUCCIONES ABSOLUTAS son expresiones bimembres en las que un atributo se predica de un elemento nominal sin que medie un verbo flexionado: *Terminada la reunión, el edificio quedó vacío.* Normalmente, forman un inciso, representado en la grafía mediante comas.

SUJETO Y PREDICADO EN LAS CONSTRUCCIONES ABSOLUTAS

El sujeto de las construcciones absolutas es normalmente un grupo nominal que suele aparecer pospuesto (*Terminada la reunión, ...* y no *La reunión terminada, ...*). Puede ser también una oración subordinada, como en *Una vez comprobado que no se podía hacer nada, se volvieron al pueblo.* El sujeto no siempre está expreso (*Cansados, se retiraron pronto*).

El predicado de las construcciones absolutas puede ser de varios tipos:

a) Participios. Son los más característicos. Pueden corresponder a múltiples verbos transitivos de acción (*Presentado el proyecto, el jurado decidirá*), pero también a los verbos llamados INACUSATIVOS: *Transcurridos dos días, se inició el proceso* (→ pág. 222).

b) Adverbios o locuciones adverbiales: *Así las cosas, nos fuimos.*

c) Grupos preposicionales: *En prensa el libro, se hicieron varias correcciones.*

d) Adjetivos o locuciones adjetivas: *Una vez sola Patricia, lloró amargamente.*

e) Sustantivos: *Víctimas de la especulación, fueron desahuciados.*

Copulativas enfáticas de relativo

Las CONSTRUCCIONES COPULATIVAS ENFÁTICAS DE RELATIVO sirven para realzar un constituyente tomado de una oración neutra, no marcada o no focalizada. Constan de tres partes: foco (→ págs. 9-10), verbo *ser* y oración de relativo. En esta última, el relativo es congruente desde el punto de vista sintáctico con el foco y se recoge la parte no realzada de la oración neutra. En el ejemplo *Mamá llamó a María ayer,* se pueden focalizar los segmentos *mamá, a María* y *ayer:*

(A) Foco	*SER*	(B) Oración de relativo
Mamá	es ~ fue	quien llamó a María ayer
A María	es ~ fue	a quien llamó mamá ayer
Ayer	es ~ fue	cuando llamó mamá a María

El verbo *ser* suele aparecer en el mismo tiempo que el verbo de la relativa. Permiten tres distribuciones:

«A-*ser*-B»: *Mamá es (fue) quien llamó a María ayer*
«B-*ser*-A»: *Quien llamó a María ayer es (fue) mamá*
«*Ser*-A-B»: *Es (Fue) mamá quien llamó a María ayer*

Cuando el foco de una copulativa enfática es un pronombre de primera o segunda persona, impone sus rasgos de número y persona al verbo *ser: Nosotros somos los que llamamos a María ayer.*

23

Oraciones activas, pasivas, impersonales y medias

Activas y pasivas

La lengua ofrece la posibilidad de describir un mismo proceso con estructuras que presentan diferente organización sintáctica. Si se comparan las secuencias *María despertó a los niños* y *Los niños fueron despertados por María,* se observa que en ambos enunciados *María* es "agente" y *los niños* es "paciente", pero que dichos constituyentes desempeñan distintas funciones sintácticas: *María* es sujeto en la primera oración y complemento agente en la segunda; a su vez, *los niños* es complemento directo en la primera y sujeto en la segunda.

María	*despertó*	*a los niños*
sujeto	núcleo del predicado	CD
"agente"	verbo en activa	"paciente"

Los niños	*fueron despertados*	*por María*
sujeto	núcleo del predicado	CAg
"paciente"	perífrasis pasiva	"agente"

Recibe el nombre de DIÁTESIS cada una de las construcciones gramaticales que permiten expresar de manera diversa los argumentos de un verbo. Las más importantes son la ESTRUCTURA ACTIVA y la ESTRUCTURA PASIVA.

Para manifestar estas oposiciones las lenguas acuden a recursos morfológicos (flexión o derivación) o sintácticos (fundamentalmente, perífrasis). Estas diferencias formales que expresan la diátesis (por ejemplo, *despertó / fue despertado*) se denominan VOCES. En español se distinguen tradicionalmente dos tipos: la VOZ ACTIVA y la VOZ PASIVA. En los estudios gramaticales se ha venido manteniendo una interpretación amplia del concepto de voz activa, ya que abarca incluso secuencias en las que el sujeto no es propiamente agente, como en *La muchacha padecía una extraña enfermedad; El reo recibió la sentencia sin inmutarse.*

La pasiva perifrástica

ASPECTOS FORMALES

En español, la PASIVA PERIFRÁSTICA se expresa mediante una construcción sintáctica formada con el verbo *ser* más el participio de un verbo transitivo, que concuerda en género y número con el sujeto: *Las propuestas serán estudiadas; La habitación fue pintada recientemente.*

RESTRICCIONES

A diferencia de otras lenguas, en español no se construyen oraciones pasivas con verbos intransitivos. Los transitivos que denotan estados o propiedades tienden a rechazarlas: **Una casa linda es tenida (por Pablo)*. Existen, no obstante, excepciones (*La obra era conocida por todos*).

EL COMPLEMENTO AGENTE

El COMPLEMENTO AGENTE es una función sintáctica que reproduce en las oraciones pasivas el sujeto de las activas. Suele construirse con la preposición *por*, pero con ciertos participios alternan *por* y *de*: *conocido {de ~ por} todos; rodeada {de ~ por} montañas*. Los complementos agentes están vinculados al participio. Por esta razón, pueden complementarlo cuando este constituye un modificador nominal (*una ciudad rodeada por montañas*). Aparecen asimismo con los adjetivos derivados en *-ble* (*gastos asumibles por la empresa*) y con algunos sustantivos deverbales (*la supresión de las libertades por el dictador*).

Los verbos inacusativos

Los VERBOS INACUSATIVOS (también llamados SEMIDEPONENTES) son verbos intransitivos que expresan presencia, aparición o acaecimiento de algo, como *caer, entrar, llegar, morir* o *nacer*. A pesar de ser intransitivos, poseen algunas propiedades que los aproximan a los transitivos. Sus participios pueden, por ejemplo, formar construcciones absolutas (*Desaparecido el problema, todo volvió a la normalidad*), modificar a sustantivos (*los niños nacidos el año* pasado) o admitir el adverbio *recién*, característico de los verbos transitivos (*recién llegados*).

Las oraciones impersonales. Impersonales no reflejas

EL CONCEPTO DE ORACIÓN IMPERSONAL

Se denomina tradicionalmente ORACIÓN IMPERSONAL la que no lleva sujeto, sea expreso o sobrentendido. No obstante, debe distinguirse entre los VERBOS IMPERSONALES LÉXICOS, que carecen de la posibilidad de tener sujeto porque su propio significado impide que se prediquen de alguna entidad (*Nieva; Ya es de día; Habrá buena cosecha*), y aquellos otros que se predican de alguna entidad inespecífica, casi siempre personal: *Se duerme mejor en primavera; Dicen que vuelve el buen tiempo; Si vas con prisas, nunca resuelves nada*.

IMPERSONALES CON VERBOS REFERIDOS A FENÓMENOS ATMOSFÉRICOS

Verbos como *granizar, llover, nevar, oscurecer* o *tronar* son los impersonales léxicos más característicos. Van en tercera persona del singular y carecen de sujeto. Algunos, sin embargo, admiten usos personales, sobre todo en sentido figurado: *Le llovieron las críticas; Tronaban los cañones; Amanecí con dolor de cabeza*.

IMPERSONALES CON *HABER, HACER, SER, ESTAR*

Impersonales con *haber*. Este verbo se usa en tercera persona de singular como impersonal transitivo, por lo que no concuerda con su argumento, que es complemento directo: *No hay posibilidades*.

- Los hablantes de algunas áreas establecen, sin embargo, la concordancia de número: *Habían suficientes pruebas; Hubieron dificultades*. Se recomienda la variante en singular: *Había suficientes pruebas; Hubo dificultades*.
- La concordancia de persona (*Habemos algunos que no queremos*) es rechazada en el español europeo y en el de algunos países americanos, pero resulta habitual en la lengua conversacional de ciertas áreas, como la centroamericana y la andina.

n

Impersonales con *hacer, ser* y *estar*. Estos verbos participan en construcciones impersonales asociadas con el tiempo atmosférico (*Hace sol*) o con el cronológico (*Hace años; Todavía era de noche*).

> Varía la concordancia de número en las oraciones que expresan la hora. Se recomiendan en estos casos las variantes concordadas (*Ya son las siete; Ya es la una*), frente a las impersonales (*Ya es las siete*). Alternan, sin embargo, *¿Qué hora es?*, opción general en el mundo hispánico, y *¿Qué horas son?*, propia del registro conversacional de algunas áreas. *n*

IMPERSONALES CON OTROS VERBOS

Otros verbos dan lugar a construcciones impersonales en ciertos usos: *dar* (*Le dio por hacerse titiritero*); *ir* («*irle* a alguien + complemento de manera»: —*¿Cómo le va?* —*Me va bien*); *apestar, oler...* (*Aquí huele a rancio*); *doler, escocer, picar* con locativo (*Me duele aquí*); *bastar, pesar, tratarse* y otros construidos con complemento preposicional (*Me basta con su palabra*).

Estos verbos suelen admitir también construcciones con sujeto: *Tu cuarto apesta a tabaco; Me duele la cabeza; Me basta tu palabra; Me pesa no haberte hecho caso.*

SUJETOS TÁCITOS DE INTERPRETACIÓN INESPECÍFICA

Se consideran impersonales ciertas oraciones con el verbo en tercera persona del plural a las que se supone un sujeto tácito inespecífico, referido siempre a persona: *Llaman a la puerta* ('Alguien no determinado llama a la puerta'). Estos sujetos no alternan con pronombres personales y solo se interpretan así en las oraciones activas. La interpretación genérica se da también con la primera del plural (*En México cenamos más tarde que en muchos países*) y con la segunda del singular (*Si quieres vivir bien, debes tener dinero*).

Impersonales con *se* o impersonales reflejas

USOS DE *SE*

La forma *se* encierra un gran número de valores gramaticales y aparece en estructuras muy diversas. Se distinguen básicamente dos tipos:

a) *Se* PARADIGMÁTICO. El *se* pertenece al paradigma de formas *me, te, se, nos, os, se,* que aparecen concordando con el sujeto en las construcciones reflexivas y recíprocas (*Se conoce poco a sí mismo; Se aman los unos a los otros*) o en los verbos pronominales (*Ella se divierte*).

b) Se no paradigmático. No alterna con pronombres de otras personas y aparece en las impersonales reflejas (*Se vive bien siendo estudiante*) y en las pasivas reflejas (*Las noticias se recibieron ayer*). No contrae función sintáctica.

ORACIONES IMPERSONALES REFLEJAS

Se construyen con *se* y un verbo en tercera persona de singular, sea transitivo (*Se honra a los héroes*) o intransitivo (*Allí se discutía de casi todo*). En estas oraciones, el participante que corresponde al sujeto queda oculto, pero se refiere a una persona (*Se habla de política* implica 'Alguien habla de política').

La pasiva refleja

CARACTERÍSTICAS

Además de perifrásticas, las pasivas pueden ser también reflejas. Las características básicas de estas oraciones son las siguientes:

a) Se construyen con la forma *se* y un verbo que concuerda con el sujeto paciente en número y persona: *Se aprobaron los estatutos.*

b) El sujeto puede ser, además de un grupo nominal, una oración sustantiva: *Se dice que habrá elecciones; Se decidió cómo hacerlo.*

c) Son posibles en perífrasis verbales, con la forma *se* antes del verbo auxiliar o después del principal: *Estas fechas {no se deben olvidar ~ no deben olvidarse}.*

La pasiva refleja muestra resistencia a aceptar complementos agentes. Aunque su uso es frecuente en el lenguaje jurídico y administrativo (*La ley se aprobará por el Senado*), se prefiere en estos casos la construcción activa (*El Senado aprobará la ley*) o la pasiva perifrástica (*La ley será aprobada por el Senado*).

n

PASIVAS REFLEJAS E IMPERSONALES CON *SE*

Son construcciones muy cercanas. En ambas se oculta un argumento, que se corresponde con el primitivo sujeto:

Alguien cura las heridas	Se curan las heridas [pasiva refleja]
Alguien cura a los heridos	Se cura a los heridos [impersonal]

En estos ejemplos se observa que, cuando la forma *se* se aplica a un verbo transitivo, el resultado puede ser doble: una construcción de pasiva refleja (el CD no tiene preposición y pasa a ser sujeto: *Se curan las heridas*) o una impersonal (el CD tiene preposición y se mantiene como tal: *Se cura a los enfermos*). La diferencia formal no oculta su proximidad semántica: tanto las pasivas como las impersonales formadas sobre oraciones transitivas expresan sentido pasivo (*Se curan las heridas = Las heridas son curadas; Se cura a los enfermos = Los enfermos son curados*).

- Con sujetos de cosa, es preferible la pasiva refleja (*Se alquilan habitaciones; Se dan clases de inglés*), si bien, sobre todo en publicidad, es frecuente la forma impersonal (*Se alquila habitaciones; Se da clases de inglés*), opción que no se recomienda.
- En algunas áreas del español americano (notablemente la rioplatense), son comunes las impersonales con *se* y CD de cosa (*El asunto era importante, pero no se lo planteó bien*). En las demás áreas se prefieren en estos casos las pasivas reflejas (*El asunto era importante, pero no se planteó bien*).
- El verbo de las impersonales reflejas con *se* se construye en singular. No son, pues, correctas oraciones como *Se premiaron a los mejores alumnos* (por *Se premió a los mejores alumnos*).

Con los verbos intransitivos solamente son posibles las oraciones impersonales: *En verano se duerme mal; Aquí no se habla de política.*

Construcciones medias

CONCEPTO

Se puede hablar para el español de un tercer tipo de diátesis: las CONSTRUCCIONES MEDIAS. Son oraciones intransitivas que expresan cambios de estado o procesos experimentados por un sujeto que no ejerce control directo sobre ellos. Se forman con verbos pronominales (*Los campos se secan*) o no pronominales (*La hierba crece*). Con algunos verbos podemos observar una triple oposición de diátesis: activa, pasiva (perifrástica o refleja) y media.

Activa	Pasiva	Media
Ana hirvió la leche	La leche fue hervida Se hirvió la leche	La leche hirvió
Ana despierta a los niños	Los niños son despertados Se despierta a los niños	Los niños se despiertan
Ana cura a los enfermos	Los enfermos son curados Se cura a los enfermos	Los enfermos se curan

LOS VERBOS PRONOMINALES

Se llaman VERBOS PRONOMINALES los que se conjugan con las formas átonas del paradigma reflexivo *me, te, se, nos, os, se* (*arrepentirse, cansarse, marearse*...). En la oración *Yo me mareo,* concuerdan los pronombres *yo* y *me* con la flexión del verbo (1.ª persona). Esta doble concordancia se extiende a todo el paradigma: *Tú te mareas; Él se marea,* etc. Se distinguen dos clases de verbos pronominales: los que tienen únicamente forma pronominal (*abalanzarse, abstenerse, arrepentirse*...) y los que poseen variantes no pronominales (*decidir* y *decidirse, esconder* y *esconderse, olvidar* y *olvidarse, lamentar* y *lamentarse*...).

24

La modalidad. La negación

La modalidad

El término ENUNCIACIÓN designa la acción verbal de emitir un mensaje. El ENUNCIADO constituye la estructura lingüística con la que se realiza esa acción verbal. Todo enunciado comunica no solamente la representación de algo (SECUENCIA O *DICTUM*), sino también la actitud que el hablante tiene ante dicho contenido (MODALIDAD O *MODUS*). La *modalidad* expresa la actitud del hablante por medio de marcas o recursos lingüísticos.

TIPOS DE MODALIDAD

Obsérvense los siguientes enunciados:

Juan viene	*¿Viene Juan?*	*¡Juan viene!*	*Ven, Juan*	*Ojalá venga Juan*

En todos ellos se predica de *Juan* la acción de venir. Sin embargo, se trata de cinco enunciados distintos, pues expresan distinta actitud del hablante. La modalidad utiliza recursos lingüísticos diversos:

a) Fonológicos, como la entonación: *¡Juan viene! / Juan viene.*

b) Sintácticos, como el orden de palabras: *Juan viene / ¿Viene Juan?*

c) Morfológicos, como la flexión verbal: *Ven, Juan / Juan viene.*

Se distinguen cinco modalidades fundamentales:

a) ENUNCIATIVA O ASEVERATIVA: *Juan viene.*

b) INTERROGATIVA: *¿Viene Juan?*

c) EXCLAMATIVA: *¡Juan viene!*

d) IMPERATIVA: *Ven, Juan; Vení, Juan.*

e) DESIDERATIVA: *Ojalá venga Juan.*

Estas modalidades pueden combinarse también con secuencias que no contienen verbo, dando lugar a ENUNCIADOS NO ORACIONALES: *¡Todo un campeón!; ¿Dos barras de pan?; ¡Arriba esos ánimos!*

Es necesario diferenciar asimismo entre las nociones de ENUNCIADO LINGÜÍSTICO y ACTO VERBAL. El enunciado lingüístico es una construcción formada por una secuencia y su modalidad. Un mismo enunciado puede ser utilizado en el habla con valores contextuales diferentes, es decir, ejecutando actos verbales distintos. Por medio de los enunciados lingüísticos realizamos, pues, ACTOS VERBALES O ACTOS DE HABLA. En los mensajes *¡Buenos días!, ¡Hasta luego!, ¡Enhorabuena!, Le ruego que me escuche, No se ponga nervioso, ¿Tomas un café?, ¿Cuántos hermanos tienes?, Salga ahora mismo de aquí* reconocemos, respectivamente, la realización de los siguientes actos: saludo, despedida, felicitación, ruego, consejo, invitación, pregunta y mandato.

Los verbos denominados REALIZATIVOS (*prometer, rogar, ordenar, perdonar,* etc.) dan lugar a actos verbales en determinados contextos sintácticos. Así, la oración *Te lo prometo* constituye una promesa, mientras que *Te lo prometí* constituye una aseveración; por tanto, otro tipo de acto verbal.

LOS ACTOS VERBALES Y LA MODALIDAD

No existe correspondencia necesaria entre las modalidades y los actos de habla. La modalidad lingüística interrogativa se utiliza prototípicamente para realizar preguntas (*¿Cómo se llama su hija?*), pero también para efectuar peticiones (*¿Me da usted lumbre?*), ofrecimientos (*¿Desea usted algo?*), recriminaciones (*¿No te da vergüenza?*) e incluso aseveraciones, como es el caso de las interrogaciones retóricas (el enunciado *¿Soy acaso el guardián de mi hermano?* se interpreta como 'Yo no soy el guardián de mi hermano'). A la inversa, los enunciados aseverativos no solo realizan afirmaciones (*El hombre es mortal*), sino también órdenes (*Usted se calla*), alabanzas (*Es usted muy generoso*), etc.

Los enunciados aseverativos

En los ENUNCIADOS ASEVERATIVOS O ENUNCIATIVOS el emisor se compromete con la veracidad de lo que expresa la secuencia o *dictum*, por lo que aquel puede ser calificado de veraz o falaz, y los mensajes, de verdaderos o de falsos.

Los enunciados aseverativos se clasifican en afirmativos (*El tren llegó*) y negativos (*El tren no llegó*). No obstante, la posibilidad de contener o no negación se extiende a casi todos los enunciados (*Ven* ~ *No vengas; ¿Es hoy martes?* ~ *¿No es hoy martes?*).

En los enunciados aseverativos oracionales el verbo se manifiesta en indicativo y se adopta un orden no marcado ni fijo: *La fiesta terminó* ~ *Terminó la fiesta.*

Los enunciados interrogativos

CONCEPTO

Las construcciones interrogativas se caracterizan por introducir alguna incógnita. En la modalidad interrogativa el emisor no se compromete con la veracidad de lo que expresa la secuencia o *dictum*, por lo que estos enunciados no son ni verdaderos ni falsos. Comunicativamente, son enunciados abiertos, en el sentido de que posibilitan una respuesta del interlocutor. Los enunciados interrogativos pueden ser oracionales (*¿Llueve?*) o no (*¿Más libros?; ¿Contento?; ¿Ya?*). Las interrogativas oracionales se construyen generalmente en el modo indicativo.

CLASES DE CONSTRUCCIONES INTERROGATIVAS

Existen dos clasificaciones de las interrogativas, que pueden cruzarse entre sí:

a) DIRECTAS O INDIRECTAS. Solo las primeras constituyen por sí mismas ENUNCIADOS INTERROGATIVOS (*¿Cuándo ocurrió?*). Las segundas son un tipo de oración subordinada sustantiva (*Dígame cuándo ocurrió*) (→ págs. 240-241).

b) TOTALES O PARCIALES. En las totales, o DISYUNTIVAS, se presenta una incertidumbre entre varias posibilidades. Las opciones son dos en las TOTALES DE SÍ O NO, como *¿Ha llegado tu hermano (o no)?*, pero pueden ser múltiples en las llamadas TOTALES ALTERNATIVAS, como *¿Vendrá hoy, mañana o pasado mañana?* En las PARCIALES, la incógnita es representada por un interrogativo (*¿Dónde están?; ¿Quién me llama?*).

Todas estas interrogativas pueden ser también indirectas: *en función de si viene hoy, mañana o pasado mañana; No sé si ha llegado o no; No han averiguado dónde están,* etc.

Una propiedad sintáctica de las oraciones interrogativas, especialmente observable en las parciales, es la marcada tendencia a posponer el sujeto cuando este no representa la incógnita por la que se pregunta: *María triunfó* > *¿Triunfó María?*; *Juan come arroz* > *¿Come Juan arroz?* No son, sin embargo, anómalas oraciones como *¿Qué tú dijiste?* en el español conversacional caribeño.

Las preguntas que esconden aseveraciones (sean afirmativas o negativas) se denominan RETÓRICAS (*¿Estamos aquí para perder el tiempo?*; *¿A quién le va a interesar esta película?*). Se llaman habitualmente DE ECO las interrogativas que solicitan una confirmación de lo que se acaba de decir (*¿Te vas adónde?*; *¿Que te vas a París?*; *¿María triunfó?*). Las preguntas se enmarcan entre el signo de interrogación de apertura (¿) y el de cierre (?).

> Es incorrecto escribir las preguntas sin el signo interrogativo de apertura (*Vienes a la fiesta?*). Se admite, en cambio, en ciertos casos, combinar los signos interrogativos con los exclamativos (*¿¡Qué dices!?*). *n*

Los enunciados exclamativos

CONCEPTO

Los ENUNCIADOS EXCLAMATIVOS son expresiones oracionales (*¡Qué cosas me dices!*) o de otro tipo (*¡Vaya frío!*; *¡Estupendo!*; *¡Nunca!*; *¡Ay!*) que los hablantes emplean para ponderar las propiedades de las cosas, las personas o las situaciones, así como para manifestar con énfasis sensaciones o sentimientos. Las interjecciones suelen aparecer en enunciados exclamativos (*¡Eh!*; *¡Cielos!*). La entonación exclamativa termina en inflexión descendente, pero presenta contrastes mayores que la de los enunciados asertivos. Ortográficamente, esta modalidad se representa por los signos de exclamación de apertura (¡) y cierre (!).

Con los enunciados exclamativos se realizan numerosos actos verbales. Destacan entre ellos la manifestación de sorpresa o asombro (*¡Qué cosas!*), desacuerdo (*¡Menudo disparate!*), insulto (*¡Vago!*; *¡Embustero!*), o la expresión de una gama muy variada de sentimientos (*¡Tonterías!*; *¡Qué encanto!*). Pueden emplearse también para llamar la atención (*¡El precipicio!*; *¡La policía!*), para solicitar algo (*¡Un momento, por favor!*) o para dar órdenes (*¡Más despacio!*), entre otras muchas posibilidades que el contexto y la relación entre los interlocutores ayudan a identificar en cada caso. Se llaman EXCLAMATIVAS RETÓRICAS aquellas que dan a entender lo contrario de lo que dicen literalmente, y por lo general transmiten el enfado o el malestar del hablante, como en *¡Te parecerá bonito!*; *¡Contento me tienes!*; *¡Empezamos bien!*

TIPOS DE ENUNCIADOS EXCLAMATIVOS

Pueden ser totales o parciales:

a) EXCLAMATIVOS TOTALES. No contienen palabras exclamativas (*qué, cuándo, dónde*, etc.): *¡Hemos ganado el partido!; ¡Ya se acabaron las clases!*

b) EXCLAMATIVOS PARCIALES. Contienen un pronombre, determinante o adverbio exclamativo, que siempre aparece en posición desplazada, encabezando la oración: *¡Qué estás diciendo!; ¡Cuánto esfuerzo!; ¡Cómo te has puesto!* Al igual que en las interrogativas parciales, los sujetos se posponen si no constituyen expresiones exclamativas: *¡Qué alto {está el muchacho ~ *el muchacho está}!*, frente a *¡Qué cosas tan extrañas sucedieron!*

Los enunciados imperativos

CONCEPTO

Se denominan ENUNCIADOS IMPERATIVOS los destinados a influir en el interlocutor para que actúe en determinado sentido. Se denominan así porque utilizan de forma prototípica, aunque no exclusiva, el MODO IMPERATIVO, combinado con otros rasgos sintácticos y semánticos.

En estos enunciados el emisor asume la responsabilidad del acto verbal, pero las oraciones imperativas no son ni verdaderas ni falsas, al igual que ocurre con los enunciados interrogativos (*¿Qué hora es?; ¿Han publicado ya la noticia los periódicos?*, etc.).

EL IMPERATIVO. PROPIEDADES FORMALES

El modo imperativo consta de las siguientes formas:

Persona gramatical	Singular	Plural
1.ª		vengamos
2.ª	ven (tú) ~ vení (vos)	venid (vosotros)
3.ª	venga (usted)	vengan (ustedes)

En este paradigma solo hay tres formas específicas del imperativo: las subrayadas, correspondientes a *tú, vos* y *vosotros*, que son las tres formas de la segunda persona gramatical.

Los pronombres *usted, ustedes* presentan la tercera persona gramatical (al igual que *su excelencia* o *su señoría*), aun cuando aluden a la segunda persona del discurso, ya que se dirigen a algún interlocutor. Esta tercera persona y la primera del plural comparten sus formas con el presente del subjuntivo (*venga, vengamos, vengan*).

Con el imperativo, los pronombres átonos (*la, se*...) son enclíticos, es decir, se posponen al verbo: *Decímelo; Dígamelo; Siéntense*. No se registra la variante **Me lo decí*, pero sí se atestiguan —y se recomienda evitarlas— las formas *Me lo diga* y *Se sienten*, en las que la flexión imperativa no se diferencia de la del subjuntivo.

> En las formas de tercera persona del plural, se recomienda no colocar tras los pronombres átonos el morfema *-n* (*siéntensen, tráigamen, dígalen*... en lugar de las formas correctas *siéntense, tráiganme, díganle*...). *n*

Al aparecer pospuestos, los clíticos pueden producir ciertos cambios en la terminación del imperativo. Así, la terminación *-d*, característica de la forma correspondiente a *vosotros*, desaparece cuando va seguida del clítico *os* (*sentaos*, no **sentados*).

> Fuera de los registros más informales, es incorrecto utilizar el infinitivo por el imperativo (*sentaros* en lugar de *sentaos*). *n*

También desaparece la *-s* final de los imperativos terminados en *-mos* cuando van seguidos del clítico *-nos* (*quedémonos*). En cambio, cuando el clítico *nos* se pospone a una forma terminada en *-n*, se preserva la terminación del verbo, que permite así distinguir la forma *díganoslo* (*ustedes*) de *díganoslo* (*usted*).

> Son incorrectas las formas *quedémosnos, vámosnos*, etc., que se documentan en la lengua no cuidada tanto de España como de América. Se ha de evitar la grafía con doble *-s* (*digámosselo*) cuando el clítico *-se* se pospone a un verbo acabado en *-mos*. Pese a que en la pronunciación se pueden preservar ambos sonidos, la grafía correcta es *digámoselo*. *n*

PROPIEDADES SINTÁCTICAS Y SEMÁNTICAS

Las oraciones imperativas contienen un sujeto, explícito o sobrentendido, que designa la persona a la que va dirigida la orden o la petición: *¡Sal (tú)!* ~ *¡Salí (vos)!* Es importante diferenciar en estos casos los sujetos del imperativo de los vocativos. El sujeto del imperativo va directamente unido al verbo (*Sal tú*). El VOCATIVO es una expresión nominal, separada del resto de la oración, que se emplea para dirigirse a una persona o a una cosa personificada: *Juan, sal* (vocativo); *Sal tú* (sujeto); *Juan, sal tú* (vocativo y sujeto).

El modo imperativo no se emplea en forma negativa. En los enunciados imperativos negativos es sustituido por el subjuntivo. En este caso, los pronombres no se posponen (*No me lo diga*/**No dígamelo*).

No se recomienda emplear el infinitivo para sustituir a la forma negativa de los imperativos (*No venir* por *No vengáis*), si bien quedan fuera de esta recomendación ciertas fórmulas interjectivas (*¡Ni hablar!*) y los carteles que contienen advertencias que son de aplicación general (*No fumar; No pisar el césped*). *n*

El imperativo expresa órdenes, peticiones, consejos, ruegos, exhortaciones y advertencias, es decir, aquellos actos verbales que tratan de influir sobre la conducta del interlocutor y que se hallan relacionados, por tanto, con la función apelativa o conativa del lenguaje.

OTROS ENUNCIADOS DE VALOR IMPERATIVO

Es posible también realizar órdenes y mandatos mediante enunciados sin modalidad imperativa, como los construidos con el PRESENTE DE MANDATO (*Usted se calla*) o el FUTURO (*Saldremos inmediatamente del edificio*). Se forman igualmente enunciados que se interpretan como órdenes o recomendaciones con la PASIVA REFLEJA de algunos verbos (*Se ordena silencio; Se ruega discreción*) y mediante las construcciones en las que las preposiciones *a* y *sin* aparecen seguidas de INFINITIVO: *¡A callar!; ¡Sin rechistar!* Otras expresiones no oracionales también pueden formar enunciados directivos (órdenes, ruegos, exhortaciones...): *¡Fuera de mi casa!; ¡Adelante!; ¡Todos a la calle!*

Los enunciados desiderativos

Se hallan ligados a la función expresiva del lenguaje. El emisor manifiesta de forma patente el deseo o la voluntad de que se cumpla el contenido de su mensaje. Adoptan una entonación común con los enunciados exclamativos, y en la escritura se suelen representar enmarcados por los mismos signos (¡!). Sin embargo, los enunciados desiderativos se construyen en subjuntivo (*¡Quién pudiera!; Bienvenido seas*) y contienen frecuentemente partículas como *ojalá* (*¡Ojalá ganen!*); *que* (*¡Que todo les salga bien!*); *así* (*¡Así sea!*); *si* (*¡Si yo fuera rico!*). Son muy comunes asimismo los enunciados desiderativos no oracionales (*¡Felicidades!; ¡Buenas noches!; ¡Feliz Navidad!*). Algunos de ellos se asimilan parcialmente a las locuciones interjectivas (→ págs. 173-174).

La negación

CONCEPTO

En las ORACIONES NEGATIVAS se expresa la falsedad o la inexistencia de cierto estado de cosas: *Carlos no tiene dinero; Nadie pudo responder*. Sintácticamente, la negación puede manifestarse mediante determinantes y pronombres (*nadie, ninguno, nada*), así como por medio de adverbios (*no, nunca, jamás, tampoco, nada*), conjunciones (*ni, sino*) y preposiciones (*sin*).

Los indefinidos negativos se rechazan en posición posverbal (**Dijo nada*), a menos que aparezca una palabra negativa en posición preverbal (*No dijo nada; sin decir nada*). La doble opción que muestran pares como *No vino nadie ~ Nadie vino* se suele denominar ALTERNANCIA NEGATIVA.

NEGACIÓN SINTÁCTICA Y NEGACIÓN MORFOLÓGICA

En la NEGACIÓN SINTÁCTICA el adverbio *no* puede dar lugar a distintas interpretaciones en función de los elementos que niega en cada ocasión. El segmento sintáctico sobre el que incide se denomina ÁMBITO. En la NEGACIÓN EXTERNA O PROPOSICIONAL el ámbito es toda la oración. Así sucede cuando se interpreta la oración *Isabel no le dio el libro a Julio* como 'No es cierto que Isabel le diese el libro a Julio'. En la NEGACIÓN INTERNA, el ámbito es más reducido: se niega un elemento focalizado que se interpreta contrastivamente. Se subraya este elemento focalizado en *Isabel no le dio el libro <u>a Julio</u>, sino a Luis; Isabel no le <u>dio</u> un libro a Julio, sino que se lo prestó.*

Ciertos elementos morfológicos tienen sentido negativo, como los prefijos *a-* (*amorfo, apolítico*), *in-* (*inútil, intocable*) o *des-* (*desleal, deshonor*). La NEGACIÓN MORFOLÓGICA se caracteriza por no tener efectos sintácticos fuera de la palabra en la que aparece. Contrastan así *No es posible nada* (con negación sintáctica) y **Es imposible nada* (con negación morfológica).

TÉRMINOS DE POLARIDAD NEGATIVA E INDUCTORES NEGATIVOS

Además de los indefinidos negativos (*nada, nadie, nunca*), otros elementos requieren, cuando se posponen al verbo, una negación preverbal. Forman el grupo de los llamados TÉRMINOS DE POLARIDAD NEGATIVA. Es el caso de los adverbios negativos, como *tampoco*, de las conjunciones *sino* o *ni*, y también de locuciones verbales como *mover un dedo* o *ser gran cosa*, entre muchas otras. Se obtienen así contrastes como *{No vino ~ *Vino} Nicolás <u>ni</u> María; Él {no <u>movió</u> ~ *<u>movió</u>} <u>un dedo</u> por ella.*

Los elementos que permiten la aparición de las expresiones de sentido negativo se denomina INDUCTORES DE LA NEGACIÓN O INDUCTORES NEGATIVOS. No siempre es una palabra negativa la expresión que los términos de polaridad negativa requieren. Puede ser suplida por una interrogación retórica (*¿Quién movió un dedo por ti todos estos años?*), una comparación (*Corre más que nadie*), un adjetivo de sentido negativo (*Era absolutamente contrario a realizar ningún cambio*), etc.

25

Oraciones subordinadas sustantivas

Subordinación sustantiva

DEFINICIÓN Y CLASES

Se denominan tradicionalmente ORACIONES SUBORDINADAS SUSTANTIVAS las que desempeñan las funciones características de los sustantivos o de los grupos nominales. Por ejemplo, en *Los trabajadores deseaban que les subieran el sueldo* el segmento subrayado es una subordinada sustantiva que desempeña la función de complemento directo. Prueba la naturaleza nominal de estas subordinadas el hecho de que admitan la sustitución por pronombres átonos o tónicos (*Los trabajadores lo deseaban* ~ *Los trabajadores deseaban eso*), así como la posibilidad de coordinarse con grupos nominales que ejerzan su misma función, como en *Los trabajadores exigían que les subieran el sueldo y mejores condiciones laborales*, o de alternar con ellos: *Los trabajadores deseaban {que les subieran el sueldo ~ una subida de sueldo}*. Esta alternancia presenta ciertas restricciones, ya que algunos verbos solo admiten como complemento directo oraciones subordinadas, pero no grupos nominales: *Dudo que venga* ~ **Dudo su venida*. En otros casos, la alternancia modifica el significado del verbo. Así, el verbo *ver* no significa lo mismo en *Vi a mi hijo* que en *Vi que me hijo no me entendía*.

La oración subordinada está incrustada en una unidad más amplia, llamada ORACIÓN PRINCIPAL. Así, en *Los ladrones no sabían que la policía los vigilaba*, la oración principal es la secuencia entera (y no, como se defiende en algunos análisis tradicionales, la expresión *los ladrones no sabían*).

Las oraciones subordinadas sustantivas se clasifican a partir de su estructura y su significado en DECLARATIVAS, INTERROGATIVAS INDIRECTAS y EXCLAMATIVAS INDIRECTAS.

FUNCIONES SINTÁCTICAS

Las subordinadas sustantivas desempeñan, en general, las funciones sintácticas propias del grupo nominal:

a) Sujeto, como las subrayadas en *Me molesta que mientas; Sería preferible ir solos; Ocurre que a veces la gente no se entiende*. Como otros sujetos, pueden ser sustituidas por los pronombres neutros *eso, ello* o *qué: Eso me molesta; Ello sería preferible; ¿Qué ocurre?*

b) Complemento directo. En esta función se dejan sustituir por los pronombres *eso, qué* y *lo* (*Dijo que vendría* > *Dijo eso* ~ *¿Qué dijo?* ~ *Lo dijo*).

c) Complemento indirecto. En un número limitado de construcciones, tales como *dar importancia a que..., dar tiempo a que..., atribuir el problema a que..., dar crédito a que...*, funcionan como CI, puesto que en ellas el grupo que forman *a* y la subordinada suele admitir la sustitución por el pronombre átono *le* (*No des importancia a que dijera eso* > *No le des importancia,* en alternancia con *No des importancia a eso*).

d) Término de preposición, sea en los complementos de régimen o en otros grupos preposicionales. En el primer caso, el grupo preposicional puede complementar a un verbo (*No te olvides de que contamos contigo*), a un sustantivo (*Mi confianza en que la situación económica mejorará ha disminuido*), a un adjetivo (*Eso es parecido a vivir sin trabajar*) o a un adverbio (*Llegó antes de que cerraran el museo*). Las subordinadas sustantivas pueden ser términos de preposiciones que no encabezan complementos de régimen, sino complementos adjuntos o circunstanciales, como en el caso de *para* (*Trabaja para que coman sus hijos*). Unas y otras se sustituyen por los pronombres neutros *ello, eso* o *qué*.

e) Aposiciones de grupos nominales o de pronombres: *Me preocupa ese rumor, que esté implicado en corrupción.*

Declarativas o enunciativas

DEFINICIÓN

Subordinan contenidos que se declaran o se enuncian, sean positivos o negativos: *Sé que {está ~ no está} contento.* Pueden construirse con verbo en indicativo, en subjuntivo o en infinitivo: *Sé que está contento; Me alegro de que regrese pronto; Espero aprobar esta asignatura.*

LA CONJUNCIÓN *QUE*

Las sustantivas declarativas van encabezadas por la conjunción subordinante *que* cuando el verbo aparece en forma personal: *Necesito que alguien me escuche.* No obstante, la conjunción puede omitirse en ciertos contextos en algunas variedades de la lengua escrita: *Esperamos (que) nos visiten pronto; Las lecturas que creo (que) son necesarias.*

En las subordinadas sustantivas de sujeto, la conjunción *que* puede ir precedida del artículo *el*, lo que otorga carácter enfático a la oración subordinada: *Que digas eso me molesta* ~ *El que digas eso me molesta.*

DEQUEÍSMO Y QUEÍSMO

El uso incorrecto de la secuencia *de que* en las subordinadas sustantivas de sujeto y complemento directo, cuando la preposición no está seleccionada o exigida por el predicado, se llama DEQUEÍSMO, como en *Es seguro de que se enteró* por *Es seguro que se enteró* o en *Creo de que tienes razón* en lugar de *Creo que tienes razón.* La supresión indebida de la preposición que precede a *que*, como en *Confío que venga* por *Confío en que venga* o en *Estoy seguro que lo sabes* por *Estoy seguro de que lo sabes,* constituye otra incorrección denominada QUEÍSMO.

Con algunos verbos son correctas las subordinadas sustantivas tanto con *que* como con *de que*. Con el verbo *advertir,* por ejemplo, se encuentran las dos variantes: *Nos advirtió que había peligro* o *Nos advirtió de que había peligro,* si bien en América predomina la primera.

Algunos verbos presentan usos pronominales con complemento de régimen (*Me alegro de que te guste*), junto a otros no pronominales en los que la oración sustantiva funciona como sujeto (*Me alegra que te guste*). Así pues, la secuencia *Me alegro que te guste* constituye un caso de queísmo, y *Me alegra de que te guste,* uno de dequeísmo.

En ocasiones el verbo pronominal con complemento de régimen conlleva un cambio de significado: *acordar que...* 'llegar a un acuerdo', frente a *acordarse de que...* 'recordar'; *asegurar que...* 'afirmar algo con certeza', frente a *asegurarse de que...* 'adquirir la certeza de algo'.

No hay dequeísmo cuando la preposición introduce el complemento oracional de un adverbio: *antes de que..., aparte de que..., después de que..., encima de que..., enseguida de que..., luego de que...* Lo hay, en cambio, cuando se introduce indebidamente la preposición *de* en ciertas locuciones conjuntivas: *de manera de que* o *a medida de que* frente a las formas correctas *de manera que, a medida que.*

n

LAS SUBORDINADAS SUSTANTIVAS Y LAS RELATIVAS SIN ANTECEDENTE EXPRESO

Las llamadas RELATIVAS SIN ANTECEDENTE EXPRESO (también LIBRES O SEMILIBRES), como las subrayadas en *Quien tenga frío que se vaya* o *No me gusta lo que compré*, desempeñan las mismas funciones que las subordinadas sustantivas, pero existen diferencias semánticas y formales entre unas y otras. Las sustantivas denotan nociones abstractas, mientras que las relativas sin antecedente expreso pueden aludir a cualquier tipo de referente. Esta diferencia repercute en su comportamiento sintáctico y en su distribución gramatical. Por ejemplo, determinados predicados no admiten subordinadas sustantivas de sujeto (*morir, ser alto, parecer amarillo*) o de complemento directo (*cancelar, comer, guiar*) y sí, en cambio, relativas sin antecedente expreso: *Comía {lo que le daban / *que le daban}*. Las subordinadas sustantivas, por tanto, se comportan como oraciones, mientras que las relativas libres o semilibres (→ págs. 245-246) se asimilan a los grupos nominales.

Interrogativas indirectas

Son oraciones subordinadas que implican algún tipo de elección entre opciones o alternancias: *Averiguaré si nos han descubierto; No recuerdo quién llamó*. Carecen de entonación interrogativa y se construyen tanto en forma personal como en infinitivo: *No sabíamos si {felicitarla ~ la felicitó}; No sé qué {hacer ~ haré}*.

Pueden ser TOTALES O PARCIALES. Las totales están encabezadas por la conjunción interrogativa *si*. Unas veces presentan la elección entre dos opciones contrapuestas, como en *No sé si vendrá el cartero (o no)*, y otras una elección abierta entre elementos paralelos, pero no contrapuestos: *No sé si el cartero vendrá hoy o mañana*. Las interrogativas indirectas parciales están introducidas por los determinantes y pronombres interrogativos *quién, qué, cuál, cuánto*, o sus variantes de género y número, por los adverbios interrogativos *cómo, dónde, cuándo, cuánto*, o por los grupos sintácticos en los que intervienen los elementos anteriores: *para qué autor, cuánto café, desde dónde*. Los interrogativos forman parte de la oración que introducen y, por tanto, desempeñan en ella una función sintáctica propia de la categoría a la que pertenecen.

Como las demás subordinadas sustantivas, las interrogativas indirectas ejercen funciones sintácticas propias de los grupos nominales: sujeto (*Me da igual quién gane el partido*), complemento directo (*No sé si contestar*) y término de preposición en los complementos preposicionales de un verbo (*No me acuerdo de quién vino*), de un nombre (*Me queda la duda de si tenía el título de licenciado*), o de un adjetivo (*Está pendiente de si apruebo o no*). Se construyen con indicativo, salvo con ciertos predicados como *depender* (*Depende de cómo resulte*); con otros, como *saber* (*No sé si te guste lo que te ofrezco*), el subjuntivo es propio solo de algunas áreas como la mexicana o la caribeña.

Solo los predicados cuyo significado está vinculado con el concepto de 'información' admiten interrogativas indirectas y expresan diversos contenidos relativos a esa noción: solicitud de información (*demandar, preguntar*), posesión o adquisición de información (*saber, comprender, averiguar*), ausencia de información (*desconocer, dudar*), etc.

No son interrogativas indirectas, sino relativas de adverbio o pronombre tónico, las oraciones introducidas por los verbos *haber* y *tener* en construcciones como *No tenía dónde dormir* o *No hay de quién fiarse.*

Exclamativas indirectas

Este tipo de oraciones son formalmente idénticas a las interrogativas indirectas parciales. Se diferencian de ellas, principalmente, en su significado, ya que no expresan elección, sino ponderación: *Ya verás qué clase de persona es, ¡de primera!* Además, el verbo que contienen está siempre en indicativo, y no admiten variantes con infinitivo.

Discurso directo y discurso indirecto

Tradicionalmente se han distinguido dos formas de reproducir o citar palabras ajenas: el discurso directo y el discurso indirecto.

Se llama DISCURSO DIRECTO el que reproduce de forma literal palabras o pensamientos, sean propios o de otra persona. La cita puede seguir a un verbo introductor (*Elsa dijo: "Mi hermana está aquí"*), puede precederlo, como en *Me gustaría trabajar en Londres, respondió su hija,* o incluso el propio verbo introductor puede aparecer en posición medial: *El director –aseguró la secretaria– está ocupado.* En estos dos últimos casos, el verbo se antepone al sujeto. El segmento citado en estilo directo, aunque no posea conjunción, se comporta como una oración sustantiva.

El DISCURSO INDIRECTO reproduce las palabras de otro adaptándolas al sistema de referencias deícticas del hablante. El cambio afecta a demostrativos, posesivos, pronombres personales y tiempos verbales:

Estilo directo: *Elsa dijo: "Mi hermana está aquí"*

Estilo indirecto: *Elsa dijo que su hermana estaba allí*

26

Oraciones subordinadas de relativo

Caracterización

Se denominan ORACIONES SUBORDINADAS DE RELATIVO (también ORACIONES RELATIVAS o simplemente RELATIVAS) las encabezadas por un pronombre, adverbio o determinante relativo, así como por los grupos sintácticos que se forman con estas expresiones. Por ejemplo, el segmento subrayado en *No me interesan esas historias que cuentas* es una subordinada de relativo, encabezada por el pronombre *que*. En el capítulo 13 se describen las características morfológicas y sintácticas de los relativos del español, que son los pronombres *que, cual, quien, cuanto,* los determinantes *cuanto/-a/-os/-as* y *cuyo/-a/-os/-as,* y los adverbios *donde, adonde, como* y *cuando.*

Los relativos y su antecedente

EL ANTECEDENTE DE LOS RELATIVOS

Las oraciones de relativo modifican a un ANTECEDENTE. Esta relación de modificación es, desde el punto de vista semántico, semejante a la que tiene lugar entre el adjetivo y el sustantivo. Así, en el ejemplo antes citado, la subordinada de relativo *que cuentas* actúa como modificador de *historias* (igual que el adjetivo subrayado en *una historia aburrida*). Por este motivo, en la tradición gramatical se ha llamado a estas oraciones SUBORDINADAS ADJETIVAS.

FUNCIONES DE LOS RELATIVOS

Los relativos poseen tres valores: son nexos subordinantes, ejercen una función dentro de la oración subordinada y realizan una referencia anafórica. Así, en *el libro que leo*, el relativo *que* convierte en subordinada la oración que encabeza, funciona como CD de *leo* y denota la misma realidad que su antecedente (*libro*) (→ págs. 125-126).

El primer rasgo aproxima los relativos a las conjunciones, mientras que los otros dos los acercan a otros pronombres, como los personales y los demostrativos. Aun así, solo los relativos poseen los tres conjuntamente.

ANTECEDENTE EXPRESO Y ANTECEDENTE INCORPORADO

El antecedente de los relativos puede hallarse expreso (como en *El libro que leí*), elidido (*El que leí*) o incorporado en el propio relativo. Así, en *Quien dice eso miente*, el pronombre *quien* equivale a *la persona que*. De acuerdo con este criterio, se distinguen dos tipos de relativas:

a) RELATIVAS CON ANTECEDENTE EXPRESO. Poseen función adjetiva y modifican a su antecedente: *La canción que me gusta; Un hombre del cual no sé nada; El lugar donde resido.*

b) RELATIVAS SIN ANTECEDENTE EXPRESO. Se subdividen en dos clases:
   - Relativas LIBRES. Van introducidas por los relativos variables *quien* y *cuanto*, así como por los invariables *donde, cuando, como: Quien dice eso* [sujeto] *miente; La veré cuando llegue* [CC].
   - Relativas SEMILIBRES: Van encabezadas por el pronombre *que* precedido del artículo determinado: *El que la hace* [sujeto] *la paga*. Son una variante de las libres, pues la secuencia *el que* comparte muchas propiedades con *quien*.

Relativas especificativas y explicativas

Las ESPECIFICATIVAS delimitan el significado del antecedente, mientras que las EXPLICATIVAS no restringen dicho contenido, sino que añaden cierta información a la expresada por el grupo nominal. Así se comprueba en estas oraciones:

Los documentos que se salvaron del incendio son fundamentales
Los documentos, que se salvaron del incendio, son fundamentales

En la primera, que es especificativa, se dice que no todos los documentos son fundamentales, sino solo los que se salvaron del incendio; en la segunda, explicativa, se afirma que son fundamentales todos los documentos a los que se alude, sin establecer discriminación alguna.

DIFERENCIAS PROSÓDICAS

Las relativas explicativas constituyen un inciso, esto es, un grupo con entonación propia que se separa del resto por medio de pausas y que en la escritura se representa delimitado por signos de puntuación (comas, y también paréntesis o rayas). Las especificativas, por el contrario, no aparecen en incisos y en la escritura no se separan del antecedente.

DIFERENCIAS SEMÁNTICAS Y SINTÁCTICAS

En relación con el antecedente. Son reseñables los siguientes rasgos diferenciadores:

a) A menudo las explicativas se pueden suprimir sin que ello afecte esencialmente al significado del antecedente, al contrario de lo que ocurre con las especificativas. Así, si reducimos la secuencia *Ayer solo salió un tren, que transportaba mineral* a *Ayer solo salió un tren,* seguirá describiendo la misma situación; pero, si suprimimos la subordinada en *Ayer solo salió un tren que transportaba mineral,* cambiará el sentido, ya que la presencia de la subordinada da a entender que pueden haber salido otros trenes que no transportaban mineral.

b) Al contrario que las explicativas, las especificativas son incompatibles con los pronombres personales (**ella que tiene 23 años*) y con los nombres propios (**Mónica que tiene 23 años*), debido a que la designación unívoca que estos realizan no se presta a restricciones.

En relación con los relativos. Las especificativas solo admiten *el que, el cual* y *quien* si están precedidos de preposición (*la reunión de la que te hablé, la pared contra la cual chocó, el abogado con quien trabaja*), pero los rechazan cuando no la llevan: **la muchacha la cual conocí.* En las explicativas, en cambio, *el cual, quien* y sus variantes no están sujetos a esta restricción: *Acusó a su director, el cual no lo desmintió.*

En relación con el verbo. Las especificativas pueden construirse, además de con indicativo, con infinitivo (*Busco una persona en la {que ~ cual} confiar*) o con subjuntivo (*Hace tiempo que no veo una película que me guste*); las explicativas se forman normalmente con indicativo.

Oraciones introducidas por relativos complejos

Las oraciones de relativo pueden estar introducidas por un relativo SIMPLE o por uno COMPLEJO. Estos últimos están formados por las combinaciones «artículo determinado + *que*» o «artículo determinado + *cual*», y siempre aparecen con antecedente expreso.

LA PREPOSICIÓN ANTE RELATIVOS COMPLEJOS

Los relativos complejos pueden ir precedidos por una preposición, con la que forman un grupo sintáctico. Este contrae una función dentro de la oración subordinada. Así, en *la pluma [[con la que] escribe]*, el grupo *con la que* es complemento circunstancial de *escribe*.

OMISIÓN DEL ARTÍCULO EN RELATIVOS COMPLEJOS

Cuando un relativo complejo construido con el relativo *que* es término de las preposiciones *a, con, de, en* y, en ocasiones, *por*, puede omitirse a veces el artículo determinado: *los hechos a (los) que alude, la paciencia con (la) que nos trata*. La omisión es rara en las relativas explicativas. Aun así, se encuentran excepciones, sobre todo en el español americano.

ALTERNANCIA DE *EL QUE* Y *EL CUAL*

Los relativos complejos *el que* y *el cual*, con sus variantes, alternan en algunos casos, como cuando van precedidos de preposición (*la cuestión a la {que ~ cual} me refiero*). Sin preposición, también alternan los neutros *lo cual* y *lo que* en las relativas explicativas con antecedente oracional: *Escaseaba el trabajo, lo {cual ~ que} indujo a muchos a emigrar.*

Las relativas sin antecedente expreso

La ausencia de antecedente expreso da lugar a dos clases de relativas, las LIBRES y las SEMILIBRES, que mantienen entre sí semejanzas, pero también diferencias.

LAS RELATIVAS LIBRES

Al incorporar semánticamente su antecedente, pero no expresarlo, las encabezadas por los pronombres *quien* y *cuanto* (y sus variantes flexivas) se asimilan a los grupos nominales, por lo que ejercen sus mismas funciones sintácticas. Pueden ser, por tanto, argumentos de algún predicado. Así, en *Quien dice eso miente*, la relativa subrayada es el sujeto de *miente*. Las introducidas por los adverbios relativos *donde, como, cuando* y *cuanto* suelen equivaler a grupos adverbiales o preposicionales (*cuando quieras ~ entonces ~ en ese momento*). En *Ya hablaremos cuando llegue*, la relativa actúa como CC.

LAS RELATIVAS SEMILIBRES

Son relativas sin antecedente expreso encabezadas por el artículo determinado y el pronombre *que* (*el que / la que / lo que / los que / las que*).

En ocasiones, el antecedente puede recuperarse del contexto, como en *He visto muchas películas, pero las Ø que más me gustan son las del Oeste* (donde Ø = *películas*). En otros casos, el antecedente no es recuperable, como en *El que dice eso miente,* donde *el que* equivale a *la persona que.*

El artículo y el relativo no constituyen aquí relativos complejos, pues forman parte de segmentos distintos, como muestra el hecho de que pueden intercalarse determinadas palabras entre ellos: *Es el mismo que vimos el otro día.*

RELATIVAS LIBRES O SEMILIBRES ENCABEZADAS POR UNA PREPOSICIÓN

En estas construcciones, la preposición tiene como término no el relativo, sino toda la oración relativa: en *Sale con [la [que le escribe]],* el grupo *con la que le escribe* es CC de *sale* (*Sale con ella*). Este mismo comportamiento se observa en *Sale con quienes le escriben; Sale por donde están las tiendas.* En todos estos casos la oración relativa es término de la preposición, al igual que sus sustitutos en *Sale con ellos; Sale por allí.* Los grupos preposicionales encabezados por *con* y *por* son CC.

En las relativas semilibres puede aparecer *el que* o sus variantes, pero no *el cual* o las suyas: *según los {que ~ *cuales} saben de estas cosas.* En este comportamiento se diferencian de las relativas con antecedente, que admiten los relativos complejos *el que* y *el cual: Una teoría según {la que ~ la cual} todo es materia.*

27

Construcciones comparativas, superlativas y consecutivas

Las construcciones comparativas

NATURALEZA

Las CONSTRUCCIONES COMPARATIVAS establecen una relación de superioridad, inferioridad o igualdad entre dos magnitudes a través de ciertos procesos sintácticos. Dichas magnitudes pueden ser:

a) NÚMEROS. En *Ahora vendemos más paraguas que antes* se compara el número de paraguas que se vendía en el pasado con el número de paraguas que se vende en la actualidad.

b) CANTIDADES. En *Tiene menos trabajo que su compañero* se compara la cantidad de trabajo que tiene una persona con la cantidad de trabajo que tiene su compañero.

c) GRADOS. En *Este tejido es tan suave como aquel* se compara el grado de suavidad de un tejido con el grado de suavidad de otro.

CLASES DE CONSTRUCCIONES COMPARATIVAS

Se clasifican en función de los cuantificadores comparativos que intervienen en ellas. Tanto unas como otros pueden verse en el siguiente cuadro:

Clase		Cuantificador comparativo	Ejemplos
COMPARATIVAS DE DESIGUALDAD	COMPARATIVAS DE SUPERIORIDAD	más	*Ahora vendemos más paraguas que antes*
	COMPARATIVAS DE INFERIORIDAD	menos	*Tiene menos trabajo que su compañero*

Clase	Cuantificador comparativo	Ejemplos
COMPARATIVAS DE IGUALDAD	tan	*Este tejido es tan suave como aquel*
	tanto/tanta/ tantos/tantas	*Acá viven tantas familias como allá*

Se recomienda evitar secuencias como *No hay nada más relajante como un buen baño,* en las que se cruzan las comparativas de desigualdad y las de igualdad. Lo correcto es *No hay nada más relajante que un buen baño.*

n

LOS CUANTIFICADORES COMPARATIVOS

Son invariables morfológicamente *más* y *menos*. *Tanto* varía en género y número (*tanto árbol, tanta planta, tantos árboles, tantas plantas*), excepto cuando es adverbio (*No grites tanto*). Se apocopa en la forma *tan* ante adjetivos (*tan rebeldes*) y adverbios (*tan lejos*).

LA NOCIÓN COMPARADA

Es el concepto sobre el que se establece la comparación. Viene determinada por el elemento en el que incide el cuantificador comparativo. Dicho componente es el NÚCLEO DE LA CONSTRUCCIÓN COMPARATIVA. Las magnitudes comparadas —números, cantidades o grados— tienen la siguiente distribución:

a) Cuando el núcleo es un sustantivo contable, la NOCIÓN COMPARADA alude a un número de entidades. Así, en *Hoy he escrito más cartas que ayer,* donde el núcleo es *cartas,* la noción comparada es el número de cartas.

b) Cuando se trata de un sustantivo no contable o de un *pluralia tantum* (*celos, ganas*), se comparan cantidades, como en *Tiene menos trabajo que su compañero,* donde el núcleo es *trabajo* y la noción comparada es la cantidad de trabajo.

c) Si el cuantificador comparativo incide sobre un adjetivo o un adverbio, lo comparado es el grado de una propiedad o cualidad. Así, en *Su vestido es tan elegante como el mío* y en *Ana camina más lentamente que Mirta,* los núcleos respectivos son el adjetivo *elegante* y el adverbio *lentamente,* y las nociones comparadas, el grado de suavidad y el de lentitud.

La comparación de desigualdad

ELEMENTOS CONSTITUTIVOS

Las estructuras comparativas de desigualdad se dividen tradicionalmente en dos partes. La primera parte abarca todo el segmento que precede al nexo comparativo. En ella aparecen el grupo cuantificativo (formado por el cuantificador comparativo y su núcleo) y el PRIMER TÉRMINO DE LA COMPARACIÓN. En la segunda parte se ubican el nexo y el SEGUNDO TÉRMINO DE LA COMPARACIÓN. Estos componentes aparecen reflejados en el siguiente cuadro. El primer término es de localización variable, por lo que aparece subrayado en cada ejemplo:

PRIMERA PARTE DE LA ESTRUCTURA COMPARATIVA			SEGUNDA PARTE	
	GRUPO CUANTIFICATIVO		COMPL. COMPARATIVO	
	Cuant. comparativo	**Núcleo**	**Nexo**	**2.º término**
Luis tiene ahora	*más ~ menos*	*amigos*	*que*	*Pedro*
Luis tiene ahora	*más ~ menos*	*amigos*	*que*	*antes*
Luis tiene ahora	*más ~ menos*	*amigos*	*que*	*amigas*

El grupo cuantificativo. Puede estar constituido solo por el cuantificador comparativo (*más* o *menos*), como en *Andrés trabaja ahora más que antes,* pero lo más frecuente es que vaya unido al núcleo de la comparación (*más alto, menos paciencia, más libros*). Es el único componente que no puede quedar tácito, puesto que es el que proporciona la noción comparada.

Existen COMPARATIVOS SINCRÉTICOS, que contienen implícito en su significado el cuantificador *más*. Algunos son adjetivales: *mejor* ('más bueno'), *peor* ('más malo'), *mayor* ('más grande'), *menor* ('más pequeño'): *Este vino es mejor que ese; Su esfuerzo es menor que el nuestro. Mayor* y *menor,* en comparaciones entre personas, no indican tamaño, sino edad. Otros son adverbiales: *mejor* ('más bien'), *peor* ('más mal'), *antes* ('más pronto'), *después* ('más tarde'): *Yo canto peor que tú; Marco llegó antes que su equipaje.*

Los términos de la comparación. Son paralelos desde el punto de vista conceptual, funcional y, a menudo, categorial. Así, en *Escribía poemas con más facilidad que relatos,* el primer término de la comparación es *poemas,* y el segundo, *relatos.* Ambos coinciden conceptualmente en el significado de 'composición literaria'; funcionalmente, en actuar como CD; en cuanto a la categoría gramatical, los dos son sustantivos.

Tanto el primer término como el segundo pueden quedar implícitos. El elemento omitido, que se recupera a través del contexto o de la situación, ha de tenerse en cuenta para la interpretación de la comparativa. Dicho elemento omitido puede pertenecer a la primera parte de la comparación o incluir todo el complemento comparativo, así como el nexo comparativo. En los siguientes ejemplos, el elemento implícito se señala entre paréntesis, lo que da lugar a oraciones como *Hace más frío dentro* o *Te veo más contento que el mes pasado.*

	Primer término	Nexo	Segundo término
Hacía más frío	*dentro*	*(que*	*fuera)*
Te veo más contento	*(ahora)*	*que*	*el mes pasado*
Me gustas más	*(así)*	*que*	*con el pelo largo*
Será mejor	*viajar de noche*	*(que*	*viajar de día)*

En la comparación de desigualdad se presentan casos de COMPARATIVAS DE TÉRMINO MÚLTIPLE, en las que se desdoblan o multiplican los términos de la comparación:

	GRUPO CUANTIFICATIVO		COMPLEMENTO COMPARATIVO	
	Cuant. comparativo	Núcleo	Nexo	Segundo término múltiple
Luis tiene ahora	*más ~ menos*	*amigos*	*que*	*enemigos yo*
Luis tiene ahora	*más ~ menos*	*amigos*	*que*	*tú a su edad*

El complemento comparativo. Contiene el segundo término de la comparación, introducido por la conjunción *que*. Si el segundo término es una subordinada sustantiva encabezada por *que,* las dos conjunciones aparecen contiguas: *Es mejor que vayas tú que que vengan ellos*. Con el fin de evitar la cacofonía que produce esta confluencia de conjunciones, suele recurrirse a la inserción de una negación expletiva: *Es mejor que vayamos nosotros que no que vengan ellos*. También es frecuente que se acuda a una construcción coordinada en cuyo segundo segmento habría una elipsis: *Es mejor que vayamos nosotros y no Ø que vengan ellos*.

LA ALTERNANCIA *QUE ~ DE* EN LAS COMPARATIVAS DE DESIGUALDAD

En determinadas circunstancias, el complemento comparativo puede estar encabezado por la preposición *de: Recibió más dinero del que pensaba; Trabaja menos de lo que trabajaba.*

La comparación de igualdad

La COMPARACIÓN DE IGUALDAD implica una equiparación del primer término con el segundo: *Estudia tanto como él*. En muchos contextos tiende a sobrepasarlo: *Estudia tanto como él, si no más.*

ELEMENTOS CONSTITUTIVOS

Son análogos a los reconocidos en las comparativas de desigualdad. Como en aquellas, el primer término aparece subrayado:

	GRUPO CUANTIFICATIVO		COMPLEMENTO COMPARATIVO	
	Cuant. comparativo	**Núcleo**	**Nexo**	**Segundo término**
Luis tiene ahora	*tantos*	*amigos*	*como*	*Pedro*
Luis tiene ahora	*tantos*	*amigos*	*como*	*antes*
Luis tiene ahora	*tantos*	*amigos*	*como*	*amigas*

Los dos términos de la comparación se pueden desdoblar o multiplicar en las llamadas comparativas de término múltiple:

	GRUPO CUANTIFICATIVO		COMPLEMENTO COMPARATIVO	
	Cuant. comparativo	**Núcleo**	**Nexo**	**Segundo término múltiple**
Luis tiene ahora	*tantos*	*amigos*	*como*	*enemigos yo*
Luis tiene ahora	*tantos*	*amigos*	*como*	*tú a su edad*

LA COMPARACIÓN DE IGUALDAD CON ELEMENTOS LÉXICOS

Aparte de con los recursos sintácticos examinados, es posible establecer comparaciones de igualdad a través de ciertas piezas léxicas, como *mismo* o *igual*. Con el adjetivo *mismo* se expresa identidad no solo de número, cantidad y grado, sino también de entidades individuales: *Teresa vivía en la misma ciudad que él: La Habana.*

- En las comparativas con *mismo* y con *igual*, deben evitarse las construcciones en las que la conjunción *que* se sustituye por *como* para introducir el segundo término, tales como *Usa la misma talla como yo* (en lugar de ... *que yo*) o *Son ustedes igual de mentirosos como ellos* (en lugar de ... *que ellos*).
- Dado que *igual* es un adverbio en estas construcciones, se recomienda su uso sin flexionar: *Los dos relojes son igual de caros* (y no *Los dos relojes son iguales de caros*).

Las construcciones superlativas

EL SUPERLATIVO ABSOLUTO

Expresa una propiedad en su grado máximo. Los adjetivos que lo manifiestan se forman con los sufijos *-ísimo* (*altísimo*) y *-érrimo* (*celebérrimo*). (Para otras formas del superlativo absoluto: → pág. 78).

EL SUPERLATIVO RELATIVO

Expresa una propiedad poseída por uno o varios individuos en un grado más alto que los demás miembros de un conjunto. El grupo nominal que la manifiesta se construye con el artículo definido y admite complementos que expresan dicho conjunto: *el más simpático de mis amigos, la mejor novela de los últimos años.* Acepta asimismo posesivos prenominales (*su mejor película*).

Los componentes del superlativo relativo. Son tres: el PRIMER TÉRMINO, que denota la entidad de la que se predica la propiedad extrema; el GRUPO CUANTIFICATIVO, que se construye con *más* y *menos,* o con los comparativos sincréticos; y el COMPLEMENTO RESTRICTIVO (O CODA SUPERLATIVA), que es opcional y puede consistir en un grupo preposicional, un adjetivo o una oración de relativo. En el cuadro se subraya el primer término:

PRIMERA PARTE DEL SUPERLATIVO RELATIVO			SEGUNDA PARTE
	GRUPO CUANTIFICATIVO		COMPL. RESTRICTIVO
el árbol	*más alto*		*de todos*
el automóvil	*más veloz*		*que yo haya visto*
la	*peor*	*película*	*del certamen*
los	*mayores*	*desprecios*	*imaginables*

En construcciones como *Las comidas deben ser lo más variadas posible,* el primer término es *lo,* por lo que la concordancia con el adjetivo *posible* adopta la forma del masculino singular. Es, pues, incorrecta la variante *Las comidas deben ser lo más variadas posibles.* Es válida, en cambio, la doble concordancia del adjetivo —con *lo* o con el sustantivo *comidas*— que se muestra en *Las comidas eran de lo más {variado ~ variadas}.* *n*

El grupo cuantificativo puede estar directamente unido al nombre (*la habitación más amplia de toda la casa*) o hallarse incrustado en el complemento nominal (ya sea oración de relativo o grupo preposicional), como se observa en los ejemplos del cuadro siguiente:

PRIMER TÉRMINO	COMPLEMENTO DEL NOMBRE		COMPL. RESTRICTIVO
		Grupo cuantificativo	
la habitación		*más amplia*	*de toda la casa*
la habitación	*que tiene*	*más amplitud*	*de toda la casa*
la habitación	*con*	*más amplitud*	*de toda la casa*

Los superlativos sincréticos. Constituyen SUPERLATIVOS SINCRÉTICOS (→ pág. 79) los adjetivos *primero* (*el primero en aparecer*), *último* (*el último vagón del tren*) y *único* (*la única que vino*), y los adverbios *antes* (*el que antes llegó de todos* ~ *el que llegó antes de todos*) y *primero* (*la alumna que primero termine*).

Verbos como *predominar, preponderar* o *prevalecer* contienen implícitamente el significado que corresponde al cuantificador *más*, por lo que no es correcto combinarlos con él: *el que predomina*, no *el que predomina más*.

n

Las construcciones consecutivas

DEFINICIÓN Y ESTRUCTURA

Se llaman CONSECUTIVAS PONDERATIVAS (o simplemente CONSECUTIVAS) ciertas construcciones en las que lo elevado de una magnitud o de un cómputo se interpreta como causa de determinado efecto: *Gritó tanto que se quedó afónico; Cometieron tantos errores defensivos que perdieron el partido; Proponían tales condiciones que fue imposible alcanzar un acuerdo.* Como las estructuras comparativas, constan de dos partes. En la primera se ubica el GRUPO CUANTIFICATIVO (formado a partir de un determinante ponderativo: *tanto/tanta/tantos/tantas* o la forma apocopada *tan*) o el GRUPO CUALIFICATIVO (con *tal/tales*). La segunda parte está formada por una oración subordinada encabezada por la conjunción *que*.

	Grupo cuantificativo o cualificativo	Oración subordinada
Hacían	*tanto ruido*	*que hubo que llamar a la policía*
Se sentían	*tan felices*	*que no se daban cuenta de nada*
Su lentitud era	*tal*	*que llegaba siempre tarde*
Madruga	*tanto*	*que sale a la calle de noche*

Como muestran los dos últimos ejemplos, el grupo puede reducirse al elemento ponderativo (*tal, tanto*). En la lengua conversacional se omite a veces todo el grupo: *Está que se muere* (por *Está tan débil que se muere*).

OTRAS ESTRUCTURAS CONSECUTIVAS

Existen otras construcciones con valor consecutivo, casi todas correspondientes al registro conversacional, en las que el elemento ponderativo es diferente de los examinados hasta ahora:

a) «*un* + sustantivo»: *Hace un frío que pela.*

b) «*de un* + adjetivo»: *Es de un insensible que asusta.*

c) «*un* + sustantivo + *tal*»: *Se creó un lío tal que nadie entendía nada.*

d) «*cada* + sustantivo»: *Decía cada tontería que hacía reír a todos.*

e) «*si* + futuro de conjetura»: *Si será antipático que nunca sonríe.*

f) Palabras interrogativo-exclamativas: *¿Qué le habrán dicho que está tan receloso?; ¡Cómo estaría que tuvieron que internarlo!*

g) El artículo neutro en las estructuras del tipo *lo fuertes que eran: Lo buenos que son que ganaron; Lo lejos que están que tardan un día.*

CONSECUTIVAS SUSPENDIDAS

Se omite en ellas la oración subordinada encabezada por *que* y se suple con una suspensión entonativa (puntos suspensivos en la escritura), como en *Dice tales disparates...; Se trata con cada tipejo...; Estás de (un) susceptible...; Ganan de dinero...* Las consecutivas suspendidas son características de la lengua coloquial.

28

Construcciones causales, finales e ilativas

Introducción

CAUSA Y EFECTO

Con las construcciones causales, finales e ilativas se expresan relaciones de «causa-efecto».

a) CONSTRUCCIONES CAUSALES. En *Se quedaron en casa* *porque hacía frío*, la oración subordinada, que aparece subrayada, expone la causa de lo afirmado en la principal (*Se quedaron en casa*), que denota, por tanto, el efecto.

b) CONSTRUCCIONES FINALES. Expresan el propósito de las acciones. En *Se quedaron en casa* *para no pasar frío* se subraya la oración subordinada, que pone de manifiesto la finalidad (o causa final) que origina la decisión de quedarse en casa.

c) CONSTRUCCIONES ILATIVAS. Manifiestan la consecuencia de una afirmación anterior. En *Se quedaron en casa, así que no pasaron frío*, la subordinada expresa la consecuencia de lo dicho en la principal.

La expresión de la causa y la finalidad

CONSTRUCCIONES CAUSALES Y FINALES

La noción de causa se expresa normalmente por medio de ORACIONES SUBORDINADAS CAUSALES (*Aprende rápido porque tiene un buen profesor; No pudo viajar por no estar vacunado*), así como a través de diversos grupos preposicionales (*Murió por una sobredosis*). Del mismo modo, las formas de expresión más características de la finalidad son las ORACIONES

SUBORDINADAS FINALES (*Se muestra amable conmigo para que lo perdone; Se quedaron en casa para no pasar frío*) y ciertos grupos preposicionales (*Ajústalo para mayor seguridad*).

ESTRUCTURA SINTÁCTICA DE LAS CONSTRUCCIONES CAUSALES Y FINALES

Los dos introductores prototípicos de las oraciones causales y finales son, respectivamente, *porque* y *para que,* que la tradición gramatical ha entendido de dos maneras: como conjunciones o como secuencias de «preposición + *que*». Según la primera aproximación, expresiones como *porque era muy valiente* y *para que estés más cómoda* son oraciones subordinadas introducidas por conjunciones (*porque* y *para que,* por tanto, «conjunción subordinante + oración»). Según la segunda, se trata de grupos preposicionales formados por una preposición y un término oracional (*por* y *para,* por tanto, «preposición + subordinada sustantiva»).

LOCUCIONES CAUSALES Y FINALES

La doble segmentación explicada en el apartado precedente puede aplicarse a las secuencias construidas con la mayor parte de las locuciones causales y finales:

a) LOCUCIONES CONJUNTIVAS CAUSALES: *a causa de (que), a fuerza de (que), con motivo de (que), en razón de (que), en vista de (que), por razón de (que), debido a (que), visto (que), habida cuenta de (que), en tanto (y) en cuanto, por cuanto, ya que, gracias a (que), por culpa de (que), comoquiera que, en la medida en que, toda vez que.* Las locuciones *dado (que), puesto (que)* y *supuesto (que)* proceden de construcciones absolutas, con las que aún mantienen cierta relación (*dado ese hecho, puestas tales condiciones*).

> Se consideran incorrectas las variantes *{con/por} motivo a* de la locución *por motivo de.* Se aconseja no construir con infinitivo la locución *debido a,* como en *Jugó solo diez minutos debido a tener dolores,* en lugar de *Jugó solo diez minutos debido a que tenía dolores.* — *n*

b) LOCUCIONES CONJUNTIVAS FINALES: *a efecto(s) de (que), a fin de (que), al objeto de (que), con ánimo de (que), con (el) objeto de (que), con (la) intención de (que), con vistas a (que), en orden a (que), con tal (de) que, con tal de.*

> Las locuciones finales *a objeto de, a virtud de, con vista a, en vistas a, en aras a* se documentan en el lenguaje periodístico, entre otras variedades, pero no se han integrado en la lengua culta general. — *n*

Sujetos y verbos en las construcciones causales y finales

Las oraciones causales se construyen normalmente en indicativo o en infinitivo, pero el verbo puede aparecer en subjuntivo cuando el modo viene inducido por algún elemento externo, a menudo modalizador, como la interrogación (*¿Hemos de aceptar lo que dice porque sea el jefe?*), la negación (*No estoy aquí porque me hayan llamado*) o el adverbio *ojalá* (*¡Ojalá trabajes siempre porque te guste lo que haces!*).

Las oraciones finales se construyen con el verbo en infinitivo o en subjuntivo. Cuando se emplea el infinitivo, el sujeto, por lo general tácito, es correferente con una función del verbo principal: con el sujeto (*Elena lo llamó para disculparse,* donde se entiende que es Elena quien se disculpa); con el CD (*La llamaron para dirigir la empresa*); con el CI (*Le dieron permiso para asistir al baile*); con el CR (*Cuento con José para coordinar el departamento*).

Construcciones causales

Las construcciones causales pueden constituir modificadores INTERNOS O EXTERNOS al predicado.

CONSTRUCCIONES CAUSALES INTERNAS AL PREDICADO

Especifican la causa del suceso o del estado de cosas que describe el predicado del que dependen, como en *Se marchó porque estaba apurada.* Las causales internas, por el hecho de afectar al verbo de la oración principal o verbo del enunciado, se consideran CAUSALES DEL ENUNCIADO.

Los complementos causales internos pueden estar introducidos por diversas preposiciones (*Esto se estropea con el calor; Temblaba de miedo*) o locuciones: *debido a (que), gracias a (que), por culpa de (que),* etc. Sin embargo, como se ha explicado, es más frecuente que vengan encabezadas por la preposición *por: Se fue porque le dolía la cabeza; Lo hizo por cumplir con su deber; Pesca por afición.* Dichos complementos pueden ser ARGUMENTALES O NO ARGUMENTALES (las locuciones solo introducen complementos no argumentales).

a) Son argumentales los COMPLEMENTOS DE RÉGIMEN del verbo (*Se esforzó {porque ~ por que} todo saliera bien*); del nombre (*su interés por que estén felices; su alegría por haber ganado*) y del adjetivo (*preocupado {porque ~ por que} su hijo pase el curso; preocupado por pasar el curso*).

b) Son no argumentales los COMPLEMENTOS ADJUNTOS del verbo (*Irá porque la han convocado; Lo hizo por cumplir con su deber; Trabajamos por necesidad*); del nombre (*su protesta {porque le maltrataron ~ por haber sido maltratado}*), y del adjetivo (*famoso {porque no dejaba títere con cabeza ~ por enfrentarse a los periodistas ~ por sus desplantes}*).

La preposición *por* se escribe separada de la conjunción *que* en los complementos argumentales cuando el verbo está en indicativo, como en *Las células eucariontes se caracterizan por que* (y no *porque*) *tienen un núcleo delimitado por una membrana doble.* En cambio, puede escribirse junta o separada si el verbo se construye en subjuntivo: *Luchaba porque cambiaran las cosas ~ Luchaba por que cambiaran las cosas.* *n*

CONSTRUCCIONES CAUSALES EXTERNAS AL PREDICADO

Las CAUSALES EXTERNAS se separan de la oración principal mediante pausas: *Como es joven, todo lo critica.* A diferencia de las causales internas, no responden a preguntas, no se focalizan mediante oraciones copulativas de énfasis (**Como es joven es {como ~ por lo que} todo lo critica*) y no pueden ser negadas (resulta agramatical **No como lo ignoraba, es inocente,* frente a la afirmativa *Como lo ignoraba, es inocente*). Tampoco admiten adverbios de foco: *{Como ~ *Solo como} se aburría, se fue.*

Aportan una justificación a lo afirmado, por lo que, en sentido genérico, todas ellas son explicativas. Sin embargo, esta denominación se aplica con mayor propiedad a una de sus variedades, a las denominadas más abajo CODAS EXPLICATIVAS O JUSTIFICATIVAS.

Según la relación que se establece entre la principal y la subordinada, se diferencian tres tipos de oraciones causales externas al predicado: CAUSALES EXTERNAS ANTEPUESTAS, CAUSALES DE LA ENUNCIACIÓN Y CODAS CAUSALES EXPLICATIVAS.

Causales externas antepuestas. En ellas el hablante sitúa en posición de tópico un motivo real (no inferido). En *Como ya era tarde, me fui,* la circunstancia *ya era tarde* se presenta como la causa de que el hablante se fuera. A pesar de ser externas al predicado, se relacionan semánticamente con el verbo de la oración. Aparecen introducidas por conjunciones (*porque, como*) o por locuciones conjuntivas: *comoquiera que, dado (que), en la medida en que, en tanto en cuanto, en vista de (que), habida cuenta de (que), puesto (que), supuesto que, toda vez que, visto (que), ya que...*

Causales de la enunciación. No afectan al verbo del enunciado, sino a un verbo enunciativo implícito. Así, en *Llueve, porque la gente lleva paraguas,* la presencia de los paraguas no se aduce como causa de que llueva, sino como causa de que el hablante afirme o infiera que está lloviendo. Una paráfrasis aproximada de esta oración podría contener un verbo de lengua en primera persona, como *Digo que llueve porque la gente lleva paraguas* (donde la subordinada causal depende de *digo*). Estas oraciones responden a preguntas que incluyen este verbo (*¿Por qué dices que llueve?*) y pueden ser realzadas por construcciones condicionales enfáticas que lo contienen (*Si digo que llueve es porque la gente lleva paraguas*).

Codas causales explicativas o justificativas. Aparecen pospuestas al enunciado al que afectan y se separan de él por medio de una pausa marcada, que en la escritura se representa por coma, punto y coma e, incluso, por punto. A través de estas causales, el hablante justifica por qué ha realizado el acto verbal que expresa el enunciado precedente (orden, petición, ruego, felicitación, deseo...): *¿Hace frío?, porque os veo muy abrigados; ¡Cállense!, que el abuelo duerme; ¿Me prestas tu libro? Es que he olvidado el mío; ¡Auxilio!, que me ahogo; ¡Ojalá gane el premio!, porque se lo merece.* Se construyen sobre todo con las conjunciones o locuciones conjuntivas *que, porque, pues, puesto que, es que.*

Construcciones finales

Las construcciones finales también pueden ser INTERNAS, si actúan como complementos argumentales o adjuntos del predicado, o EXTERNAS, en el caso de que modifiquen a la oración o a un segmento externo al predicado.

CONSTRUCCIONES FINALES INTERNAS AL PREDICADO

Son internas las FINALES DEL ENUNCIADO, que expresan fundamentalmente el propósito u objetivo de la acción o el proceso denotados por el grupo verbal. Vienen encabezadas principalmente por las preposiciones *para* y *a,* así como por las locuciones *a fin de que, al objeto de que.* Pueden ser de tres tipos: oracionales con *que,* siempre con verbo en subjuntivo (*Abro la ventana para que se ventile el cuarto*), oracionales de infinitivo (*Entraron un momento a saludarla*) y grupos nominales (*Trabajan para la regeneración del país*). Responden a preguntas construidas con *¿para qué?* (también *¿a qué?* o *¿a fin de qué?,* según los casos), pueden ser realzadas o focalizadas en construcciones enfáticas de relativo (*Para lo que lo han llamado es para que los entrene*) y admiten negación contrastiva (*Trabajan no para que los alabes, sino para que les pagues*).

Desde el punto de vista de su relación con el predicado, las construcciones finales pueden ser:

a) ARGUMENTALES. Funcionan como complemento de régimen, ya sea de un verbo, de un nombre o de un adjetivo: *La animó a que estudiara; su predisposición a dejarse dominar; apto para competir.* A este grupo pertenecen muchas de las introducidas por la preposición *a*: *La obligarán a renunciar al cargo.*

b) NO ARGUMENTALES. Desempeñan la función de adjuntos o circunstanciales. Coinciden con las anteriores en que pueden complementar a varias categorías: al verbo (*Leía para que le viniera el sueño*), al nombre (*mantas para soportar el invierno*) o al adjetivo (*sigiloso para que los niños no se despierten*).

CONSTRUCCIONES FINALES EXTERNAS AL PREDICADO

Al igual que las causales externas, vienen separadas del enunciado por pausas. Como aquellas, no responden a preguntas, no pueden ser realzadas en estructuras copulativas de énfasis ni por adverbios de foco, y no pueden ser negadas. Todas aportan cierto matiz explicativo, pero es en las finales pospuestas donde este rasgo presenta mayor relevancia.

Finales externas antepuestas. Muestran el comportamiento propio de los tópicos. Suelen adquirir valores contextuales alejados del sentido final, como el de contraste: *Para que lo cambien ellos, lo cambio yo; Para que se rían de mí, no voy; Para que todo siga igual, no voto.*

Finales de la enunciación. Expresan la finalidad que impulsa al emisor a emitir su enunciado. Así, en *Para que lo sepas, yo no hice nada,* la subordinada no indica la finalidad de no hacer nada, sino la intención que se persigue al afirmar *yo no hice nada.* Complementan a un verbo de lengua implícito (*digo, afirmo*), que puede hacerse expreso (*Para que lo sepas, digo*...).

Codas explicativas o justificativas de carácter final. Las finales explicativas pospuestas aportan una explicación de carácter final que justifica por qué se ha emitido el acto verbal anterior (orden, consejo, exhortación...). Como en las causales explicativas, puede aparecer sola la conjunción *que: Dile algo, (para) que no te pase como la otra vez; Muéstrate firme, (para) que todos te respeten.*

Construcciones ilativas

DEFINICIÓN

Las ILATIVAS son construcciones bimembres en cuyo segundo segmento se aporta una consecuencia de lo expresado en el primero: *Tu idea no funcionó, así que tendrás que pensar otra cosa.* Por esta razón, han sido agrupadas muchas veces en la tradición gramatical con las oraciones CONSECUTIVAS.

CONJUNCIONES Y LOCUCIONES CONJUNTIVAS ILATIVAS

Además de *así que*, las más características son *luego* (*Todavía sigue ahí, luego mucha prisa no tenía*); *pues* (*No quieres ir, pues no vayas*); *conque* (*Ese es mi sillón, conque levántate inmediatamente*); *de* {*forma* ~ *manera* ~ *modo* ~ *suerte*} *que* (*Le urgía la venta del apartamento, de modo que se vio obligado a bajar el precio*); *de ahí que* (*Faltaban datos esenciales, de ahí que el análisis resultara fallido*).

Voces como *consecuentemente, consiguientemente, de resultas, en consecuencia, entonces, por consiguiente, por ende* o *por (lo) tanto* no constituyen conjunciones o locuciones conjuntivas, sino adverbios o locuciones adverbiales. Se comportan como conectores de discurso que expresan relaciones ilativas.

RELACIÓN ENTRE LAS CONSTRUCCIONES ILATIVAS Y LAS CAUSALES

Como las causales, las ilativas constan de dos componentes: el que introduce la causa y el que expresa la consecuencia. Entre ambos media siempre una PREMISA o un SUPUESTO IMPLÍCITO. Así, es congruente afirmar *Le subió la fiebre porque tiene gripe* o *Tenía gripe, luego le subió la fiebre*, pues en esas oraciones se asume un supuesto común ('La gripe sube la temperatura corporal').

Todas las construcciones ilativas tienen correspondencia con secuencias causales: *Pienso, luego existo* [ilativa] ~ *Puesto que pienso, existo* [causal]. Aun así, entre unas y otras se da una relación inversa: en las causales la subordinada expresa el motivo de algo, mientras que la principal introduce la consecuencia; en las ilativas es la principal la que expresa la causa, mientras que la subordinada manifiesta la consecuencia.

PROPIEDADES SINTÁCTICAS DE LAS CONSTRUCCIONES ILATIVAS

Las propiedades se deducen directamente de su naturaleza externa al predicado:

a) Se separan de la principal mediante una pausa.

b) No pueden anteponerse a aquella: *Ella ya lo sabía, así que alguien se lo dijo* ~ **Así que alguien se lo dijo, ella ya lo sabía.*

c) No pueden focalizarse: *Estoy al margen, conque no quiero ir* ~ **Es conque estoy al margen que no quiero ir.*

29

Construcciones condicionales y concesivas

Construcciones condicionales y concesivas

CARACTERÍSTICAS FORMALES

Las CONSTRUCCIONES CONDICIONALES y las CONSTRUCCIONES CONCESIVAS más típicas son estructuras oracionales bimembres que tradicionalmente se denominan PERÍODOS. Tales períodos se hallan formados por una oración principal y una subordinada. Esta última, que no está incluida en la primera, suele aparecer introducida por las conjunciones *si* (en las condicionales) y *aunque* (en las concesivas). Generalmente, la subordinada se sitúa entre pausas y en posición inicial, por lo que ha sido denominada PRÓTASIS ('lo que va delante'). La oración principal se llama APÓDOSIS:

Período condicional: *Si le sube la fiebre*, *báñese con agua fría*
Prótasis — Apódosis

Período concesivo: *Aunque me lo recomienden*, *no lo compraré*
Prótasis — Apódosis

ASPECTOS DE SENTIDO

Desde el punto de vista semántico, las condicionales y las concesivas son, al igual que las causales y las ilativas, construcciones que unen un segmento que expresa 'causa' y otro que denota 'efecto', a través de una PREMISA O SUPUESTO IMPLÍCITO compartido. Así se observa en las siguientes construcciones, que comparten el supuesto 'Los días de fiesta no se trabaja':

Causal: *Puesto que hoy es fiesta* [causa], *María no trabaja* [efecto]
Ilativa: *Hoy es fiesta* [causa], *así que María no trabaja* [efecto]
Condicional: *Si hoy es fiesta* [causa hipotética], *María no trabaja* [efecto]

Concesiva: *Aunque mañana es fiesta* [causa ineficiente], *María trabaja* [efecto no conseguido]

LA ELIPSIS EN LOS PERÍODOS CONDICIONALES Y CONCESIVOS

En los períodos condicionales y concesivos cabe la posibilidad de que algún elemento de la prótasis o de la apódosis, o de ambas a la vez, aparezca elíptico, implícito o incompleto. La prótasis condicional puede construirse con la conjunción *si* y el adverbio *no* cuando se elide información presentada en un enunciado previo, como en *Si me invitan, voy; si no, me quedo en casa,* donde se elide *me invitan.* También cabe pensar en elipsis similares en las prótasis concesivas, como en *El abuelo se valía por sí mismo, aunque [se valía por sí mismo] con alguna dificultad.* Condicionales y concesivas coinciden en admitir la elipsis en la apódosis, que con frecuencia queda reducida al sujeto y a un adverbio de afirmación o negación (*sí, no, también* y *tampoco,* en las condicionales; *sí* y *no,* en las concesivas): *Si él no está de acuerdo, yo sí; Aunque él está de acuerdo, yo no.*

Cuando se omite la apódosis y se deja en suspenso la prótasis, las oraciones condicionales y concesivas reciben el nombre de SUSPENDIDAS: *Si tú estás de acuerdo...; Como no llueva pronto...; Aunque así fuera...*

Construcciones condicionales

DEFINICIÓN

Los períodos condicionales son oraciones compuestas en las que la prótasis expresa bien un requisito que, caso de darse, conduce a un resultado (*Si no es difícil, lo entiende*), bien la premisa de la que se parte para llegar a cierta conclusión (*Si lo entiende, no es difícil*).

CONJUNCIONES, LOCUCIONES CONJUNTIVAS Y CONSTRUCCIONES CONDICIONALES

Conjunciones. La conjunción *si* es la más representativa y frecuente en las construcciones condicionales, pero existen otras:

a) *Como.* Con verbo en subjuntivo, introduce condicionales que el hablante orienta de manera enfática hacia una situación futura: *Como no estudies, no vas de vacaciones; Como ganen, enloquecerán.*

b) *Mientras.* Se antepone a la prótasis con verbo en subjuntivo y con orientación prospectiva: *Mientras se porte bien, será bien acogido.*

c) *Cuando.* Forma prótasis que aportan significación a la vez condicional y causal: *Cuando él lo dice, será verdad.*

Locuciones conjuntivas condicionales. Las prótasis condicionales también pueden ir encabezadas por ciertas locuciones, como *con tal (de) (que), siempre que, siempre y cuando, a menos que, a no ser que, como no sea que,* etc. También se forman locuciones conjuntivas con ciertos sustantivos: *en caso de (que), en el supuesto de (que), a condición de (que).* Estos sustantivos mantienen su significado. Los dos primeros conservan, además, en mayor o menor grado, sus propiedades gramaticales. Admiten, por ejemplo, ciertos adjetivos: *en el más que improbable caso de que...*

Otras construcciones condicionales. En posición de tópicos, varias construcciones que no contienen verbos en forma personal actúan como prótasis condicionales. Están entre ellas las siguientes:

a) Grupos preposicionales: *En tu casa, no te comportarías así; Con tu ayuda, conseguiremos vencer,* que equivalen aproximadamente a *Si estuvieras en tu casa...* y *Si contamos con tu ayuda...*

b) Esquemas con preposición e infinitivo, sobre todo «*de* + infinitivo», «*para* + infinitivo» y «*a* + infinitivo»: *De haberlo sabido, habría avisado.* Muchas de ellas son locuciones gramaticalizadas: *a juzgar por, de haberlo sabido, para ser sincero.*

c) Ciertas construcciones absolutas de participio y gerundio, cuando la apódosis alude a situaciones posteriores: *Desalojado el edificio, no tendrán dónde esconderse; Viniendo tu mujer, seríamos cinco.*

d) Expresiones lexicalizadas como *yo que {tú ~ vos ~ usted ~ ella ~ tu hermano...}* o *yo en {tu ~ su} lugar: Yo que usted, no iría; Yo en su lugar, denunciaba a la empresa.*

TIPOS DE CONDICIONALES

Las condicionales siguen un comportamiento paralelo al de las causales externas. Según la relación que se establece entre prótasis y apódosis, se diferencian dos tipos: CONDICIONALES DEL ENUNCIADO y CONDICIONALES DE LA ENUNCIACIÓN.

Condicionales del enunciado. Denotan una causa hipotética directamente relacionada con el hecho expresado por la apódosis. Así, en *Si me llaman, voy,* se entiende que el hecho de que me llamen es la causa de que yo vaya.

Condicionales de la enunciación. En ellas se señala que el cumplimiento de la prótasis permitirá decir o deducir el contenido de la apódosis. Estas condicionales permiten normalmente recuperar el verbo enunciativo *decir*: *Si es mi turno, (digo que) yo también estoy de acuerdo*. Se utilizan para atenuar la aserción (*Si no me equivoco, eso no es así*), para expresar cortesía (*Si usted me lo permite, yo no estoy de acuerdo*) o para plantear una hipotética situación cuya solución se insinúa en la apódosis (*Si tienes frío, en el armario hay mantas; Si te vuelve a molestar, ahí enfrente está la comisaría*).

TIEMPO Y MODO EN LOS PERÍODOS CONDICIONALES

Los rasgos modales y temporales de la prótasis y de la apódosis son interdependientes: los de la oración subordinada ponen de manifiesto la actitud del hablante en relación con la posibilidad, probabilidad o irrealidad de la situación supuesta; los de la principal indican la modalidad de la oración. Tradicionalmente se vienen distinguiendo tres tipos de períodos condicionales:

a) Período real. Se expresan hechos que se tienen por verdaderos o por esperables. El verbo de la prótasis siempre aparece en indicativo, en tiempos del presente o del pasado, mientras que el verbo de la apódosis va en indicativo en tiempos del pasado, del presente o del futuro: *Si estoy junto al mar, descanso muy bien; Si le haces caso, llegarás antes; Si estudiaste allí, sin duda aprendiste mucho*.

b) Período potencial. Alude a sucesos que pueden tener lugar. Se construye con imperfecto de subjuntivo en la prótasis, y condicional o imperativo en la apódosis: *Si fuera rico, viviría aquí; Si vieras a Pepe, dile que sí*.

c) Período irreal. La prótasis se construye con pretérito pluscuamperfecto de subjuntivo y la apódosis, con condicional compuesto o pluscuamperfecto de subjuntivo: *Si se lo hubieran explicado, lo {habría ~ hubiera} entendido*. Cuando la oración es afirmativa, designa una situación pasada que no tuvo lugar: *Si hubiera salido de casa* (> 'No salió de casa'), *lo habría visto*. Cuando la oración es negativa, denota una situación acaecida: *Si no hubiera salido de casa* (> 'Salió de casa'), *no lo habría visto*.

En las prótasis condicionales solo se admiten el presente de indicativo y el pretérito imperfecto de indicativo y subjuntivo, así como el pretérito perfecto de indicativo y el pretérito pluscuamperfecto de indicativo y subjuntivo.

No se consideran correctas las prótasis introducidas por «*si* + condicional»: *Si tendría* (por *si tuviera*) *que volver a elegir, elegiría lo mismo; Si habría tenido* (por *hubiera tenido*) *que regresar, lo habría hecho*. *n*

ORACIONES PSEUDOCONDICIONALES

Se denominan así las construcciones que adoptan la forma de una condicional, pero que no aportan una hipótesis. Así, son construcciones pseudocondicionales aquellas en las que se enfatiza la verdad o la falsedad de uno de los dos miembros del período, o incluso de los dos (*Si él sabe algo de fútbol, yo soy Maradona*). Se apoyan en una falsa hipótesis (*Si tú estás cansado*...) los períodos cuya apódosis presenta un grado mayor de la propiedad introducida (... *yo estoy exhausta*). Existen otras variantes, similares a estas, que presentan como recurso argumentativo alguna situación falsamente hipotética: *Si París tiene la Ópera, Buenos Aires tiene el Colón*. Son asimismo pseudocondicionales los períodos cuya apódosis (... *¡Si nunca estoy en casa!*) aporta una justificación de la información expresada veladamente en una interrogación retórica introducida antes (*¿Cómo voy a hablar con mis hijos?*).

COPULATIVAS CONDICIONALES DE ÉNFASIS

Las construcciones condicionales se utilizan en la focalización o realce de argumentos o adjuntos de la oración. Así, los segmentos subrayados de la oración *Laura contó esa noticia* pueden dar lugar a las siguientes condicionales de énfasis: *Si alguien contó la noticia fue Laura; Si algo contó Laura fue esa noticia*. Estas construcciones constan de tres partes: una oración condicional introducida por la conjunción *si*, el verbo *ser* y el elemento focalizado. A partir de *Mamá llamó ayer a María*, se pueden formar tres construcciones condicionales de énfasis:

Oración condicional	SER	Foco
Si alguien llamó ayer a María	*fue*	*mamá*
Si a alguien llamó mamá ayer	*fue*	*a María*
Si (en algún momento) mamá llamó a María	*fue*	*ayer*

Cuando el elemento focalizado no es un argumento verbal, el indefinido de estas construcciones puede ser suprimido: *Si por algo van al cine es porque les gusta* ~ *Si Ø van al cine es porque les gusta*.

Construcciones concesivas

DEFINICIÓN

En las construcciones concesivas la prótasis sugiere una conclusión que es negada por la apódosis. Así, en el ejemplo *Aunque es muy listo, se equivoca,* de la prótasis *es muy listo* se puede deducir o suponer 'no se equivoca', supuesto que rechaza la apódosis.

TIPOS DE CONCESIVAS

Según la relación que se establece entre la prótasis y la apódosis, se pueden diferenciar dos tipos de subordinadas concesivas: DEL ENUNCIADO Y DE LA ENUNCIACIÓN.

Concesivas del enunciado. Su prótasis denota un obstáculo o una dificultad que no logra impedir lo expresado por la apódosis: *Aunque llovía, salió a caminar.* La prótasis expone una causa ineficiente, en el sentido de 'una causa que no llega a producir el efecto que de ella se espera'. La subordinada aparece más frecuentemente antepuesta, a modo de tópico, pero también puede aparecer pospuesta, con pausa o sin ella: *Salió a caminar aunque llovía; Eran felices, aunque no parecían tener motivos para serlo.*

Concesivas de la enunciación. Estas construcciones presentan una dificultad que no llega a impedir el hecho de que se enuncie la oración principal. Suelen reclamar un verbo enunciativo (como *decir*): *Aunque tal vez sea tarde, (digo que) ese muchacho es inocente.*

OTRAS CONSTRUCCIONES CONCESIVAS

Existe una gran variedad de construcciones concesivas, además de las introducidas por *aunque.* En su mayoría, aparecen como tópicos, es decir, separadas por pausa y en posición inicial. Si la construcción es oracional, el verbo tiende a construirse en subjuntivo. Los adverbios *aun, incluso* y *ni siquiera* contribuyen a reforzar el sentido concesivo de estas secuencias.

Otras oraciones subordinadas concesivas. Existen oraciones no introducidas por *aunque* que adquieren sentido concesivo en determinadas circunstancias:

a) Condicionales y relativas temporales modificadas por *aun, incluso* o *ni siquiera: Aun si se lo juras, no lo creeré; Incluso cuando está triste, no muda el gesto; No abandona el traje, ni siquiera cuando hace calor.*

b) Construcciones duplicadas con verbo en subjuntivo. Unas contienen una oración de relativo (*Esté donde esté, siempre llama a sus papás; Lo diga quien lo diga, no lo creo*); otras presentan una estructura coordinada disyuntiva: *Llame o no llame, asistiré; Haga frío o haga calor, nunca falta.*

c) La conjunción *así* (distinta del adverbio *así*) encabeza prótasis concesivas pospuestas en subjuntivo con significación hiperbólica: *No vuelvo a ese lugar así me maten.*

d) La construcción «*mal que {me, te, le, nos, os, les} + pesar* (subjuntivo)» da lugar a períodos concesivos, como *Tendrá que aceptar, mal que le pese*.

e) La locución *si bien* forma concesivas en indicativo: *Si bien no es muy hábil, obtiene buenos resultados*.

f) Los gerundios en posición de tópico modificados por *aun, incluso* o *ni siquiera* originan expresiones concesivas: *Aun nevando, va a visitar a sus tíos; Incluso repitiéndoselo mil veces, no lo entienden*.

Construcciones preposicionales de sentido concesivo. Se forman también construcciones concesivas con preposiciones o con locuciones prepositivas:

a) Las preposiciones *con* y *por* en combinación con construcciones cuantificadas en las que se expresa una cantidad o un número, o se pondera el grado extremo de alguna propiedad: *por mucho que corrió, con lo inteligente que es, con ser tan inteligente...*

b) Infinitivos precedidos de las preposiciones *con* (*Con tener tanto dinero, no es muy feliz*) o *para* (*Para ser tan joven, toca muy bien*).

c) Grupos preposicionales reforzados por *aun, incluso* y *ni siquiera*: *Aun en su casa, no era feliz; Incluso entre los amigos, era muy prudente; No come bien, ni siquiera con sus padres*.

d) La locución *a pesar de* con grupos nominales y con oraciones subordinadas sustantivas: *A pesar de las dificultades, sobrevivieron; A pesar de que los tiempos eran duros, no pasaron hambre*.

Locuciones adverbiales. Poseen sentido concesivo las locuciones adverbiales *con todo y con eso* y sus variantes (*con todo y eso, con eso y todo...*), *así y todo, en todo caso, de todos modos*: *El apartamento no tenía mucha luz; con todo y con eso, lo compró*. La expresión *y todo*, pospuesta a grupos de diferente naturaleza, aporta un valor concesivo: *Asmático y todo, ganó muchas vueltas; Protestando y todo, lo hizo; Con defectos y todo, es el mejor que he tenido nunca*.

Construcciones absolutas. Aportan sentido concesivo las construcciones absolutas, completas o abreviadas, cuando están modificadas por los adverbios *aun, incluso, ni siquiera*: *Aun roto el matrimonio, mantuvieron la amistad; Incluso enfermo su padre, siguió escribiendo; Incluso lejos, esos buques constituyen una amenaza*.

Apéndices

1 MODELOS DE CONJUGACIÓN

2 ÍNDICE ALFABÉTICO DE VERBOS IRREGULARES

3 TABLA DE NUMERALES

4 ÍNDICE TERMINOLÓGICO

Modelos de conjugación

1 AMAR

Verbo modelo de la primera conjugación

Tiempos simples

Formas no personales

Infinitivo	Participio	Gerundio
amar	amado	amando

Indicativo

NÚMERO	PESONAS DEL DISCURSO	PRONOMBRES PERSONALES	Presente	Pret. imperfecto/ Copretérito	Pret. perfecto simple/ Pretérito
Singular	1.ª	yo	amo	amaba	amé
	2.ª	tú/vos	amas/amás	amabas	amaste
		usted	ama	amaba	amó
	3.ª	él, ella			
Plural	1.ª	nosotros, -as	amamos	amábamos	amamos
	2.ª	vosotros, -as	amáis	amabais	amasteis
		ustedes	aman	amaban	amaron
	3.ª	ellos, ellas			

			Futuro simple/Futuro	Condicional simple/Pospretérito
Singular	1.ª	yo	amaré	amaría
	2.ª	tú/vos	amarás	amarías
		usted	amará	amaría
	3.ª	él, ella		
Plural	1.ª	nosotros, -as	amaremos	amaríamos
	2.ª	vosotros, -as	amaréis	amaríais
		ustedes	amarán	amarían
	3.ª	ellos, ellas		

Subjuntivo

NÚMERO	PESONAS DEL DISCURSO	PRONOMBRES PERSONALES	Presente	Pret. imperfecto/ Copretérito	Pret. perfecto simple/ Pretérito
Singular	1.ª	yo	ame	amara *o* amase	amare
	2.ª	tú/vos	ames	amaras *o* amases	amares
		usted	ame	amara *o* amase	amare
	3.ª	él, ella			
Plural	1.ª	nosotros, -as	amemos	amáramos *o* amásemos	amáremos
	2.ª	vosotros, -as	améis	amarais *o* amaseis	amareis
		ustedes	amen	amaran *o* amases	amaren
	3.ª	ellos, ellas			

Imperativo

Singular	2.ª	tú/vos	ama/amá	Plural	2.ª	vosotros, -as	amad
		usted	ame			ustedes	amen

Tiempos compuestos

Formas no personales

Infinitivo	Participio	Gerundio
haber amado	—	habiendo amado

Indicativo

NÚMERO	PESONAS DEL DISCURSO	PRONOMBRES PERSONALES	Pret. perfecto compuesto/ Antepresente	Pret. pluscuamperfecto/ Antecopretérito	Pret. anterior/ Antepretérito
Singular	1.ª	yo	he amado	había amado	hube amado
	2.ª	tú/vos	has amado	habías amado	hubiste amado
		usted	ha amado	había amado	hubo amado
	3.ª	él, ella			
Plural	1.ª	nosotros, -as	hemos amado	habíamos amado	hubimos amado
	2.ª	vosotros, -as	habéis amado	habíais amado	hubisteis amado
		ustedes	han amado	habían amado	hubieron amado
	3.ª	ellos, ellas			

			Futuro compuesto/Antefuturo	Condicional compuesto/ Antepospretérito
Singular	1.ª	yo	habré amado	habría amado
	2.ª	tú/vos	habrás amado	habrías amado
		usted	habrá amado	habría amado
	3.ª	él, ella		
Plural	1.ª	nosotros, -as	habremos amado	habríamos amado
	2.ª	vosotros, -as	habréis amado	habríais amado
		ustedes	habrán amado	habrían amado
	3.ª	ellos, ellas		

Subjuntivo

NÚMERO	PESONAS DEL DISCURSO	PRONOMBRES PERSONALES	Pret. perfecto compuesto/ Antepresente	Pret. pluscuamperfecto/ Antecopretérito	Pret. anterior/ Antepretérito
Singular	1.ª	yo	haya amado	hubiera *o* hubiese amado	hubiere amado
	2.ª	tú/vos	hayas amado	hubieras *o* hubieses amado	hubieres amado
		usted	haya amado	hubiera *o* hubiese amado	hubiere amado
	3.ª	él, ella			
Plural	1.ª	nosotros, -as	hayamos amado	hubiéramos *o* hubiésemos amado	hubieremos amado
	2.ª	vosotros, -as	hayáis amado	hubierais *o* hubieseis amado	hubiereis amado
		ustedes	hayan amado	hubieran *o* hubiesen amado	hubieren amado
	3.ª	ellos, ellas			

2 TEMER

Verbo modelo de la segunda conjugación

Tiempos simples

Formas no personales

Infinitivo	Participio	Gerundio
temer	temido	temiendo

Indicativo

NÚMERO	PESONAS DEL DISCURSO	PRONOMBRES PERSONALES	Presente	Pret. imperfecto/ Copretérito	Pret. perfecto simple/ Pretérito
Singular	1.ª	yo	temo	temía	temí
	2.ª	tú/vos	temes/temés	temías	temiste
		usted	teme	temía	temió
	3.ª	él, ella			
Plural	1.ª	nosotros, -as	tememos	temíamos	temimos
	2.ª	vosotros, -as	teméis	temíais	temisteis
		ustedes	temen	temían	temieron
	3.ª	ellos, ellas			

NÚMERO	PESONAS DEL DISCURSO	PRONOMBRES PERSONALES	Futuro simple/Futuro	Condicional simple/Pospretérito
Singular	1.ª	yo	temeré	temería
	2.ª	tú/vos	temerás	temerías
		usted	temerá	temería
	3.ª	él, ella		
Plural	1.ª	nosotros, -as	temeremos	temeríamos
	2.ª	vosotros, -as	temeréis	temeríais
		ustedes	temerán	temerían
	3.ª	ellos, ellas		

Subjuntivo

NÚMERO	PESONAS DEL DISCURSO	PRONOMBRES PERSONALES	Presente	Pret. imperfecto/ Copretérito	Pret. perfecto simple/ Pretérito
Singular	1.ª	yo	tema	temiera *o* temiese	temiere
	2.ª	tú/vos	temas	temieras *o* temieses	temieres
		usted	tema	temiera *o* temiese	temiere
	3.ª	él, ella			
Plural	1.ª	nosotros, -as	temamos	temiéramos *o* temiésemos	temiéremos
	2.ª	vosotros, -as	temáis	temierais *o* temieseis	temiereis
		ustedes	teman	temieran *o* temiesen	temieren
	3.ª	ellos, ellas			

Imperativo

Singular	2.ª	tú/vos	teme/temé	Plural	2.ª	vosotros, -as	temed
		usted	tema			ustedes	teman

Tiempos compuestos

Formas no personales

Infinitivo	Participio	Gerundio
haber temido	—	habiendo temido

Indicativo

NÚMERO	PESONAS DEL DISCURSO	PRONOMBRES PERSONALES	Pret. perfecto compuesto/ Antepresente	Pret. pluscuamperfecto/ Antecopretérito	Pret. anterior/ Antepretérito
Singular	1.ª	yo	he temido	había temido	hube temido
	2.ª	tú/vos	has temido	habías temido	hubiste temido
		usted	ha temido	había temido	hubo temido
	3.ª	él, ella			
Plural	1.ª	nosotros, -as	hemos temido	habíamos temido	hubimos temido
	2.ª	vosotros, -as	habéis temido	habíais temido	hubisteis temido
		ustedes	han temido	habían temido	hubieron temido
	3.ª	ellos, ellas			

NÚMERO	PESONAS DEL DISCURSO	PRONOMBRES PERSONALES	Futuro compuesto/Antefuturo	Condicional compuesto/ Antepospretérito
Singular	1.ª	yo	habré temido	habría temido
	2.ª	tú/vos	habrás temido	habrías temido
		usted	habrá temido	habría temido
	3.ª	él, ella		
Plural	1.ª	nosotros, -as	habremos temido	habríamos temido
	2.ª	vosotros, -as	habréis temido	habríais temido
		ustedes	habrán temido	habrían temido
	3.ª	ellos, ellas		

Subjuntivo

NÚMERO	PESONAS DEL DISCURSO	PRONOMBRES PERSONALES	Pret. perfecto compuesto/ Antepresente	Pret. pluscuamperfecto/ Antecopretérito	Pret. anterior/ Antepretérito
Singular	1.ª	yo	haya temido	hubiera *o* hubiese temido	hubiere temido
	2.ª	tú/vos	hayas temido	hubieras *o* hubieses temido	hubieres temido
		usted	haya temido	hubiera *o* hubiese temido	hubiere temido
	3.ª	él, ella			
Plural	1.ª	nosotros, -as	hayamos temido	hubiéramos *o* hubiésemos temido	hubiéremos temido
	2.ª	vosotros, -as	hayáis temido	hubierais *o* hubieseis temido	hubiereis temido
		ustedes	hayan temido	hubieran *o* hubiesen temido	hubieren temido
	3.ª	ellos, ellas			

3 PARTIR

Verbo modelo de la tercera conjugación

Tiempos simples

Formas no personales

Infinitivo	Participio	Gerundio
partir	partido	partiendo

Indicativo

NÚMERO	PESONAS DEL DISCURSO	PRONOMBRES PERSONALES	Presente	Pret. imperfecto/ Copretérito	Pret. perfecto simple/ Pretérito
Singular	1.ª	yo	parto	partía	partí
	2.ª	tú/vos	partes/partís	partías	partiste
		usted	parte	partía	partió
	3.ª	él, ella			
Plural	1.ª	nosotros, -as	partimos	partíamos	partimos
	2.ª	vosotros, -as	partís	partíais	partisteis
		ustedes	parten	partían	partieron
	3.ª	ellos, ellas			

NÚMERO	PESONAS DEL DISCURSO	PRONOMBRES PERSONALES	Futuro simple/Futuro	Condicional simple/Pospretérito
Singular	1.ª	yo	partiré	partiría
	2.ª	tú/vos	partirás	partirías
		usted	partirá	partiría
	3.ª	él, ella		
Plural	1.ª	nosotros, -as	partiremos	partiríamos
	2.ª	vosotros, -as	partiréis	partiríais
		ustedes	partirán	partirían
	3.ª	ellos, ellas		

Subjuntivo

NÚMERO	PESONAS DEL DISCURSO	PRONOMBRES PERSONALES	Presente	Pret. imperfecto/ Copretérito	Pret. perfecto simple/ Pretérito
Singular	1.ª	yo	parta	partiera *o* partiese	partiere
	2.ª	tú/vos	partas	partieras *o* partieses	partieres
		usted	parta	partiera *o* partiese	partiere
	3.ª	él, ella			
Plural	1.ª	nosotros, -as	partamos	partiéramos *o* partiésemos	partiéremos
	2.ª	vosotros, -as	partáis	partierais *o* partieseis	partiereis
		ustedes	partan	partieran *o* partiesen	partieren
	3.ª	ellos, ellas			

Imperativo

Singular	2.ª	tú/vos	parte/partí	Plural	2.ª	vosotros, -as	partid
		usted	parta			ustedes	partan

Tiempos compuestos

Formas no personales

Infinitivo	Participio	Gerundio
haber partido	—	habiendo partido

Indicativo

NÚMERO	PESONAS DEL DISCURSO	PRONOMBRES PERSONALES	Pret. perfecto compuesto/ Antepresente	Pret. pluscuamperfecto/ Antecopretérito	Pret. anterior/ Antepretérito
Singular	1.ª	yo	he partido	había partido	hube partido
	2.ª	tú/vos	has partido	habías partido	hubiste partido
		usted	ha partido	había partido	hubo partido
	3.ª	él, ella			
Plural	1.ª	nosotros, -as	hemos partido	habíamos partido	hubimos partido
	2.ª	vosotros, -as	habéis partido	habíais partido	hubisteis partido
		ustedes	han partido	habían partido	hubieron partido
	3.ª	ellos, ellas			

NÚMERO	PESONAS DEL DISCURSO	PRONOMBRES PERSONALES	Futuro compuesto/Antefuturo	Condicional compuesto/ Antepospretérito
Singular	1.ª	yo	habré partido	habría partido
	2.ª	tú/vos	habrás partido	habrías partido
		usted	habrá partido	habría partido
	3.ª	él, ella		
Plural	1.ª	nosotros, -as	habremos partido	habríamos partido
	2.ª	vosotros, -as	habréis partido	habríais partido
		ustedes	habrán partido	habrían partido
	3.ª	ellos, ellas		

Subjuntivo

NÚMERO	PESONAS DEL DISCURSO	PRONOMBRES PERSONALES	Pret. perfecto compuesto/ Antepresente	Pret. pluscuamperfecto/ Antecopretérito	Pret. anterior/ Antepretérito
Singular	1.ª	yo	haya partido	hubiera *o* hubiese partido	hubiere partido
	2.ª	tú/vos	hayas partido	hubieras *o* hubieses partido	hubieres partido
		usted	haya partido	hubiera *o* hubiese partido	hubiere partido
	3.ª	él, ella			
Plural	1.ª	nosotros, -as	hayamos partido	hubiéramos *o* hubiésemos partido	hubiéremos partido
	2.ª	vosotros, -as	hayáis partido	hubierais *o* hubieseis partido	hubiereis partido
		ustedes	hayan partido	hubieran *o* hubiesen partido	hubieren partido
	3.ª	ellos, ellas			

		4 ACERTAR	5 ACTUAR	6 ADEUDAR	7 ADQUIRIR
Formas no personales	Infinitivo				
	Participio	acertado	actuado	adeudado	adquirido
	Gerundio	acertando	actuando	adeudando	adquiriendo
Indicativo	Presente	acierto aciertas/acertás acierta acertamos acertáis aciertan	actúo actúas/actuás actúa actuamos actuáis actúan	adeudo adeudas/adeudás adeuda adeudamos adeudáis adeudan	adquiero adquieres/adquirís adquiere adquirimos adquirís adquieren
	Pret. imperfecto/ Copretérito	acertaba acertabas acertaba acertábamos acertabais acertaban	actuaba actuabas actuaba actuábamos actuabais actuaban	adeudaba adeudabas adeudaba adeudábamos adeudabais adeudaban	adquiría adquirías adquiría adquiríamos adquiríais adquirían
	Pret. perfecto simple/ Pretérito	acerté acertaste acertó acertamos acertasteis acertaron	actué actuaste actuó actuamos actuasteis actuaron	adeudé adeudaste adeudó adeudamos adeudasteis adeudaron	adquirí adquiriste adquirió adquirimos adquiristeis adquirieron
	Futuro simple/ Futuro	acertaré acertarás acertará acertaremos acertaréis acertarán	actuaré actuarás actuará actuaremos actuaréis actuarán	adeudaré adeudarás adeudará adeudaremos adeudaréis adeudarán	adquiriré adquirirás adquirirá adquiriremos adquiriréis adquirirán
	Condicional simple/ Pospretérito	acertaría acertarías acertaría acertaríamos acertaríais acertarían	actuaría actuarías actuaría actuaríamos actuaríais actuarían	adeudaría adeudarías adeudaría adeudaríamos adeudaríais adeudarían	adquiriría adquirirías adquiriría adquiriríamos adquiriríais adquirirían
Subjuntivo	Presente	acierte aciertes acierte acertemos acertéis acierten	actúe actúes actúe actuemos actuéis actúen	adeude adeudes adeude adeudemos adeudéis adeuden	adquiera adquieras adquiera adquiramos adquiráis adquieran
	Pret. imperfecto/ Pretérito	acertara *o* acertase acertaras *o* acertases acertara *o* acertase acertáramos *o* acertásemos acertarais *o* acertaseis acertaran *o* acertasen	actuara *o* actuase actuaras *o* actuases actuara *o* actuase actuáramos *o* actuásemos actuarais *o* actuaseis actuaran *o* actuasen	adeudara *o* adeudase adeudaras *o* adeudases adeudara *o* adeudase adeudáramos *o* adeudásemos adeudarais *o* adeudaseis adeudaran *o* adeudasen	adquiriera *o* adquiriese adquirieras *o* adquirieses adquiriera *o* adquiriese adquiriéramos *o* adquiriésemos adquirierais *o* adquirieseis adquirieran *o* adquiriesen
	Futuro simple/ Futuro	acertare acertares acertare acertáremos acertareis acertaren	actuare actuares actuare actuáremos actuareis actuaren	adeudare adeudares adeudare adeudáremos adeudareis adeudaren	adquiriere adquirieres adquiriere adquiriéremos adquiriereis adquirieren
Imperativo		acierta/acertá acierte acertad acierten	actúa/actuá actúe actuad actúen	adeuda/adeudá adeude adeudad adeuden	adquiere/adquirí adquiera adquirid adquieran

		8 AGRADECER	9 AISLAR	10 ANDAR	11 ANUNCIAR
Formas no personales	Infinitivo	agradecer	aislar	andar	anunciar
	Participio	agradecido	aislado	andado	anunciado
	Gerundio	agradeciendo	aislando	andando	anunciando
Indicativo	Presente	agradezco agradeces/agradecés agradece agradecemos agradecéis agradecen	aíslo aíslas/aislás aísla aislamos aisláis aíslan	ando andas/andás anda andamos andáis andan	anuncio anuncias/anunciás anuncia anunciamos anunciáis anuncian
	Pret. imperfecto/ Copretérito	agradecía agradecías agradecía agradecíamos agradecíais agradecían	aislaba aislabas aislaba aislábamos aislabais aislaban	andaba andabas andaba andábamos andabais andaban	anunciaba anunciabas anunciaba anunciábamos anunciabais anunciaban
	Pret. perfecto simple/ Pretérito	agradecí agradeciste agradeció agradecimos agradecisteis agradecieron	aislé aislaste aisló aislamos aislasteis aislaron	anduve anduviste anduvo anduvimos anduvisteis anduvieron	anuncié anunciaste anunció anunciamos anunciasteis anunciaron
	Futuro simple/ Futuro	agradeceré agradecerás agradecerá agradeceremos agradeceréis agradecerán	aislaré aislarás aislará aislaremos aislaréis aislarán	andaré andarás andará andaremos andaréis andarán	anunciaré anunciarás anunciará anunciaremos anunciaréis anunciarán
	Condicional simple/ Pospretérito	agradecería agradecerías agradecería agradeceríamos agradeceríais agradecerían	aislaría aislarías aislaría aislaríamos aislaríais aislarían	andaría andarías andaría andaríamos andaríais andarían	anunciaría anunciarías anunciaría anunciaríamos anunciaríais anunciarían
Subjuntivo	Presente	agradezca agradezcas agradezca agradezcamos agradezcáis agradezcan	aísle aísles aísle aislemos aisléis aíslen	ande andes ande andemos andéis anden	anuncie anuncies anuncie anunciemos anunciéis anuncien
	Pret. imperfecto/ Pretérito	agradeciera *o* agradeciese agradecieras *o* agradecieses agradeciera *o* agradeciese agradeciéramos *o* agradeciésemos agradecierais *o* agradecieseis agradecieran *o* agradeciesen	aislara *o* aislase aislaras *o* aislases aislara *o* aislase aisláramos *o* aislásemos aislarais *o* aislaseis aislaran *o* aislasen	anduviera *o* anduviese anduvieras *o* anduvieses anduviera *o* anduviese anduviéramos *o* anduviésemos anduvierais *o* anduvieseis anduvieran *o* anduviesen	anunciara *o* anunciase anunciaras *o* anunciases anunciara *o* anunciase anunciáramos *o* anunciásemos anunciarais *o* anunciaseis anunciaran *o* anunciasen
	Futuro simple/ Futuro	agradeciere agradecieres agradeciere agradeciéremos agradeciereis agradecieren	aislare aislares aislare aisláremos aislareis aislaren	anduviere anduvieres anduviere anduviéremos anduviereis anduvieren	anunciare anunciares anunciare anunciáremos anunciareis anunciaren
Imperativo		agradece/agradecé agradezca agradeced agradezcan	aísla/aislá aísle aislad aíslen	anda/andá ande andad anden	anuncia/anunciá anuncie anunciad anuncien

		12 APLAUDIR	13 ASIR	14 AUNAR	15 AVERIGUAR
Formas no personales	Infinitivo	12 APLAUDIR	13 ASIR	14 AUNAR	15 AVERIGUAR
	Participio	aplaudido	asido	aunado	averiguado
	Gerundio	aplaudiendo	asiendo	aunando	averiguando
Indicativo	Presente	aplaudo	asgo	aúno	averiguo
		aplaudes/aplaudís	ases/asís	aúnas/aunás	averiguas/averiguás
		aplaude	ase	aúna	averigua
		aplaudimos	asimos	aunamos	averiguamos
		aplaudís	asís	aunáis	averiguáis
		aplauden	asen	aúnan	averiguan
	Pret. imperfecto/ Copretérito	aplaudía	asía	aunaba	averiguaba
		aplaudías	asías	aunabas	averiguabas
		aplaudía	asía	aunaba	averiguaba
		aplaudíamos	asíamos	aunábamos	averiguábamos
		aplaudíais	asíais	aunabais	averiguabais
		aplaudían	asían	aunaban	averiguaban
	Pret. perfecto simple/ Pretérito	aplaudí	así	auné	averigüé
		aplaudiste	asiste	aunaste	averiguaste
		aplaudió	asió	aunó	averiguó
		aplaudimos	asimos	aunamos	averiguamos
		aplaudisteis	asisteis	aunasteis	averiguasteis
		aplaudieron	asieron	aunaron	averiguaron
	Futuro simple/ Futuro	aplaudiré	asiré	aunaré	averiguaré
		aplaudirás	asirás	aunarás	averiguarás
		aplaudirá	asirá	aunará	averiguará
		aplaudiremos	asiremos	aunaremos	averiguaremos
		aplaudiréis	asiréis	aunaréis	averiguaréis
		aplaudirán	asirán	aunarán	averiguarán
	Condicional simple/ Pospretérito	aplaudiría	asiría	aunaría	averiguaría
		aplaudirías	asirías	aunarías	averiguarías
		aplaudiría	asiría	aunaría	averiguaría
		aplaudiríamos	asiríamos	aunaríamos	averiguaríamos
		aplaudiríais	asiríais	aunaríais	averiguaríais
		aplaudirían	asirían	aunarían	averiguarían
Subjuntivo	Presente	aplauda	asga	aúne	averigüe
		aplaudas	asgas	aúnes	averigües
		aplauda	asga	aúne	averigüe
		aplaudamos	asgamos	aunemos	averigüemos
		aplaudáis	asgáis	aunéis	averigüéis
		aplaudan	asgan	aúnen	averigüen
	Pret. imperfecto/ Pretérito	aplaudiera *o* aplaudiese	asiera *o* asiese	aunara *o* aunase	averiguara *o* averiguase
		aplaudieras *o* aplaudieses	asieras *o* asieses	aunaras *o* aunases	averiguaras *o* averiguases
		aplaudiera *o* aplaudiese	asiera *o* asiese	aunara *o* aunase	averiguara *o* averiguase
		aplaudiéramos *o* aplaudiésemos	asiéramos *o* asiésemos	aunáramos *o* aunásemos	averiguáramos *o* averiguásemos
		aplaudierais *o* aplaudieseis	asierais *o* asieseis	aunarais *o* aunaseis	averiguarais *o* averiguaseis
		aplaudieran *o* aplaudiesen	asieran *o* asiesen	aunaran *o* aunasen	averiguaran *o* averiguasen
	Futuro simple/ Futuro	aplaudiere	asiere	aunare	averiguare
		aplaudieres	asieres	aunares	averiguares
		aplaudiere	asiere	aunare	averiguare
		aplaudiéremos	asiéremos	aunáremos	averiguáremos
		aplaudiereis	asiereis	aunareis	averiguareis
		aplaudieren	asieren	aunaren	averiguaren
Imperativo		aplaude/aplaudí	ase/así	aúna/auná	averigua/averiguá
		aplauda	asga	aúne	averigüe
		aplaudid	asid	aunad	averiguad
		aplaudan	asgan	aúnen	averigüen

Formas no personales	Infinitivo	16 BAILAR	17 BENDECIR	18 CABER	19 CAER
	Participio	bailado	bendecido	cabido	caído
	Gerundio	bailando	bendiciendo	cabiendo	cayendo
Indicativo	Presente	bailo bailas/bailás baila bailamos bailáis bailan	bendigo bendices/bendecís bendice bendecimos bendecís bendicen	quepo cabes/cabés cabe cabemos cabéis caben	caigo caes/caés cae caemos caéis caen
	Pret. imperfecto/ Copretérito	bailaba bailabas bailaba bailábamos bailabais bailaban	bendecía bendecías bendecía bendecíamos bendecíais bendecían	cabía cabías cabía cabíamos cabíais cabían	caía caías caía caíamos caíais caían
	Pret. perfecto simple/ Pretérito	bailé bailaste bailó bailamos bailasteis bailaron	bendije bendijiste bendijo bendijimos bendijisteis bendijeron	cupe cupiste cupo cupimos cupisteis cupieron	caí caíste cayó caímos caísteis cayeron
	Futuro simple/ Futuro	bailaré bailarás bailará bailaremos bailaréis bailarán	bendeciré bendecirás bendecirá bendeciremos bendeciréis bendecirán	cabré cabrás cabrá cabremos cabréis cabrán	caeré caerás caerá caeremos caeréis caerán
	Condicional simple/ Pospretérito	bailaría bailarías bailaría bailaríamos bailaríais bailarían	bendeciría bendecirías bendeciría bendeciríamos bendeciríais bendecirían	cabría cabrías cabría cabríamos cabríais cabrían	caería caerías caería caeríamos caeríais caerían
Subjuntivo	Presente	baile bailes baile bailemos bailéis bailen	bendiga bendigas bendiga bendigamos bendigáis bendigan	quepa quepas quepa quepamos quepáis quepan	caiga caigas caiga caigamos caigáis caigan
	Pret. imperfecto/ Pretérito	bailara *o* bailase bailaras *o* bailases bailara *o* bailase bailáramos *o* bailásemos bailarais *o* bailaseis bailaran *o* bailasen	bendijera *o* bendijese bendijeras *o* bendijeses bendijera *o* bendijese bendijéramos *o* bendijésemos bendijerais *o* bendijeseis bendijeran *o* bendijesen	cupiera *o* cupiese cupieras *o* cupieses cupiera *o* cupiese cupiéramos *o* cupiésemos cupierais *o* cupieseis cupieran *o* cupiesen	cayera *o* cayese cayeras *o* cayeses cayera *o* cayese cayéramos *o* cayésemos cayerais *o* cayeseis cayeran *o* cayesen
	Futuro simple/ Futuro	bailare bailares bailare bailáremos bailareis bailaren	bendijere bendijeres bendijere bendijéremos bendijereis bendijeren	cupiere cupieres cupiere cupiéremos cupiereis cupieren	cayere cayeres cayere cayéremos cayereis cayeren
Imperativo		baila/bailá baile bailad bailen	bendice/bendecí bendiga bendecid bendigan	cabe/cabé quepa cabed quepan	cae/caé caiga caed caigan

		20 CAUSAR	21 CEÑIR	22 COITAR	23 CONDUCIR
Formas no personales	Infinitivo	20 CAUSAR	21 CEÑIR	22 COITAR	23 CONDUCIR
	Participio	causado	ceñido	coitado	conducido
	Gerundio	causando	ciñendo	coitando	conduciendo
Indicativo	Presente	causo causas/causás causa causamos causáis causan	ciño ciñes/ceñís ciñe ceñimos ceñís ciñen	coito coitas/coitás coita coitamos coitáis coitan	conduzco conduces/conducís conduce conducimos conducís conducen
	Pret. imperfecto/ Copretérito	causaba causabas causaba causábamos causabais causaban	ceñía ceñías ceñía ceñíamos ceñíais ceñían	coitaba coitabas coitaba coitábamos coitabais coitaban	conducía conducías conducía conducíamos conducíais conducían
	Pret. perfecto simple/ Pretérito	causé causaste causó causamos causasteis causaron	ceñí ceñiste ciñó ceñimos ceñisteis ciñeron	coité coitaste coitó coitamos coitasteis coitaron	conduje condujiste condujo condujimos condujisteis condujeron
	Futuro simple/ Futuro	causaré causarás causará causaremos causaréis causarán	ceñiré ceñirás ceñirá ceñiremos ceñiréis ceñirán	coitaré coitarás coitará coitaremos coitaréis coitarán	conduciré conducirás conducirá conduciremos conduciréis conducirán
	Condicional simple/ Pospretérito	causaría causarías causaría causaríamos causaríais causarían	ceñiría ceñirías ceñiría ceñiríamos ceñiríais ceñirían	coitaría coitarías coitaría coitaríamos coitaríais coitarían	conduciría conducirías conduciría conduciríamos conduciríais conducirían
Subjuntivo	Presente	cause causes cause causemos causéis causen	ciña ciñas ciña ciñamos ciñáis ciñan	coite coites coite coitemos coitéis coiten	conduzca conduzcas conduzca conduzcamos conduzcáis conduzcan
	Pret. imperfecto/ Pretérito	causara *o* causase causaras *o* causases causara *o* causase causáramos *o* causásemos causarais *o* causaseis causaran *o* causasen	ciñera *o* ciñese ciñeras *o* ciñeses ciñera *o* ciñese ciñéramos *o* ciñésemos ciñerais *o* ciñeseis ciñeran *o* ciñesen	coitara *o* coitase coitaras *o* coitases coitara *o* coitase coitáramos *o* coitásemos coitarais *o* coitaseis coitaran *o* coitasen	condujera *o* condujese condujeras *o* condujeses condujera *o* condujese condujéramos *o* condujésemos condujerais *o* condujeseis condujeran *o* condujesen
	Futuro simple/ Futuro	causare causares causare causáremos causareis causaren	ciñere ciñeres ciñere ciñéremos ciñereis ciñeren	coitare coitares coitare coitáremos coitareis coitaren	condujere condujeres condujere condujéremos condujereis condujeren
Imperativo		causa/causá cause causad causen	ciñe/ceñí ciña ceñid ciñan	coita/coitá coite coitad coiten	conduce/conducí conduzca conducid conduzcan

	Infinitivo	24 CONSTRUIR	25 CONTAR	26 DAR	27 DECIR
Formas no personales	Participio	construido	contado	dado	dicho
	Gerundio	construyendo	contando	dando	diciendo
Indicativo	Presente	construyo construyes/construís construye construimos construís construyen	cuento cuentas/contás cuenta contamos contáis cuentan	doy das da damos dais dan	digo dices/decís dice decimos decís dicen
	Pret. imperfecto/ Copretérito	construía construías construía construíamos construíais construían	contaba contabas contaba contábamos contabais contaban	daba dabas daba dábamos dabais daban	decía decías decía decíamos decíais decían
	Pret. perfecto simple/ Pretérito	construí construiste construyó construimos construisteis construyeron	conté contaste contó contamos contasteis contaron	di diste dio dimos disteis dieron	dije dijiste dijo dijimos dijisteis dijeron
	Futuro simple/ Futuro	construiré construirás construirá construiremos construiréis construirán	contaré contarás contará contaremos contaréis contarán	daré darás dará daremos daréis darán	diré dirás dirá diremos diréis dirán
	Condicional simple/ Pospretérito	construiría construirías construiría construiríamos construiríais construirían	contaría contarías contaría contaríamos contaríais contarían	daría darías daría daríamos daríais darían	diría dirías diría diríamos diríais dirían
Subjuntivo	Presente	construya construyas construya construyamos construyáis construyan	cuente cuentes cuente contemos contéis cuenten	dé des dé demos deis den	diga digas diga digamos digáis digan
	Pret. imperfecto/ Pretérito	construyera *o* construyese construyeras *o* construyeses construyera *o* construyese construyéramos *o* construyésemos construyerais *o* construyeseis construyeran *o* construyesen	contara *o* contase contaras *o* contases contara *o* contase contáramos *o* contásemos contarais *o* contaseis contaran *o* contasen	diera *o* diese dieras *o* dieses diera *o* diese diéramos *o* diésemos dierais *o* dieseis dieran *o* diesen	dijera *o* dijese dijeras *o* dijeses dijera *o* dijese dijéramos *o* dijésemos dijerais *o* dijeseis dijeran *o* dijesen
	Futuro simple/ Futuro	construyere construyeres construyere construyéremos construyereis construyeren	contare contares contare contáremos contareis contaren	diere dieres diere diéremos diereis dieren	dijere dijeres dijere dijéremos dijereis dijeren
Imperativo		construye/construí construya construid construyan	cuenta/contá cuente contad cuenten	da dé dad den	di/decí diga decid digan

		28 DESCAFEINAR	29 DISCERNIR	30 DORMIR	31 ENTENDER
Formas no personales	Infinitivo	**28 DESCAFEINAR**	**29 DISCERNIR**	**30 DORMIR**	**31 ENTENDER**
	Participio	descafeinado	discernido	dormido	entendido
	Gerundio	descafeinando	discerniendo	durmiendo	entendiendo
Indicativo	Presente	descafeíno descafeínas/descafeinás descafeína descafeinamos descafeináis descafeínan	discierno disciernes/discernís discierne discernimos discernís disciernen	duermo duermes/dormís duerme dormimos dormís duermen	entiendo entiendes/entendés entiende entendemos entendéis entienden
	Pret. imperfecto/ Copretérito	descafeinaba descafeinabas descafeinaba descafeinábamos descafeinabais descafeinaban	discernía discernías discernía discerníamos discerníais discernían	dormía dormías dormía dormíamos dormíais dormían	entendía entendías entendía entendíamos entendíais entendían
	Pret. perfecto simple/ Pretérito	descafeiné descafeinaste descafeinó descafeinamos descafeinasteis descafeinaron	discerní discerniste discernió discernimos discernisteis discernieron	dormí dormiste durmió dormimos dormisteis durmieron	entendí entendiste entendió entendimos entendisteis entendieron
	Futuro simple/ Futuro	descafeinaré descafeinarás descafeinará descafeinaremos descafeinaréis descafeinarán	discerniré discernirás discernirá discerniremos discerniréis discernirán	dormiré dormirás dormirá dormiremos dormiréis dormirán	entenderé entenderás entenderá entenderemos entenderéis entenderán
	Condicional simple/ Pospretérito	descafeinaría descafeinarías descafeinaría descafeinaríamos descafeinaríais descafeinarían	discerniría discernirías discerniría discerniríamos discerniríais discernirían	dormiría dormirías dormiría dormiríamos dormiríais dormirían	entendería entenderías entendería entenderíamos entenderíais entenderían
Subjuntivo	Presente	descafeíne descafeínes descafeíne descafeinemos descafeinéis descafeínen	discierna disciernas discierna discernamos discernáis disciernan	duerma duermas duerma durmamos durmáis duerman	entienda entiendas entienda entendamos entendáis entiendan
	Pret. imperfecto/ Pretérito	descafeinara *o* descafeinase descafeinaras *o* descafeinases descafeinara *o* descafeinase descafeináramos *o* descafeinásemos descafeinarais *o* descafeinaseis descafeinaran *o* descafeinasen	discerniera *o* discerniese discernieras *o* discernieses discerniera *o* discerniese discerniéramos *o* discerniésemos discernierais *o* discernieseis discernieran *o* discerniesen	durmiera *o* durmiese durmieras *o* durmieses durmiera *o* durmiese durmiéramos *o* durmiésemos durmierais *o* durmieseis durmieran *o* durmiesen	entendiera *o* entendiese entendieras *o* entendieses entendiera *o* entendiese entendiéramos *o* entendiésemos entendierais *o* entendieseis entendieran *o* entendiesen
	Futuro simple/ Futuro	descafeinare descafeinares descafeinare descafeináremos descafeinareis descafeinaren	discerniere discernieres discerniere discerniéremos discerniereis discernieren	durmiere durmieres durmiere durmiéremos durmiereis durmieren	entendiere entendieres entendiere entendiéremos entendiereis entendieren
Imperativo		descafeína/descafeiná descafeíne descafeinad descafeínen	discierne/discerní discierna discernid disciernan	duerme/dormí duerma dormid duerman	entiende/entendé entienda entended entiendan

	Infinitivo	32 ENVIAR	33 ERGUIR	34 ERRAR**	35 ESTAR
Formas no personales	Participio	enviado	erguido	errado	estado
	Gerundio	enviando	irguiendo	errando	estando
Indicativo	Presente	envío envías/enviás envía enviamos enviáis envían	yergo* yergues*/erguís yergue* erguimos erguís yerguen *	yerro yerras/errás yerra erramos erráis yerran	estoy estás está estamos estáis están
	Pret. imperfecto/ Copretérito	enviaba enviabas enviaba enviábamos enviabais enviaban	erguía erguías erguía erguíamos erguíais erguían	erraba errabas erraba errábamos errabais erraban	estaba estabas estaba estábamos estabais estaban
	Pret. perfecto simple/ Pretérito	envié enviaste envió enviamos enviasteis enviaron	erguí erguiste irguió erguimos erguisteis irguieron	erré erraste erró erramos errasteis erraron	estuve estuviste estuvo estuvimos estuvisteis estuvieron
	Futuro simple/ Futuro	enviaré enviarás enviará enviaremos enviaréis enviarán	erguiré erguirás erguirá erguiremos erguiréis erguirán	erraré errarás errará erraremos erraréis errarán	estaré estarás estará estaremos estaréis estarán
	Condicional simple/ Pospretérito	enviaría enviarías enviaría enviaríamos enviaríais enviarían	erguiría erguirías erguiría erguiríamos erguiríais erguirían	erraría errarías erraría erraríamos erraríais errarían	estaría estarías estaría estaríamos estaríais estarían
Subjuntivo	Presente	envíe envíes envíe enviemos enviéis envíen	yerga* yergas* yerga* irgamos* irgáis* yergan*	yerre yerres yerre erremos erréis yerren	esté estés esté estemos estéis estén
	Pret. imperfecto/ Pretérito	enviara *o* enviase enviaras *o* enviases enviara *o* enviase enviáramos *o* enviásemos enviarais *o* enviaseis enviaran *o* enviasen	irguiera *o* irguiese irguieras *o* irguieses irguiera *o* irguiese irguiéramos *o* irguiésemos irguierais *o* irguieseis irguieran *o* irguiesen	errara *o* errase erraras *o* errases errara *o* errase erráramos *o* errásemos errarais *o* erraseis erraran *o* errasen	estuviera *o* estuviese estuvieras *o* estuvieses estuviera *o* estuviese estuviéramos *o* estuviésemos estuvierais *o* estuvieseis estuvieran *o* estuviesen
	Futuro simple/ Futuro	enviare enviares enviare enviáremos enviareis enviaren	irguiere irguieres irguiere irguiéremos irguiereis irguieren	errare errares errare erráremos errareis erraren	estuviere estuvieres estuviere estuviéremos estuviereis estuvieren
Imperativo		envía/enviá envíe enviad envíen	yergue*/erguí yerga* erguid yergan*	yerra/errá yerre errad yerren	está esté estad estén

* Son poco usadas, pero correctas igualmente las formas *irgo, irgues, irgue, irguen*, para el presente de indicativo; *irga, irgas, irga, yergamos, yergáis, irgan*, para el presente de subjuntivo; e *irgue, irga, irgan*, para el imperativo.

** En el español de amplias zonas de América se documenta este verbo con paradigma plenamente regular.

Formas no personales	Infinitivo	**36 HABER**	**37 HACER**	**38 IR**	**39 JUGAR**
	Participio	habido	hecho	ido	jugado
	Gerundio	habiendo	haciendo	yendo	jugando
Indicativo	Presente	he has ha (*impersonal:* hay) hemos habéis han	hago haces/hacés hace hacemos hacéis hacen	voy vas va vamos vais van	juego juegas/jugás juega jugamos jugáis juegan
	Pret. imperfecto/ Copretérito	había habías había habíamos habíais habían	hacía hacías hacía hacíamos hacíais hacían	iba ibas iba íbamos ibais iban	jugaba jugabas jugaba jugábamos jugabais jugaban
	Pret. perfecto simple/ Pretérito	hube hubiste hubo hubimos hubisteis hubieron	hice hiciste hizo hicimos hicisteis hicieron	fui fuiste fue fuimos fuisteis fueron	jugué jugaste jugó jugamos jugasteis jugaron
	Futuro simple/ Futuro	habré habrás habrá habremos habréis habrán	haré harás hará haremos haréis harán	iré irás irá iremos iréis irán	jugaré jugarás jugará jugaremos jugaréis jugarán
	Condicional simple/ Pospretérito	habría habrías habría habríamos habríais habrían	haría harías haría haríamos haríais harían	iría irías iría iríamos iríais irían	jugaría jugarías jugaría jugaríamos jugaríais jugarían
Subjuntivo	Presente	haya hayas haya hayamos hayáis hayan	haga hagas haga hagamos hagáis hagan	vaya vayas vaya vayamos vayáis vayan	juegue juegues juegue juguemos juguéis jueguen
	Pret. imperfecto/ Pretérito	hubiera *o* hubiese hubieras *o* hubieses hubiera *o* hubiese hubiéramos *o* hubiésemos hubierais *o* hubieseis hubieran *o* hubiesen	hiciera *o* hiciese hicieras *o* hicieses hiciera *o* hiciese hiciéramos *o* hiciésemos hicierais *o* hicieseis hicieran *o* hiciesen	fuera *o* fuese fueras *o* fueses fuera *o* fuese fuéramos *o* fuésemos fuerais *o* fueseis fueran *o* fuesen	jugara *o* jugase jugaras *o* jugases jugara *o* jugase jugáramos *o* jugásemos jugarais *o* jugaseis jugaran *o* jugasen
	Futuro simple/ Futuro	hubiere hubieres hubiere hubiéremos hubiereis hubieren	hiciere hicieres hiciere hiciéremos hiciereis hicieren	fuere fueres fuere fuéremos fuereis fueren	jugare jugares jugare jugáremos jugareis jugaren
Imperativo		he, habe haya habed hayan	haz/hacé haga haced hagan	ve* vaya id vayan	juega/jugá juegue jugad jueguen

* No tiene forma propia de voseo; en su lugar se usa el imperativo de *andar: andá.*

		40 LEER	41 LUCIR	42 MOVER	43 MULLIR
Formas no personales	Infinitivo	40 LEER	41 LUCIR	42 MOVER	43 MULLIR
	Participio	leído	lucido	movido	mullido
	Gerundio	leyendo	luciendo	moviendo	mullendo
Indicativo	Presente	leo lees/leés lee leemos leéis leen	luzco luces/lucís luce lucimos lucís lucen	muevo mueves/movés mueve movemos movéis mueven	mullo mulles/mullís mulle mullimos mullís mullen
	Pret. imperfecto/ Copretérito	leía leías leía leíamos leíais leían	lucía lucías lucía lucíamos lucíais lucían	movía movías movía movíamos movíais movían	mullía mullías mullía mullíamos mullíais mullían
	Pret. perfecto simple/ Pretérito	leí leíste leyó leímos leísteis leyeron	lucí luciste lució lucimos lucisteis lucieron	moví moviste movió movimos movisteis movieron	mullí mulliste mulló mullimos mullisteis mulleron
	Futuro simple/ Futuro	leeré leerás leerá leeremos leeréis leerán	luciré lucirás lucirá luciremos luciréis lucirán	moveré moverás moverá moveremos moveréis moverán	mulliré mullirás mullirá mulliremos mulliréis mullirán
	Condicional simple/ Pospretérito	leería leerías leería leeríamos leeríais leerían	luciría lucirías luciría luciríamos luciríais lucirían	movería moverías movería moveríamos moveríais moverían	mulliría mullirías mulliría mulliríamos mulliríais mullirían
Subjuntivo	Presente	lea leas lea leamos leáis lean	luzca luzcas luzca luzcamos luzcáis luzcan	mueva muevas mueva movamos mováis muevan	mulla mullas mulla mullamos mulláis mullan
	Pret. imperfecto/ Pretérito	leyera *o* leyese leyeras *o* leyeses leyera *o* leyese leyéramos *o* leyésemos leyerais *o* leyeseis leyeran *o* leyesen	luciera *o* luciese lucieras *o* lucieses luciera *o* luciese luciéramos *o* luciésemos lucierais *o* lucieseis lucieran *o* luciesen	moviera *o* moviese movieras *o* movieses moviera *o* moviese moviéramos *o* moviésemos movierais *o* movieseis movieran *o* moviesen	mullera *o* mullese mulleras *o* mulleses mullera *o* mullese mulléramos *o* mullésemos mullerais *o* mulleseis mulleran *o* mullesen
	Futuro simple/ Futuro	leyere leyeres leyere leyéremos leyereis leyeren	luciere lucieres luciere luciéremos luciereis lucieren	moviere movieres moviere moviéremos moviereis movieren	mullere mulleres mullere mulléremos mullereis mulleren
Imperativo		lee/leé lea leed lean	luce/lucí luzca lucid luzcan	mueve/mové mueva moved muevan	mulle/mullí mulla mullid mullan

Formas no personales	Infinitivo	**44 OÍR**	**45 OLER**	**46 PEDIR**	**47 PEINAR**
	Participio	oído	olido	pedido	peinado
	Gerundio	oyendo	oliendo	pidiendo	peinando
Indicativo	Presente	oigo	huelo	pido	peino
		oyes/oís	hueles/olés	pides/pedís	peinas/peinás
		oye	huele	pide	peina
		oímos	olemos	pedimos	peinamos
		oís	oléis	pedís	peináis
		oyen	huelen	piden	peinan
	Pret. imperfecto/ Copretérito	oía	olía	pedía	peinaba
		oías	olías	pedías	peinabas
		oía	olía	pedía	peinaba
		oíamos	olíamos	pedíamos	peinábamos
		oíais	olíais	pedíais	peinabais
		oían	olían	pedían	peinaban
	Pret. perfecto simple/ Pretérito	oí	olí	pedí	peiné
		oíste	oliste	pediste	peinaste
		oyó	olió	pidió	peinó
		oímos	olimos	pedimos	peinamos
		oísteis	olisteis	pedisteis	peinasteis
		oyeron	olieron	pidieron	peinaron
	Futuro simple/ Futuro	oiré	oleré	pediré	peinaré
		oirás	olerás	pedirás	peinarás
		oirá	olerá	pedirá	peinará
		oiremos	oleremos	pediremos	peinaremos
		oiréis	oleréis	pediréis	peinaréis
		oirán	olerán	pedirán	peinarán
	Condicional simple/ Pospretérito	oiría	olería	pediría	peinaría
		oirías	olerías	pedirías	peinarías
		oiría	olería	pediría	peinaría
		oiríamos	oleríamos	pediríamos	peinaríamos
		oiríais	oleríais	pediríais	peinaríais
		oirían	olerían	pedirían	peinarían
Subjuntivo	Presente	oiga	huela	pida	peine
		oigas	huelas	pidas	peines
		oiga	huela	pida	peine
		oigamos	olamos	pidamos	peinemos
		oigáis	oláis	pidáis	peinéis
		oigan	huelan	pidan	peinen
	Pret. imperfecto/ Pretérito	oyera *u* oyese	oliera *u* oliese	pidiera *o* pidiese	peinara *o* peinase
		oyeras *u* oyeses	olieras *u* olieses	pidieras *o* pidieses	peinaras *o* peinases
		oyera *u* oyese	oliera *u* oliese	pidiera *o* pidiese	peinara *o* peinase
		oyéramos *u* oyésemos	oliéramos *u* oliésemos	pidiéramos *o* pidiésemos	peináramos *o* peinásemos
		oyerais *u* oyeseis	olierais *u* olieseis	pidierais *o* pidieseis	peinarais *o* peinaseis
		oyeran *u* oyesen	olieran *u* oliesen	pidieran *o* pidiesen	peinaran *o* peinasen
	Futuro simple/ Futuro	oyere	oliere	pidiere	peinare
		oyeres	olieres	pidieres	peinares
		oyere	oliere	pidiere	peinare
		oyéremos	oliéremos	pidiéremos	peináremos
		oyereis	oliereis	pidiereis	peinareis
		oyeren	olieren	pidieren	peinaren
Imperativo		oye/oí	huele/olé	pide/pedí	peina/peiná
		oiga	huela	pida	peine
		oíd	oled	pedid	peinad
		oigan	huelan	pidan	peinen

		48 PODER	49 PONER	50 PREDECIR	51 PROHIBIR
Formas no personales	Infinitivo	48 PODER	49 PONER	50 PREDECIR	51 PROHIBIR
	Participio	podido	puesto	predicho	prohibido
	Gerundio	pudiendo	poniendo	prediciendo	prohibiendo
Indicativo	Presente	puedo	pongo	predigo	prohíbo
		puedes/podés	pones/ponés	predices/predecís	prohíbes/prohibís
		puede	pone	predice	prohíbe
		podemos	ponemos	predecimos	prohibimos
		podéis	ponéis	predecís	prohibís
		pueden	ponen	predicen	prohíben
	Pret. imperfecto/ Copretérito	podía	ponía	predecía	prohibía
		podías	ponías	predecías	prohibías
		podía	ponía	predecía	prohibía
		podíamos	poníamos	predecíamos	prohibíamos
		podíais	poníais	predecíais	prohibíais
		podían	ponían	predecían	prohibían
	Pret. perfecto simple/ Pretérito	pude	puse	predije	prohibí
		pudiste	pusiste	predijiste	prohibiste
		pudo	puso	predijo	prohibió
		pudimos	pusimos	predijimos	prohibimos
		pudisteis	pusisteis	predijisteis	prohibisteis
		pudieron	pusieron	predijeron	prohibieron
	Futuro simple/ Futuro	podré	pondré	predeciré *o* prediré	prohibiré
		podrás	pondrás	predecirás *o* predirás	prohibirás
		podrá	pondrá	predecirá *o* predirá	prohibirá
		podremos	pondremos	predeciremos *o* prediremos	prohibiremos
		podréis	pondréis	predeciréis *o* prediréis	prohibiréis
		podrán	pondrán	predecirán *o* predirán	prohibirán
	Condicional simple/ Pospretérito	podría	pondría	predeciría *o* prediría	prohibiría
		podrías	pondrías	predecirías *o* predirías	prohibirías
		podría	pondría	predeciría *o* prediría	prohibiría
		podríamos	pondríamos	predeciríamos *o* prediríamos	prohibiríamos
		podríais	pondríais	predeciríais *o* prediríais	prohibiríais
		podrían	pondrían	predecirían *o* predirían	prohibirían
Subjuntivo	Presente	pueda	ponga	prediga	prohíba
		puedas	pongas	predigas	prohíbas
		pueda	ponga	prediga	prohíba
		podamos	pongamos	predigamos	prohibamos
		podáis	pongáis	predigáis	prohibáis
		puedan	pongan	predigan	prohíban
	Pret. imperfecto/ Pretérito	pudiera *o* pudiese	pusiera *o* pusiese	predijera *o* predijese	prohibiera *o* prohibiese
		pudieras *o* pudieses	pusieras *o* pusieses	predijeras *o* predijeses	prohibieras *o* prohibieses
		pudiera *o* pudiese	pusiera *o* pusiese	predijera *o* predijese	prohibiera *o* prohibiese
		pudiéramos *o* pudiésemos	pusiéramos *o* pusiésemos	predijéramos *o* predijésemos	prohibiéramos *o* prohibiésemos
		pudierais *o* pudieseis	pusierais *o* pusieseis	predijerais *o* predijeseis	prohibierais *o* prohibieseis
		pudieran *o* pudiesen	pusieran *o* pusiesen	predijeran *o* predijesen	prohibieran *o* prohibiesen
	Futuro simple/ Futuro	pudiere	pusiere	predijere	prohibiere
		pudieres	pusieres	predijeres	prohibieres
		pudiere	pusiere	predijere	prohibiere
		pudiéremos	pusiéremos	predijéremos	prohibiéremos
		pudiereis	pusiereis	predijereis	prohibiereis
		pudieren	pusieren	predijeren	prohibieren
Imperativo		puede/podé	pon/poné	predice/predecí	prohíbe/prohibí
		pueda	ponga	prediga	prohíba
		poded	poned	predecid	prohibid
		puedan	pongan	predigan	prohíban

		52 PROHIJAR	53 PUDRIR / PODRIR*	54 QUERER	55 REHUSAR
Formas no personales	Infinitivo				
	Participio	prohijado	podrido	querido	rehusado
	Gerundio	prohijando	pudriendo	queriendo	rehusando
Indicativo	Presente	prohíjo prohíjas/prohijás prohíja prohijamos prohijáis prohíjan	pudro pudres/pudrís pudre pudrimos *o* podrimos pudrís *o* podrís pudren	quiero quieres/querés quiere queremos queréis quieren	rehúso rehúsas/rehusás rehúsa rehusamos rehusáis rehúsan
	Pret. imperfecto/ Copretérito	prohijaba prohijabas prohijaba prohijábamos prohijabais prohijaban	pudría *o* podría pudrías *o* podrías pudría *o* podría pudríamos *o* podríamos pudríais *o* podríais pudrían *o* podrían	quería querías quería queríamos queríais querían	rehusaba rehusabas rehusaba rehusábamos rehusabais rehusaban
	Pret. perfecto simple/ Pretérito	prohijé prohijaste prohijó prohijamos prohijasteis prohijaron	pudrí *o* podrí pudriste *o* podriste pudrió *o* podrió pudrimos *o* podrimos pudristeis *o* podristeis pudrieron *o* podrieron	quise quisiste quiso quisimos quisisteis quisieron	rehusé rehusaste rehusó rehusamos rehusasteis rehusaron
	Futuro simple/ Futuro	prohijaré prohijarás prohijará prohijaremos prohijaréis prohijarán	pudriré *o* podriré pudrirás *o* podrirás pudrirá *o* podrirá pudriremos *o* podriremos pudriréis *o* podriréis pudrirán *o* podrirán	querré querrás querrá querremos querréis querrán	rehusaré rehusarás rehusará rehusaremos rehusaréis rehusarán
	Condicional simple/ Pospretérito	prohijaría prohijarías prohijaría prohijaríamos prohijaríais prohijarían	pudriría *o* podriría pudrirías *o* podrirías pudriría *o* podriría pudriríamos *o* podriríamos pudriríais *o* podriríais pudrirían *o* podrirían	querría querrías querría querríamos querríais querrían	rehusaría rehusarías rehusaría rehusaríamos rehusaríais rehusarían
Subjuntivo	Presente	prohíje prohíjes prohíje prohijemos prohijéis prohíjen	pudra pudras pudra pudramos pudráis pudran	quiera quieras quiera queramos queráis quieran	rehúse rehúses rehúse rehusemos rehuséis rehúsen
	Pret. imperfecto/ Pretérito	prohijara *o* prohijase prohijaras *o* prohijases prohijara *o* prohijase prohijáramos *o* prohijásemos prohijarais *o* prohijaseis prohijaran *o* prohijasen	pudriera *o* pudriese pudrieras *o* pudrieses pudriera *o* pudriese pudriéramos *o* pudriésemos pudrierais *o* pudrieseis pudrieran *o* pudriesen	quisiera *o* quisiese quisieras *o* quisieses quisiera *o* quisiese quisiéramos *o* quisiésemos quisierais *o* quisieseis quisieran *o* quisiesen	rehusara *o* rehusase rehusaras *o* rehusases rehusara *o* rehusase rehusáramos *o* rehusásemos rehusarais *o* rehusaseis rehusaran *o* rehusasen
	Futuro simple/ Futuro	prohijare prohijares prohijare prohijáremos prohijareis prohijaren	pudriere pudrieres pudriere pudriéremos pudriereis pudrieren	quisiere quisieres quisiere quisiéremos quisiereis quisieren	rehusare rehusares rehusare rehusáremos rehusareis rehusaren
Imperativo		prohíja/prohijá prohíje prohijad prohíjen	pudre/pudrí *o* podrí pudra pudrid *o* podrid pudran	quiere/queré quiera quered quieran	rehúsa/rehusá rehúse rehusad rehúsen

* En el español europeo predominan las formas en *-u-*, salvo para el participio. En el americano se prefieren las formas en *-u-*, pero se registran igualmente las variantes con *-o-*.

Formas no personales	Infinitivo	56 REUNIR	57 ROER	58 SABER	59 SALIR
	Participio	reunido	roído	sabido	salido
	Gerundio	reuniendo	royendo	sabiendo	saliendo
Indicativo	Presente	reúno reúnes/reunís reúne reunimos reunís reúnen	roo *o* roigo *o* royo roes/roés roe roemos roéis roen	sé sabes/sabés sabe sabemos sabéis saben	salgo sales/salís sale salimos salís salen
	Pret. imperfecto/ Copretérito	reunía reunías reunía reuníamos reuníais reunían	roía roías roía roíamos roíais roían	sabía sabías sabía sabíamos sabíais sabían	salía salías salía salíamos salíais salían
	Pret. perfecto simple/ Pretérito	reuní reuniste reunió reunimos reunisteis reunieron	roí roíste royó roímos roísteis royeron	supe supiste supo supimos supisteis supieron	salí saliste salió salimos salisteis salieron
	Futuro simple/ Futuro	reuniré reunirás reunirá reuniremos reuniréis reunirán	roeré roerás roerá roeremos roeréis roerán	sabré sabrás sabrá sabremos sabréis sabrán	saldré saldrás saldrá saldremos saldréis saldrán
	Condicional simple/ Pospretérito	reuniría reunirías reuniría reuniríamos reuniríais reunirían	roería roerías roería roeríamos roeríais roerían	sabría sabrías sabría sabríamos sabríais sabrían	saldría saldrías saldría saldríamos saldríais saldrían
Subjuntivo	Presente	reúna reúnas reúna reunamos reunáis reúnan	roa *o* roiga *o* roya roas *o* roigas *o* royas roa *o* roiga *o* roya roamos *o* roigamos *o* royamos roáis *o* roigáis *o* royáis roan *o* roigan *o* royan	sepa sepas sepa sepamos sepáis sepan	salga salgas salga salgamos salgáis salgan
	Pret. imperfecto/ Pretérito	reuniera *o* reuniese reunieras *o* reunieses reuniera *o* reuniese reuniéramos *o* reuniésemos reunierais *o* reunieseis reunieran *o* reuniesen	royera *o* royese royeras *o* royeses royera *o* royese royéramos *o* royésemos royerais *o* royeseis royeran *o* royesen	supiera *o* supiese supieras *o* supieses supiera *o* supiese supiéramos *o* supiésemos supierais *o* supieseis supieran *o* supiesen	saliera *o* saliese salieras *o* salieses saliera *o* saliese saliéramos *o* saliésemos salierais *o* salieseis salieran *o* saliesen
	Futuro simple/ Futuro	reuniere reunieres reuniere reuniéremos reuniereis reunieren	royere royeres royere royéremos royereis royeren	supiere supieres supiere supiéremos supiereis supieren	saliere salieres saliere saliéremos saliereis salieren
Imperativo		reúne/reuní reúna reunid reúnan	roe/roé roa *o* roiga *o* roya roed roan *o* roigan *o* royan	sabe/sabé sepa sabed sepan	sal/salí salga salid salgan

		60 SENTIR	61 SER	62 SONREÍR	63 TAÑER
Formas no personales	Infinitivo	60 SENTIR	61 SER	62 SONREÍR	63 TAÑER
	Participio	sentido	sido	sonreído	tañido
	Gerundio	sintiendo	siendo	sonriendo	tañendo
Indicativo	Presente	siento sientes/sentís siente sentimos sentís sienten	soy eres/sos es somos sois son	sonrío sonríes/sonreís sonríe sonreímos sonreís sonríen	taño tañes/tañés tañe tañemos tañéis tañen
	Pret. imperfecto/ Copretérito	sentía sentías sentía sentíamos sentíais sentían	era eras era éramos erais eran	sonreía sonreías sonreía sonreíamos sonreíais sonreían	tañía tañías tañía tañíamos tañíais tañían
	Pret. perfecto simple/ Pretérito	sentí sentiste sintió sentimos sentisteis sintieron	fui fuiste fue fuimos fuisteis fueron	sonreí sonreíste sonrió sonreímos sonreísteis sonrieron	tañí tañiste tañó tañimos tañisteis tañeron
	Futuro simple/ Futuro	sentiré sentirás sentirá sentiremos sentiréis sentirán	seré serás será seremos seréis serán	sonreiré sonreirás sonreirá sonreiremos sonreiréis sonreirán	tañeré tañerás tañerá tañeremos tañeréis tañerán
	Condicional simple/ Pospretérito	sentiría sentirías sentiría sentiríamos sentiríais sentirían	sería serías sería seríamos seríais serían	sonreiría sonreirías sonreiría sonreiríamos sonreiríais sonreirían	tañería tañerías tañería tañeríamos tañeríais tañerían
Subjuntivo	Presente	sienta sientas sienta sintamos sintáis sientan	sea seas sea seamos seáis sean	sonría sonrías sonría sonriamos sonriáis sonrían	taña tañas taña tañamos tañáis tañan
	Pret. imperfecto/ Pretérito	sintiera *o* sintiese sintieras *o* sintieses sintiera *o* sintiese sintiéramos *o* sintiésemos sintierais *o* sintieseis sintieran *o* sintiesen	fuera *o* fuese fueras *o* fueses fuera *o* fuese fuéramos *o* fuésemos fuerais *o* fueseis fueran *o* fuesen	sonriera *o* sonriese sonrieras *o* sonrieses sonriera *o* sonriese sonriéramos *o* sonriésemos sonrierais *o* sonrieseis sonrieran *o* sonriesen	tañera *o* tañese tañeras *o* tañeses tañera *o* tañese tañéramos *o* tañésemos tañerais *o* tañeseis tañeran *o* tañesen
	Futuro simple/ Futuro	sintiere sintieres sintiere sintiéremos sintiereis sintieren	fuere fueres fuere fuéremos fuereis fueren	sonriere sonrieres sonriere sonriéremos sonriereis sonrieren	tañere tañeres tañere tañéremos tañereis tañeren
Imperativo		siente/sentí sienta sentid sientan	sé sea sed sean	sonríe/sonreí sonría sonreíd sonrían	tañe/tañé taña tañed tañan

	Infinitivo	64 TENER	65 TRAER	66 VALER	67 VENIR
Formas no personales	Participio	tenido	traído	valido	venido
	Gerundio	teniendo	trayendo	valiendo	viniendo
Indicativo	Presente	tengo tienes/tenés tiene tenemos tenéis tienen	traigo traes/traés trae traemos traéis traen	valgo vales/valés vale valemos valéis valen	vengo vienes/venís viene venimos venís vienen
	Pret. imperfecto/ Copretérito	tenía tenías tenía teníamos teníais tenían	traía traías traía traíamos traíais traían	valía valías valía valíamos valíais valían	venía venías venía veníamos veníais venían
	Pret. perfecto simple/ Pretérito	tuve tuviste tuvo tuvimos tuvisteis tuvieron	traje trajiste trajo trajimos trajisteis trajeron	valí valiste valió valimos valisteis valieron	vine viniste vino vinimos vinisteis vinieron
	Futuro simple/ Futuro	tendré tendrás tendrá tendremos tendréis tendrán	traeré traerás traerá traeremos traeréis traerán	valdré valdrás valdrá valdremos valdréis valdrán	vendré vendrás vendrá vendremos vendréis vendrán
	Condicional simple/ Pospretérito	tendría tendrías tendría tendríamos tendríais tendrían	traería traerías traería traeríamos traeríais traerían	valdría valdrías valdría valdríamos valdríais valdrían	vendría vendrías vendría vendríamos vendríais vendrían
Subjuntivo	Presente	tenga tengas tenga tengamos tengáis tengan	traiga traigas traiga traigamos traigáis traigan	valga valgas valga valgamos valgáis valgan	venga vengas venga vengamos vengáis vengan
	Pret. imperfecto/ Pretérito	tuviera *o* tuviese tuvieras *o* tuvieses tuviera *o* tuviese tuviéramos *o* tuviésemos tuvierais *o* tuvieseis tuvieran *o* tuviesen	trajera *o* trajese trajeras *o* trajeses trajera *o* trajese trajéramos *o* trajésemos trajerais *o* trajeseis trajeran *o* trajesen	valiera *o* valiese valieras *o* valieses valiera *o* valiese valiéramos *o* valiésemos valierais *o* valieseis valieran *o* valiesen	viniera *o* viniese vinieras *o* vinieses viniera *o* viniese viniéramos *o* viniésemos vinierais *o* vinieseis vinieran *o* viniesen
	Futuro simple/ Futuro	tuviere tuvieres tuviere tuviéremos tuviereis tuvieren	trajere trajeres trajere trajéremos trajereis trajeren	valiere valieres valiere valiéremos valiereis valieren	viniere vinieres viniere viniéremos viniereis vinieren
Imperativo		ten/tené tenga tened tengan	trae/traé traiga traed traigan	vale/valé valga valed valgan	ven/vení venga venid vengan

		68 VER	69 YACER
Formas no personales	Infinitivo	68 VER	69 YACER
	Participio	visto	yacido
	Gerundio	viendo	yaciendo
Indicativo	Presente	veo ves ve vemos veis ven	yazco *o* yazgo *o* yago yaces/yacés yace yacemos yacéis yacen
	Pret. imperfecto/ Copretérito	veía veías veía veíamos veíais veían	yacía yacías yacía yacíamos yacíais yacían
	Pret. perfecto simple/ Pretérito	vi viste vio vimos visteis vieron	yací yaciste yació yacimos yacisteis yacieron
	Futuro simple/ Futuro	veré verás verá veremos veréis verán	yaceré yacerás yacerá yaceremos yaceréis yacerán
	Condicional simple/ Pospretérito	vería verías vería veríamos veríais verían	yacería yacerías yacería yaceríamos yaceríais yacerían
Subjuntivo	Presente	vea veas vea veamos veáis vean	yazca *o* yazga *o* yaga yazcas *o* yazgas *o* yagas yazca *o* yazga *o* yaga yazcamos *o* yazgamos *o* yagamos yazcáis *o* yazgáis *o* yagáis yazcan *o* yazgan *o* yagan
	Pret. imperfecto/ Pretérito	viera *o* viese vieras *o* vieses viera *o* viese viéramos *o* viésemos vierais *o* vieseis vieran *o* viesen	yaciera *o* yaciese yacieras *o* yacieses yaciera *o* yaciese yaciéramos *o* yaciésemos yacierais *o* yacieseis yacieran *o* yaciesen
	Futuro simple/ Futuro	viere vieres viere viéremos viereis vieren	yaciere yacieres yaciere yaciéremos yaciereis yacieren
Imperativo		ve vea ved vean	yace o yaz/yacé yazca o yazga o yaga yaced yazcan o yazgan o yagan

Índice alfabético de verbos irregulares

Se incluyen en esta lista los verbos irregulares de uso más frecuente. El número que acompaña entre corchetes a cada verbo es el correspondiente al modelo que sigue, incluido en las tablas de conjugación (→ apéndice 1). Los verbos cuyos números están resaltados en negrita son utilizados como modelos en las citadas tablas.

abastecer [8]
abnegar [4]
aborrecer [8]
abreviar [11]
absolver [42]; part. irreg. **absuelto**
abstener [64]
abstraer [65]
acaecer [8]
acariciar [11]
aceitar [47]
acentuar [5]
acertar **[4]**
acontecer [8]
acopiar [11]
acordar [25]
acostar [25]
acrecentar [4]
actuar **[5]**
acuciar [11]
adecuar [15] o [5]
adeudar **[6]**
adherir [60]
adolecer [8]
adormecer [8]
adquirir **[7]**
aducir [23]
advertir [60]
afeitar [47]
afiliar [11]
afluir [24]
agenciar [11]
agobiar [11]
agraciar [11]
agradecer **[8]**
agraviar [11]
agriar [32] u [11]
aguar [15]
ahumar [14]
airar [9]
aislar **[9]**
ajusticiar [11]
alentar [4]
aliar [32]
aliviar [11]
almorzar [25]
amainar [16]
amanecer [8]
amnistiar [32]
amortiguar [15]
ampliar [32]
andar **[10]**
anestesiar [11]
angustiar [11]
anochecer [8]
ansiar [32]
anticuar [5]
anunciar **[11]**
apacentar [4]
apaciguar [15]
aparecer [8]
apetecer [8]
aplaudir **[12]**
apostar [25]
apreciar [11]
apremiar [11]
apretar [4]
aprobar [25]
apropiar [11]
argüir [24]
arraigar [16]
arreciar [11]
arrecir defect.
arrendar [4]
arrepentirse [60]
arriar [32]
asalariar [11]
ascender [31]
asediar [11]
asentar [4]
asentir [60]
aserrar [4]
asfixiar [11]
asir **[13]**
asociar [11]
asolar [25]
atañer [63]; defect.
atardecer [8]
ataviar [32]
atender [31]
atener [64]
atenuar [5]
aterir defect.
aterrar [4]
atestiguar [15]
atraer [65]
atravesar [4]
atribuir [24]
atrofiar [11]
atronar [25]
aullar [14]
aunar **[14]**
aupar [14]
auspiciar [11]
autografiar [32]
auxiliar [11]
aventar [4]
avergonzar [25]
averiar [32]
averiguar **[15]**
bailar **[16]**
balbucir defect.
bendecir **[17]**
beneficiar [11]
bruñir [43]
bullir [43]

caber **[18]**
caer **[19]**
calentar [4]
caligrafiar [32]
calumniar [11]
cambiar [11]
carecer [8]
causar **[20]**
cegar [4]
ceñir **[21]**
cerner [31]
cernir [29]
cerrar [4]
chirriar [32]
cimentar [4] o reg.
cocer [42]
codiciar [11]
cohibir [51]
coitar **[22]**
colar [25]
colegiar [11]
colegir [46]
colgar [25]
columpiar [11]
comenzar [4]
comerciar [11]
compadecer [8]
comparecer [8]
compendiar [11]
competer defect.

competir [46]
complacer [8]
componer [49]
comprobar [25]
concebir [46]
conceptuar [5]
concernir [29]; defect.
concertar [4]
concienciar [11]
conciliar [11]
concluir [24]
concordar [25]
condescender [31]
conducir [23]
conferir [60]
confesar [4]
confiar [32]
confluir [24]
congeniar [11]
congraciar [11]
conmover [42]
conocer [8]
conseguir [46]
consensuar [5]
consentir [60]
consolar [25]
constituir [24]
constreñir [21]
construir [24]
contagiar [11]
contar [25]
contender [31]
contener [64]
continuar [5]
contradecir [50]
contraer [65]
contrariar [32]
contribuir [24]
controvertir [60]
convalecer [8]
convenir [67]
convertir [60]
copiar [11]
corregir [46]
corroer [57]
costar [25]
crecer [8]
creer [40]
criar [32]
custodiar [11]

dar [26]
decaer [19]
decir [27]
deducir [23]
defender [31]
defraudar [20]
degollar [25]
deleitar [47]
demoler [42]
demostrar [25]
denostar [25]
denunciar [11]
derretir [46]
derruir [24]
desafiar [32]
desahuciar [11] y [20]
descafeinar [28]
descarriar [32]
descender [31]
descollar [25]
desconcertar [4]
desdecir [50]
desfallecer [8]
desgraciar [11]
desleír [62]
desolar [25]
desollar [25]
despedir [46]
desperdiciar [11]
despertar [4]
despreciar [11]
desquiciar [11]
desterrar [4]
destituir [24]
destruir [24]
desvaír [24]
desvanecer [8]
desvariar [32]
desviar [32]
desvirtuar [5]
detener [64]
devaluar [5]
devolver [42]; part. irreg. **devuelto**
diferenciar [11]
diferir [60]
digerir [60]
diluir [24]
diluviar [11]
discernir [29]
disentir [60]

disminuir [24]
disolver [42]; part. irreg. **disuelto**
distanciar [11]
distender [31]
distraer [65]
distribuir [24]
divertir [60]
divorciar [11]
doler [42]
domiciliar [11]
dormir [30]

efectuar [5]
elegir [46]; part. irreg. **electo** y reg. **elegido**
elogiar [11]
embaucar [20]
embellecer [8]
embestir [46]
emblanquecer [8]
embrutecer [8]
emparentar [4] o reg.
empedrar [4]
empequeñecer [8]
empezar [4]
empobrecer [8]
enaltecer [8]
enardecer [8]
encanecer [8]
encauzar [20]
encender [31]
encerrar [4]
encomendar [4]
encomiar [11]
encontrar [25]
endeudarse [6]
endurecer [8]
enflaquecer [8]
enfriar [32]
enfurecer [8]
engrandecer [8]
engreír [62]
engrosar [25] o reg.
engullir [43]
enjaular [20]
enjuiciar [11]
enloquecer [8]
enmendar [4]
enmohecer [8]

enmudecer [8]
enmugrecer [8]
ennegrecer [8]
ennoblecer [8]
ennoviarse [11]
enorgullecer [8]
enraizar [9]
enrarecer [8]
enriquecer [8]
enrocar [25]
enrojecer [8]
ensangrentar [4]
ensoberbecer [8]
ensombrecer [8]
ensordecer [8]
ensuciar [11]
entender [31]
enternecer [8]
enterrar [4]
entibiar [11]
entorpecer [8]
entretener [64]
entristecer [8]
entumecer [8]
enturbiar [11]
enunciar [11]
envainar [16]
envanecer [8]
envejecer [8]
enviar [32]
envidiar [11]
envolver [42]; part. irreg. **envuelto**
equivaler [66]
erguir [33]
errar [34]
escabullir [43]
escanciar [11]
escarmentar [4]
escarnecer [8]
esclarecer [8]
escocer [42]
esforzar [25]
espaciar [11]
espiar [32]
esquiar [32]
establecer [8]
estar [35]
estatuir [24]
estremecer [8]
estreñir [21]
estriar [32]

estudiar [11]
evacuar [15] o [5]
evaluar [5]
evidenciar [11]
exceptuar [5]
excluir [24]
exfoliar [11]
exiliar [11]
expatriar [11] o [32]
expedir [46]
expiar [32]
expoliar [11]
expropiar [11]
extasiar [5]
extender [31]
extenuar [5]
extraer [65]
extraviar [32]

fallecer [8]
fastidiar [11]
favorecer [8]
fenecer [8]
fiar [32]
financiar [11]
florecer [8]
fluctuar [5]
fluir [24]
foliar [11]
follar [25]
fortalecer [8]
forzar [25]
fotografiar [32]
fraguar [15]
fregar [4]
freír [62]; part. irreg. **frito** y reg. **freído**

gemir [46]
gloriar [32]
gobernar [4]
graduar [5]
gruñir [43]
guarecer [8]
guarnecer [8]
guiar [32]

haber [36]
habituar [5]
hacer [37]
hastiar [32]
heder [31]
helar [4]
henchir [46]
hender [31]
hendir [29]
herir [60]
herniarse [11]
herrar [4]
hervir [60]
historiar [11] o [32]
holgar [25]
hollar [25]
homogeneizar [47]
huir [24]
humedecer [8]

imbuir [24]
impedir [46]
incautar [20]
incendiar [11]
incensar [4]
incluir [24]
incordiar [11]
individuar [5]
inducir [23]
inferir [60]
influenciar [11]
influir [24]
ingeniar [11]
ingerir [60]
iniciar [11]
injerir [60]
injuriar [11]
inmiscuir [24]
inquirir [7]
insidiar [11]
insinuar [5]
instaurar [20]
instituir [24]
instruir [24]
interferir [60]
introducir [23]
intuir [24]
invertir [60]
investir [46]
ir [38]
irradiar [11]

jugar [39]

languidecer [8]
leer [40]
liar [32]
licenciar [11]
licuar [15] o [5]
lidiar [11]
limpiar [11]
lisiar [11]
llover [42]
lucir [41]

maldecir [17]
maliciar [11]
manifestar [4]
mantener [64]
matrimoniar [11]
maullar [14]
mecanografiar [32]
mediar [11]
medir [46]
menguar [15]
menospreciar [11]
menstruar [5]
mentar [4]
mentir [60]
merecer [8]
merendar [4]
moler [42]
morder [42]
morir [30]; part. irreg. **muerto**
mostrar [25]
mover [42]
mullir [43]

nacer [8]
negar [4]
negociar [11]
nerviar [11]
nevar [4]
noticiar [11]

obedecer [8]
obsequiar [11]
obstar defect.
obstruir [24]
obtener [64]
obviar [11]
odiar [11]
oficiar [11]
ofrecer [8]
oír [44]
oler [45]
oscurecer [8]

pacer [8]
padecer [8]
paliar [11] o [32]
palidecer [8]
parecer [8]
parodiar [11]
pausar [20]
pautar [20]
pedir [46]
peinar [47]
pensar [4]
perder [31]
perecer [8]
permanecer [8]
perpetuar [5]
perseguir [46]
pertenecer [8]
pervertir [60]
piar [32]
placer [8]
plagiar [11]
plegar [4]
poblar [25]
poder [48]
poner [49]
porfiar [32]
poseer [40]
potenciar [11]
preciar [11]
predecir [50]
preferir [60]
preludiar [11]
premiar [11]
presagiar [11]
presenciar [11]
presentir [60]
presidiar [11]
prestigiar [11]
prevalecer [8]
prevenir [67]
prever [68]
principiar [11]
privilegiar [11]
probar [25]
producir [23]
proferir [60]
prohibir [51]
prohijar [52]
promediar [11]
promover [42]
pronunciar [11]
propiciar [11]
prostituir [24]

Tabla de numerales

Cardinales	Ordinales	Fraccionarios	Multiplicativos
1 un(o)	1.º primero		
2 dos	2.º segundo	1/2 medio/a, mitad	doble o duplo
3 tres	3.º tercero	1/3 tercio	triple
4 cuatro	4.º cuarto	1/4 cuarto	cuádruple(o)
5 cinco	5.º quinto	1/5 quinto	quíntuple(o)
6 seis	6.º sexto	1/6 sexto	séxtuple(o)
7 siete	7.º séptimo	1/7 séptimo	séptuple(o)
8 ocho	8.º octavo	1/8 octavo	óctuple(o)
9 nueve	9.º noveno	1/9 noveno	nónuplo
10 diez	10.º décimo	1/10 décima	décuplo
11 once	11.º undécimo, decimoprimero	1/11 onceavo o undécimo	undécuplo
12 doce	12.º duodécimo, decimosegundo	1/12 doceavo o duodécimo	duodécuplo
13 trece	13.º decimotercero	1/13 treceavo	terciodécuplo
14 catorce	14.º decimocuarto	1/14 catorceavo	
15 quince	15.º decimoquinto	1/15 quinceavo	
16 dieciséis	16.º decimosexto	1/16 dieciseisavo	
17 diecisiete	17.º decimoséptimo	1/17 diecisieteavo	
18 dieciocho	18.º decimoctavo	1/18 dieciochoavo	
19 diecinueve	19.º decimonoveno	1/19 diecinueveavo	
20 veinte	20.º vigésimo	1/20 veinteavo o vigésimo	
21 veintiuno	21.º vigésimo primero	1/21 veintiunavo	
30 treinta	30.º trigésimo	1/30 treintavo o trigésimo	
31 treinta y uno o treintaiuno	31.º trigésimo primero	1/31 treintaiunavo	
40 cuarenta	40.º cuadragésimo	1/40 cuarentavo o cuadragésimo	
50 cincuenta	50.º quincuagésimo	1/50 cincuentavo o quincuagésimo	
60 sesenta	60.º sexagésimo	1/60 sesentavo o sexagésimo	
70 setenta	70.º septuagésimo	1/70 setentavo o septuagésimo	
80 ochenta	80.º octogésimo	1/80 ochentavo u octogésimo	

Cardinales	Ordinales	Fraccionarios	Multiplicativos
90 noventa	90.º nonagésimo	1/90 noventavo o nonagésimo	
100 cien(to)	100.º centésimo	1/100 centésima	
101 ciento uno	101.º centésimo primero		
121 ciento veintiuno	121.º centésimo vigésimo primero		
200 doscientos	200.º ducentésimo		
300 trescientos	300.º tricentésimo		
400 cuatrocientos	400.º cuadringentésimo		
500 quinientos	500.º quingentésimo		
600 seiscientos	600.º sexcentésimo		
700 setecientos	700.º septingentésimo		
800 ochocientos	800.º octingentésimo		
900 novecientos	900.º noningentésimo		
1000 mil	1000.º milésimo	1/1000 milésima	
1001 mil uno	1001.º milésimo primero		
2000 dos mil	2000.º dosmilésimo	1/2000 dosmilésima	
45 000 cuarenta y cinco mil			
100 000 cien mil	100 000.º cienmilésimo	1/100 000 cienmilésima	
100 001 cien mil uno			
200 000 doscientos mil			
1 000 000 un millón	1 000 000.º millonésimo	1/1 000 000 millonésima	
1 000 001 un millón uno			
10 000 000 diez millones			
100 000 000 cien millones			
1000 000 000 mil millones o un millardo			
1000 000 000 000 un billón			

Nota. No se incluyen las variantes flexivas que poseen los ordinales y algunos cardinales. Tampoco las formas apocopadas de ciertos ordinales ni las formas adjetivas de los fraccionarios seguidas del sustantivo *parte: la tercera parte, la décima parte, la centésima parte*, etc. En los ordinales, a partir de 11.º solo se recoge la forma ligada (*décimoprimero*), que es la preferida, aunque también sea aceptable la variante que presenta sus componentes separados (*décimo primero*). Todo ello ha sido explicado en el capítulo 11.

Índice terminológico

Este índice terminológico recoge las expresiones simples o complejas que remiten a nociones o a clasificaciones gramaticales. Cuando procede, la numeración en negrita remite a las páginas en que un término se halla definido. A causa de su relevancia, aparecen como entrada algunos adjetivos que pertenecen a expresiones complejas. En las especificaciones, dicho adjetivo aparece sustituido por una virgulilla (~). Así, bajo la entrada **enfático** aparece la expresión *lo* ~, que se ha de leer ***lo* enfático**.